长沙理工大学资助出版

社区公共精神培育的理念范式与方法路径

张承安　殷雨萍◎著

湘潭大学出版社

目　录

第一章

社区公共精神是一种理念范式

社区是社会治理的基石，是我国最基层社会生活展开的重要场域，可以说，社会治理的本质就是社区共同体的建设。但是，现代意义上的社区共同体并不简单地等同于传统的基于血缘、地缘的共同体，现代社区共同体的建设着重于对社区居民公共精神的培育，即社区居民的公共理性、公平与正义、权利与义务、信任与宽容、参与与责任等。近年来，随着经济体制的深刻变革，越来越多的“单位人”成为“社区人”，社区中的居民处于一种陌生的状态，邻里关系冷漠，对社区缺乏心理归属感和认同感，而我们说，公共精神孕育于公共生活、离不开公共关怀，是人们共同遵循的价值观念和制度规范，正是社区共同体建设中培育居民社区意识，促进居民之间互动的有力武器。

在不同的历史阶段和话语体系下，对共同体和公共精神的认识和理解也存在着差别，为了具体、准确地了解其概念，还必须弄清社区共同体、公共精神的现代特征。从中国古代共同体思想到西方共同体思想，从马克思共同体思想到毛泽东共同体思想再到习近平关于共同体的重要论述，这些是社区公共精神建设的重要思想来源和借鉴。从社会资源整合、公共利益达成、国家治理现代化三方面来看，培育公共精神在社区共同体建设中具有时代意义。

单位制度的变迁和社区建设的快速推进给社区共同体的建设带来极大的冲击和挑战。首先，社区共同体建设主体单一，职能分工不明；社区居民自我管理、自我组织、自我服务能力弱；社区参与机制、参与途径、参与形式不完善；社区服务在管理模式、服务对象、思想导向方面体系不完善；社区文化建设管理机制不健全、经费不足、硬件设施落后等。其次，个人利益和个体自由的观念挤占了公共领域和空间，社会中人与人的关系变成了一种交换和契约关系，不信任感增强，总的表现为：存在认同危机，缺乏公共情怀；崇尚个体主义，缺乏共同意识；漠视公共活动，缺乏共同参与。

公共精神的培育是建设社区共同体的核心问题。对应社区共同体建设面临的困境及公共精神缺失的一般表象，公共精神培育可从五个路径着手，即提高社区意识、完善社区制度、彰显社区文化、构建社区网络、扩展社区服务。

第一节　什么是社区公共精神

公共精神培育是建设社区共同体的核心问题，当今建设社区共同体的实践需要大力培育公共精神。本节将在对社区共同体和公共精神的内涵和特征界定的基础上，分析公共精神培育的理论基础，肯定社区共同体建设中公共精神培育的当代价值。

一、社区共同体和公共精神的内涵与特征

在社会发展的不同历史时期和不同的话语体系下，对共同体和公共精神的认识也会出现不同的理解，弄清社区共同体和公共精神的内涵和特征是研究的前提。

（一）共同体与社区共同体

1887 年，德国社会学家滕尼斯最早提出了“共同体”的概念。在其著作《共同体与社会》一书中，概括出人类社会存在的两种形式：共同体与社会。滕尼斯所指的“共同体”是“一种基于情感、习惯、记忆等自然意志，以血

缘、地缘和心灵为纽带而形成的社会有机体（如家庭、邻里、村落等），代表了一种亲密互助、服从权威、注重情感的生活方式”。而“社会”则“基于慎思熟虑、独立判断等理性意志，依据个人利益和法理性契约而联结在一起，人与人之间讲求利益而缺乏感情交流和深入了解”。[①] 在滕尼斯看来，“共同体是持久的和真正的共同生活，社会只不过是一种暂时的和表面的共同生活”。纵观历史，滕尼斯关于共同体的阐述是对欧洲工业化和城市化进程中“共同体缺失”的担忧，是对现代化发展中城市运行的经验概括，就他的观点来说，主要强调人与人之间亲密的友好关系和对共同体的认同感和归属感，是基于地域关系的主要联系纽带，给后人研究社会变迁、城市建设留下了重要的思想观点和思维方式。

继滕尼斯之后，法国社会学家涂尔干的社会学思想也凸显了共同体内涵。他将人类社会划分为“机械团结”和“有机团结”两种，“社会成员平均具有的信仰和感情的综合，构成了他们自身明确的生活体系，我们可以称之为集体意识或共同意识”。[②] 在社会生产力水平低下的情况下，人们的物质需求极容易获得，他们是在具有某种相同的特质条件下聚集在一起，有着相同的社会规范、相同的信仰，这是一种“共同体”的生活和生产方式，赖以实现的基础是人们之间的同一性。这是机械团结社会。而在有机团结社会，个人之间的差异性扩大，集体意识慢慢弱化，但是这种自由发展的空间，正是彼此之间的价值、规范、思想以多样的形式存在于不同层次，可能产生超越传统社会的新共同体。而英国社会学家鲍曼，以现代性的视角阐释了“共同体”的内涵，在鲍曼的观点中，将“‘共同体’的概念比作一个温馨的家，且给人良好感觉的家，各个家庭成员彼此信任、互相依赖。这个家的‘共同体’最重要的功能是能够为其成员提供生活的某种确定性和安全感，而作为其中的成员则用信任、互助维系着这种紧密的社会关系”。[③] 但是，“共同体”并不是一种客观存在的，而是人们憧憬、希望拥有的新世界，成了人们追求更美

---

① 冯朝亮，潘晨璟：《共同体重建与社区建设研究综述》，《传承》2014 年第 11 期。

② 〔法〕埃米尔·涂尔干：《社会分工论》，渠敬东译，生活·读书·新知三联书店 2017 年版，第 56 页。

③ 高亚芹：《“共同体”概念的学术演进与社区共同体的重构》，《文化学刊》2013 年第 5 期。

好的生活和丈量现实社会变迁的一种理想形态。

另外雷蒙·威廉斯指出，“共同体一方面具有‘直接、共同关怀’的蕴涵，另一方面意指各种不同形式的共同组织”。[①] 罗伯特·M. 麦基弗把社区看作是一个“精神的联合体”。

由于社会的变迁，人们交往范围扩大，社会网络深刻变动，学术界对“共同体”概念的内涵和外延也在不同发展阶段有不同的界定，学者对“共同体”概念的界定大致分为三种不同类型：地域共同体、精神共同体、利益共同体。地域共同体是强调地域性、血缘性、自然生成性，在特定的空间形成的对习惯、风俗、信仰的相同认识；精神共同体是基于某种心理特质和对事物的责任、荣誉形成的，有利于国家、社会发展的民族精神；利益共同体是基于共享的价值、道德、身份、兴趣等形成的相对聚合、持续关系的人群或团体，其超越了特定地理区域，如职业共同体、宗教共同体等。

20 世纪前半期，共同体研究的学派越来越多，其中美国社会学中芝加哥学派的研究占有重要地位，其研究重点是工业化和城市化背景下的城市和城市社区研究，主要代表人物是帕克。在研究中，帕克引用了生态学的概念，将城市社区的形成过程视为一个人类生态过程，这个过程以竞争、隔离、支配为基础。社区不仅仅是一定地域范围之内的人群聚合体，也不仅仅是各种服务部门和社会管理机构的基地，社区的区位结构对人们的社会关系和生活方式有着深刻影响。帕克开启了关于城市社区的研究，“共同体”概念的社区内涵在社会学研究中产生了权威性影响。自此，中国社会学家吴文藻、费孝通将社区概念引入中国，将“Community”翻译成中文的“社区”，成为中国社区研究的标志性成果。

然而，需要指出的是，随着市场经济的不断发展，社会分工的愈来愈精细化，人们在享受现代化生活的同时，也不得不面临着高度异质化的城市社区带来的诸多问题。传统意义上守望相助、亲密无间的共同体已不再适应当前社会的发展，如何在高度异质化的社会中构建社区共同体，打破人与人之

---

① 〔英〕雷蒙·威廉斯：《关键词 文化与社会的词汇》，生活·读书·新知三联书店 2005 年版，第 81 页。

间的心理防线，促进居民之间的交流和互动，重新构建适应现代社会的开放的共同体模式，是当今社会的一个重要课题。

国家一直致力于社会治理创新的探索和实践，社会治理现代化已成为理论界和实务界的重要课题。其中社区是社会系统的基本单元，是社会治理的基石，共同体的建设是社会治理的基础，可以说，社区建设的本质就是社区共同体的建设。事实上，我们所强调的社区共同体不同于传统共同体的基于血缘、业缘、背景等因素，而是着力于意识的培养，即公共精神的培育。在现代社会，现代性的急剧扩张及市场经济体系下一系列的改革，给共同体的建设带来极大的冲击和挑战。原来传统社区中的居民关注公共话题、喜欢结社、邻里和睦，愿意在闲暇时间参与集体活动，而现在的社区居民完全处于一种陌生状态，邻里关系淡漠，不愿投身于公共事务，“整个社会不可避免的开始了两个相互联系的过程：日常生活公共化和人际关系疏松化。”① 正是在利益的驱动下，人们更愿把时间和精力投身于自己赚钱的“伟大”事业中去，邻里、朋友、家庭的关系日益受到侵蚀，对工作的城市、居住的社区缺乏心理的认同和归属感。但是，人的本质是社会性的，心里极其渴望交流与认同，充满了对温情、友好环境的追求和向往，拒绝个体化和社会原子化的冷漠，愿意在有着文化认同的共同体中生活。

因此，社区共同体的当代价值就是要建设环境优美、设施齐全、舒适的小区，在建设过程中强化社区团结、法律意识，提倡诚信、奉献的良好品质，加强人与人之间的交流与沟通，恢复被侵蚀的亲密感和归属感，构建对于社区认同的生活共同体、文化共同体、精神共同体。“更重要的是，人与人之间的情感具有传递性，在社区共同体的建设的过程中人与人之间形成的互惠理念和情感体验会在更广阔的社会领域生根、发芽，进而增进整个社会的大团结，减少交易成本。”② 这样的共同体既维护了个人的利益，又能保全社会的集体利益，从个人来讲，促进了与他人之间的情感交流；从社区来讲，增进了人们公共精神培育和自愿合作精神；从社会来讲，更加有利于人们对社会

① 郑杭生：《中国特色和谐社区建设“上城模式”实地调查研究——杭州“上城经验”的一种社会学分析》，世界图书出版公司2010年版，第155页。

② 高亚芹：《“共同体”概念的学术演进与社区共同体的重构》，《文化学刊》2013年第5期。

共同价值的认同，增强了社会的凝聚力和向心力。

（二）社区共同体的时代特征

“共同体”理论是德国社会学家滕尼斯提出来的，描述了西方传统社会形态形成和发展的趋势。随着社会现代化建设的不断推进和社区建设的日益兴起，社区共同体因承接了现代化文明的熏陶而具有以下现代特征：

首先，社区共同体成员具有高度的异质性。现代社会住房商品化和户籍制度的松动，导致人们脱离了原来单位制度下福利分房、统一安排的待遇，增强了人口的社会流动性，社区居民是由来自四面八方、不同职业、各年龄阶段的成员组成，人们虽然聚集在同一地理空间，却没有相同的经历、教育背景，也没有血缘关系，造成了人与人之间的陌生和疏离，使相互帮持变得更加困难，在人们的意识中理性是大于人情的，社会关系变得越来越松散化。这种社区成员的异质化带来心理对他人和事务的排斥性，增加了摩擦和矛盾的发生率，降低了社区居民之间的参与度。但是，多样化的社区活动，也能够使这种差异性成为彼此的互补，增强文化的多元化。

其次，社区共同体组织更加多元化。由于社区成员的高度异质化，个人需求、社会阶层、社区档次都存在着极大的差异性，这就使政府在社区治理的过程中要更加注重与社区居民之间建立良好的关系，且最大程度上调动居民参与的积极性。社区内各种组织的发育和发展，在管理方式和服务质量上都发生了深刻的变化，社区中多元化的社会组织为居民提供了更快捷、方便的服务，带来了兴趣多样的文化活动。现代性的社区更像是介于国家和社会之间的公共领域，在这里，“他们既不是作为商业或专业人士来处理私人行为，也不是作为合法团体接受国家官僚机构的法律规章的制约。”① 人们在社区共同体中可以自由地表达和公开自己的意见，积极自愿地参与社会活动。

最后，社区共同体是国家与个人的关系的联结管道。社区是城市社会的基层自治组织，具有自我管理、自我教育、自我服务的性质，社区一直承担着来自政府部门社会服务和社会管理的任务，导致社区自治功能的缺失。但

① 〔美〕埃莉诺·奥斯特罗姆，帕克斯，惠特克：《公共服务的制度建构》，上海三联书店 2000 年版，第 77 页。

是“随着单位制的消解，个人失去了单位的庇护，需要独挡来自社会风险，迫切需要国家重新建立与个人联结的管道，将体现国家责任的公共服务传递到基层社会”①。另外，中国城市人口规模大、流动性强，城市数量多，仅依靠政府的能力难以渗透和延伸到基层社会管理，所以，必须借助社区这一组织，来实践国家与个人关系的重构。对整个社会系统而言，国家和个人之间如果沟通渠道不当或中断，也会导致社会发展不利和个人目标难以实现。

（三）公共精神的内涵

“公共精神”是人类自古就有的、反映人“类”本质的一种精神现象，它的内容涉及政治、经济、文化、道德等多领域内容。在近年来的研究中，公共精神一直是伦理学、政治学、管理学、社会学研究的热门词语，对这一概念的界定也有自身的理论系统，着重于对概念、缺失原因、提升路径的分析，但理论背景不具体，缺乏学术传统。随着国内公共领域的快速发展，公民对公共性的不断呼吁，公共精神作用越来越明显，逐渐成为学界关注的理论问题。

“公共精神”的研究最早可以追溯到古希腊时期，其中“公共”一词起源于 pubes or maturity 和 koinon 两个古希腊词语，前者标志着一个人成熟可以独立参加公共事务，即超越主体个人利益关心社会利益；后者强调在工作中既可以与他人合作，又能考虑他人感受的情感。在中国文化中，依据汉语大辞典解释，“公共”意味公有的，公用的。从中西文化的语境来看，“公共”与“私”是相对应的概念。

通过对有关公共精神定义的梳理和总结，学术界对公共精神的研究大致有两个不同的视域：一是从政治学角度，认为公共精神是一种政治精神。公共精神是指在社会公共领域中，社会成员对公共生活的理解及对居于其中的价值观念、行为规范、制度准则的认可，且表现在日常行为中的态度、遵守和执行。二是从伦理学角度，认为公共精神是一种伦理精神，指在公共领域中，人们以超越自我利益的方式关心社会利益的态度和行为，它从心底渗透于每一个社会成员，主要体现在社会公德、公共伦理方面。但两个不同视域

① 田毅鹏：《“单位共同体”的变迁与城市社区重建》，中央编译出版社 2014 年版，第 304 页。

究其本质来讲是一致的，因为不管在中国传统思想中还是在西方现代文明中，伦理与政治的分界都是不明显的，且毫无意义。两者都强调了社会成员在公共领域中将内心深处的、认可的价值观念、制度规范、政治秩序付诸日常的行为表现中。至此，笔者认为公共精神至少需要涵盖以下意蕴：

第一，公共精神需要共同参与。“公共精神本质上是一种参与精神，在公共生活领域，没有什么比真正的参与行动更令人鼓舞了。”① 通过对公共生活领域的积极融入和参与，每一个社会成员都会从个人行动中意识到自我的存在和价值的实现，主人翁的意识也油然而生，个人与他人、个人与群体之间形成一种彼此共融的平等氛围，人与人之间的陌生与敌意将逐渐地消除，走向信任和理解，催生对公共生活、公共事务的认同感和责任感。当然，公民的参与是建立在自愿、平等原则基础上的，是对公民自治的强烈呼吁。根据康德的理解，自由（自愿、平等）本身实际上已向公民提出了自我治理的要求。所以，在当今社会公共事务中，公民共同参与是对政府管理方式的信任，是对伦理道德的遵守，同时也是在参与中成就自我、超越自我的表现。

第二，公共精神孕育于公共生活。在人类的早期阶段，由于生产力水平低下，在物质资料匮乏的情况下，为了种族的生存和延续，人们基于地域、血缘联结在一起，从某种意义上讲，这不是公共生活，而是在有限条件下的一种生活方式。真正意义上的公共生活是人们（具有自我意识和理性判断）以独立的身份自主参与公共事务，通过自由、平等的原则，以交流、沟通的形式实现人的本质的生活方式。此外对于“公共性”的含义，汉娜·阿伦特认为，“‘公共性’意味着公开性，它与个体性的实际表现不同，意味着在公共领域中展现的任何东西都可为人所见、所闻，具有可能最广泛的公共性。对于我们来说，展现——即可为我们、亦可为他人所见所闻之物——构成了存在。”② 所以，人的公共精神正是在公共生活中才得以产生和发展的，公共生活是公共精神孕育的土壤，公共精神的产生又使公共生活进一步扩大和丰富，二者是相辅相成的。因此，拓宽公共生活与公民日常生活的联系，让公

① 刘鑫淼：《当代中国公共精神的培育研究》，人民出版社 2010 年版，第 33—34 页。

② 〔美〕汉娜·阿伦特：《人的条件》，竺乾威等译，上海人民出版社 1999 年版，第 15—16 页。

民将生活方式和内容自觉融入公共生活中，二者将会获得持久的生长力量，在公共精神缺失的现代社会，构建和谐、稳定的公共生活领域将是关键。

第三，公共精神离不开公共关怀。公共关怀是指公民对公共生活及公共事务所表现出的积极关注、理解和承担的心理倾向性。具体来讲，就是要求公民在公共精神落实到社会实践行动时，必须自觉维护社会秩序，对正确的公共价值和社会利益表现出积极的赞赏，对他人的行为表示尊重和信任，对有损公共利益的行为和话语表示反对和阻止。对于公民来讲，公共关怀是作为独立的个体所承担的一份责任，在当今信息碎片化、网络爆炸化的时代，我们更应该自觉地关注公共利益和价值，乐于为公共利益奉献。如果每个公民都具有这样一种公共关怀的态度，和谐社会将指日可待。

综上所述，公共精神孕育于公共生活之中，离不开公民的共同参与和公共关怀，是人们遵守的最基本道德准则和价值规范，它包含民主、平等、和谐、文明、合作等最基本的价值取向。

（四）公共精神的特征

公共精神是渗透于每个公民内心深处的一种价值观念，其特征主要表现在以下四个方面：

第一，公共性。“社会本身就是公共性的形态，社会的发展则表现为对不同公共性的预设和建构。”① 汉娜·阿伦特说：“在公共领域中展现的任何东西都为人所见、所闻，具有最可能的广泛性。”② 首先，按照汉娜·阿伦特的“时间—空间”型公共性来理解公共精神，公共性的意义就在于事物公开地显现，与私密相对，公共精神是人“类”本性的觉醒，我们在可见的世界中能够切实地看到、听到。其次，公共精神的发育需要建立在人们公认的价值取向上，这种价值维护着社会的正常秩序，是社会中的每个成员都被赋予的一项责任，维护大家公认的社会准则和公共利益，任何人都不得打破和损坏这种共识。最后，公共精神强调关注社会公共利益，但并不排斥私人利益，但是，公共精神要求每个社会成员都能够超越自我，自愿把时间和精力投向社

① 刘鑫淼：《当代中国公共精神的培育研究》，人民出版社2010年版，第52页。
② 贾英健，肖蓉：《公共性与和谐社会的构建》，《东岳论丛》2012年第1期。

会，自觉维护公共利益。

第二，感召性。公共精神是公民行动的指南，引导着公众开展有益于社会发展的各种活动，不断宣传和鼓励积极向上的行为。随着公民公共性逐渐增强，公共空间不断扩大，人们对美好生活的向往越来越强烈，维护共有的美德，构建和谐社会是全体成员的共同追求。通过宣传，自然会有一些精神境界较高的人“带头”行动，激发和引导身边的人参与其中，扩大影响力。一般来说，不管在历史还是现实中，具有良好品德和积极向善的人对公共精神境界较低的人会有潜移默化的持久影响。我们所说的感召性，也可理解为公共精神的辐射性、互动性以及示范性。

第三，政治性。自由和民主是当代公共精神的政治性研究的最基础课题，这一属性，不同于当前市场经济体制下私人人格美德。私人人格美德是发自个人内心的，人数较少的，驱使自己按照公平、正义、向善的标准作出的有利于社会和公众的行为。而公共精神的主体是每个社会公民，对于公共事务的关注和参与不再受外在强制力量的束缚，而是每个公民都应当遵循的思维方式和行为准则。公共精神是公共事务的行动指南，如实地反映了国家公民的政治面貌，是一种存在于公共生活领域的公共理性。以上也充分反映出了公共精神区别于私人人格美德的重要界限，突出了在社会政治和国家公民生活中的重要性。正如亚里士多德所言：“人天生是政治动物，在由‘人’所结成的人类社会这个大群里，政治性所起的作用尤甚。”① 政治性是公共精神的一种天然要素。

第四，基础性。公共精神要求人们超越个人私利关心公共利益，遵循共同的价值观念和制度规范，形成对某些事物的认同和归属，并不是对个人私利的排斥，更不是对个性自由的限制。相反，公共精神是人们所要遵守的最基础的共同价值和态度，是建立在合理层次上的基础行为规范。此外，公共精神作为公共生活的产物，所有公共生活的参与者都要将公共精神外化为日常的实践活动。政府的公共精神是追求公民利益的最大化，以实际需要为根本出发点，不断提高公共行政的效率和执行力；公务员的公共精神体现在要

① 〔古希腊〕亚里士多德：《政治学》，商务印书馆1965年版，第188页。

克制守则，廉洁奉公，自觉抵制各种不良诱惑，全心全意为人民谋求利益，努力提高自己的工作水平和能力；普通公民的公共精神体现在自觉维护公共利益，遵守社会秩序，发扬传统美德，正确处理好个人与社会的关系。

二、共同体思想的历史求索

社区共同体建设是党的治国理政理念在社会建设问题上的又一次升华。社会治理体制的创新和方式转变是一种工具性范畴，其实施和效果的显现离不开价值要素的引领，即集平等、和谐、信任、团结于一体的公共精神。所以，共同体的建设与公共精神培育有内在的融合点，本书正是通过对一系列共同体思想的理论研究来表达对公共精神的呼唤。

（一）社区共同体建设中公共精神培育的思想基础

1. 老子、庄子和谐共同体思想

我们认为“共同体”是一种安全和谐的有机体，是一个象征互助、和谐和信任的褒义词，需要公民参与和建立共同的文化和意识。关于中国“共同体”思想的起源，可以追溯到生活在春秋时期的老子和庄子。他们都通过语言描述了自己心目中的理想社会，在这种理想社会中，民风淳朴，平等自由，人与人之间没有利益纷争，是对人类社会的一种良性设计。

老子“小国寡民”的思想就充分表达了对当时统治者的极度不满，渴望建立一个平等和谐、公正康泰的社会。老子所描述的理想王国并非是倒退和复古，而是经过文明发展以后再对自然生活回归的社会，在老子的思想体系中追求的重点是淳朴的民风、生活安定、乐于所有。

同样的，庄子是中国哲学的集大成者，也是道家学派的代表，其作品形式自由洒脱，内容不拘常理，其独特的思想为后人在人生哲学、生态哲学、个人修养方面提供了借鉴，比如虚静精神的艺术审美，心灵之游境界。另外，在庄子的思想中也有着对理想社会的向往。其在《马蹄》篇中说：“故至德之世，其行填填，其视颠颠。”① 其向我们传达的意思就是，在这种理想社会中，

① 庄子：《庄子·外篇·马蹄》，中华书局2006年版，第38页。

人与人之间的交往充满着质朴的情感，彼此之间相处融洽，不必担心迫害之心，而且人们也没有征服自然的野心，万物也不必担心，逃避人们的猎捕，人与自然和谐共生。

2. 孔子仁爱共同体思想

孔子是春秋末期的思想家、政治家和教育家，是世界十大文化名人之首，他的思想对后世的影响深远。孔子的主要思想是大一统的集体主义思想，是君、臣、民各安其分的统一体。社会的稳定不仅要靠“仁”，还要强调集体主义、克己复礼。孔子一直以来倡导的是集体主义，而不是个人主义。孔子说：“夫仁者，己欲立而立人，己欲达而达人。能近取譬，可谓仁之方也已。”① 所谓“能近取譬”，简单说来就是将心比心，设身处地，推己及人，就是要求人们从现在做起，从自身做起，关注当下的时政。这正是孔子强调从自身出发，维护集体主义的重要特征。现代意义上的公共精神是需要伴随着公民社会而逐渐培育起来的，公共精神的观念主张公众不应该仅仅追求个人的利益，而应该追求公共利益，所以公共精神不仅是儒家伦理的一种基本价值精神，也是当代共同体建设中不可缺少的理论品质，是当代社会对公共责任意识、权利与义务意识的倡导的集中表现。

3. 荀子群居共同体思想

荀子是先秦儒家及诸子百家学派的集大成者，是丰富先秦儒家伦理内涵的现实主义大师。荀子学说吸收百家之长，内容丰富，体系广泛，其中荀子“群”思想独具特色，也正是我们所理解的人的社会性、群居性。他说：“力不若牛，走不若马，而牛马为用，何也？曰：人能群，彼不能群也。”② 意思是说人的力量没有牛大，赶路的速度也不及马，但是人却能利用牛马为自己服务，原因是人能群，而牛马不能，这里的“群”就是所说的智慧、力量。在荀子的思想体系中，“群”也具有多层含义，第一，“群”是人与动物本能区别的体现，“水火有气而无生，草木有生而无知，禽兽有知而无义；人有

① 张燕，子婴译注：《论语》，中华书局2006年版，第63页。

② 张觉：《荀子校注》，岳麓书社2006年版，第25页。

气、有生、有知、亦且有义，故最为天下贵者也。”① 人的本性决定人以群居的形式聚合在一起，通过使用先进的生产工具和分工协作，提高生产力水平，共同抵御自然灾害和外力的侵袭，理智、情感是人区别于动物的本质表现。第二，群是人类得以生存的力量源泉，荀子说：“故人生不能无群，群而无分则争，争则乱，乱则离，离则弱，弱则不能胜物。”② 群体的力量是人类生产生活的前提，而在社会群体中又必须靠一定的制度来规范和引导，否则就会引起混乱，继而乱就会不和、势弱，最终不能抵御外力的侵袭。第三，群是社会和谐的前提，群道当，则万物皆得其宜，穴畜皆得其长，群生皆得其命。对比原始社会时期，没有军队、警察和监狱，在这样恶劣的环境中，群体是他们生存的根本。所以，荀子倡导的社会是万物生长、繁荣发展，即“群居和一”的社会形态。荀子所说的“群”就是人们聚合在一起组成一个社会共同体，而社会共同体存在又需要一定的规则和秩序维护。

（二）社区共同体建设中公共精神培育的思想借鉴

1. 亚里士多德政治共同体思想

在西方学界，有很多思想家对共同体（社群）都有研究，比如黑格尔、马克思、杜威等。最早倡导共同体的是古希腊的亚里士多德，他构想通过城邦公共生活来完善人性的描述，在此，公共精神的培育指向是，一个人通过不断的追求善德、正义和友爱，逐步脱离私人领域的有限性，参加公共事务。

公元前4世纪，希腊雅典城邦与斯巴达之间发生战争，城邦内政局动荡，宗派纷争，政权由兴而衰，面对这种残酷现实，亚里士多德在已有城邦研究的基础上，提出了“政治共同体”的理想城邦，即以正义为基础、伦理友爱为联系纽带、追求幸福生活为目标。“人类在本性上是一个政治动物。凡是不属于城邦的人，如果不是一只野兽，那就是一位神祇，总而言之，不是人。”③ 在亚里士多德看来，人的社会性和政治性是人称之为人的最重要的两种属性，人的生存和发展离不开共同体，城邦可以带给人们“优良的生活”。同时，城

① 张觉：《荀子校注》，岳麓书社2006年版，第27页。

② 张觉：《荀子校注》，岳麓书社2006年版，第27页。

③ 〔古希腊〕亚里士多德：《政治学》，吴寿彭译，商务印书馆2009年版，第246页。

邦的发展也离不开人们的政治参与。首先，从整体论来讲，一个系统与部分是有机整体，不能将整体看做部分总和，整体大于个人，就如同手脚离开身体就不是手脚了，所以个人离不开共同体。其次，个人的非自足性，个人的力量是有限的，单凭个人的能力不能完全满足发展的需要，唯有集合在城邦中，才能最大限度地满足自身发展。此外，人本身具有社会性，生来就有合群的天性，因此，必然要组成城邦（共同体）。最后，对生活的追求，城邦能够最大限度地满足个人发展的需要，但是，城邦的存在却绝不仅仅是为了满足人的生存，而是为了“优良的生活”。① 而且以野兽的城邦和人具有自由意志来论证此观点。总之，政治共同体的存在不能仅仅满足个人生存最基本的需求，而是要以追求善德、正义、友爱为目标，这也正是政治共同体区别于动物群体或是军事同盟的最显著特征。

恩格斯评价亚里士多德是“古代世界的黑格尔”②。可见，黑格尔的许多政治思想都是对亚里士多德思想的继承，尤其是共同体思想。黑格尔在《法哲学原理》一书中论述了共同体思想，批评了近代社会契约论者所刻画的原子式个人，而是倡导一种伦理实体的概念。在黑格尔的论述中，伦理实体是指“每一个特殊社会的合乎习俗的道德”③，“强调单个人是次要的，他必须献身于伦理整体”④。

2. 滕尼斯精神共同体思想

1887年，社会学家滕尼斯在《共同体与社会》一书中，最早提出了“共同体”概念，即“共同体是一种基于情感、习惯、记忆等自然意志，以血缘、地缘和心灵为纽带而形成的社会有机体（如家庭、邻里、村落等），代表了一种亲密互助、服从权威、注重情感的生活方式”⑤。在他看来，共同体必须体现的是一种守望相助、亲密无间、相互信任的人际关系。这种社会形态是基

① 〔古希腊〕亚里士多德：《政治学》，吴寿彭译，商务印书馆2009年版，第246页。

② 〔德〕马克思，恩格斯：《马克思恩格斯文集（第1卷）》，人民出版社2009年版，第571页。

③ Alasdair Mac Intyre，“Is Patriotism a Virtue?”，Thomas Pogge，Keith Horton（ed.），GlobalEthics：Seminal Essays，St. Paul：Paragon House，2008，137.

④ 〔德〕黑格尔：《法哲学原理》，范扬、张企泰译，商务印书馆2009年版，第90页。

⑤ 〔德〕斐迪南·滕尼斯：《共同体与社会》，林荣远译，商务印书馆1999年版，第137页。

于人们传统的血缘、地缘及文化自然形成的，人们与社会共同体之间也有一种自然而然的适宜性，对共同体有着强烈的归属感和认同感。

在滕尼斯看来，血缘共同体、地缘共同体和精神共同体是共同体的三种基本形式，“血缘共同体发展为地缘共同体，直接表现形式是人们居住在一起，由地缘共同体又发展为精神共同体”，他认为，“真正的和最高形式的共同体就是精神共同体。”①

当今社区共同体的建设必须实现对公共精神的倡导和化育，必须追求人与人之间关系的亲密无间、相互信任。

3. 社群主义自由共同体思想

20世纪80年代，社群主义成为当代最有影响的西方政治思潮之一，其主要观点是，个人及其自我最终是由他或他所在的社群决定的，是一种新集体主义观念，美国社会学家桑德尔和英国哲学家麦金太尔是主要代表。

社群主义者关于共同体思想大体还是继承了亚里士多德、滕尼斯的观点，同样认为共同体是具有共同的价值目标和规范的实体，不同的是，社群主义者更加注重成员的理想、道德传统和政治信仰等的形成，重申社群对个人的重要性，从本质上来讲，是精神共同体的体现。首先，社群主义的自我观强调，人所表现出来的自我特点是所处的社会文化赋予的，而且只有不断地和其他成员交流、互动，不断地反省和实践，才能正确理解自己身份，真正实现自我认同，是社群成就了自我。其次，公益观论述了共同善是社群主义共同遵循的标准和规范，强调“共同合作”是实现成员之间相互信任、分享共同价值，建立对社群认同感和归属感的方式之 。最后，国家观强调，应将社群和国家的利益放在首位，个人要积极履行参与国家政治生活和社群活动的义务，这是促进公共利益实现的前提。

社群主义共同体思想对公共精神的培育也提供了理论借鉴：一是公共精神的培育需要建立在共同善的基础之上，通过成员之间相互信任、分享，建立对公共领域的归属和认同，进而形成一种向心力和凝聚力。二是公共精神培育也同社群主义共同体思想一样强调积极参与公共事务，以公共利益为前提。

① 〔德〕斐迪南·滕尼斯：《共同体与社会》，林荣远译，商务印书馆1999年版，第169页。

（三）社区共同体建设中公共精神培育的指导思想

1. 马克思联合共同体思想

通过对马克思经典著作的查阅和文献的参考，马克思并没有对共同体概念做出明确的界定，但在不同的语境中有着对共同体的不同指向。首先，是指人类历史上现实的个人的存在方式，主要是血缘地域共同体和政治经济共同体两种形式。血缘地域共同体是在当时生产力水平低下、物质资料匮乏的情况下，基于血缘和地域而自然形成的共同体基础形式。马克思认为国家是典型的政治共同体，市民社会是经济共同体，形成于黑格尔对市民社会和国家批判的基础上，深刻地揭示了现实社会的深层关系。其次，是自然形成的共同体，自然形成的共同体基础是在生产力水平有所提高，人们能够在同一个地方定居较长时间，以氏族、部落形式群体性而居，并通过婚姻、家庭的方式建立起来的共同体，人与人之间慢慢地形成一种对风俗和文化的归属感、认同感。最后，是自由人联合体，马克思称之为真正的共同体，是人们毕生所追求的理想状态和解放全人类的价值取向。

综上所述，在马克思的观点中，生产力的发展是共同体发展的前提条件，为人们思想的发展提供了良好的物质基础。所以，一方面，在21世纪的中国，现代社区共同体的建设成为可能；另一方面，完善的社区服务、多样的社区文化给公共精神的培育提供了良好的社会环境。通过公民教育的形式提高公民的社会权利意识和主体意识不失为当前培育公共精神的有力之举。

2. 毛泽东革命共同体思想

毛泽东是中国杰出的革命家和思想家，是一位创造了中国历史的伟人。毛泽东思想的形成和发展深受马克思主义的影响，特别是进一步丰富和发展了马克思共同体思想，创建了军事共产主义共同体。

简单来说，军事共产主义共同体也就是革命共同体战略思想。面对中国艰难的革命环境和诸多的复杂难题，建立一个组织严明、思想一致、相互信任、关切人民利益，且能唤起国民意识觉醒、增强国民身份认同的共同体是独特的解决之道。毛泽东领导中国人民不断反抗压迫、争取民族独立，最终建立新中国的过程，同时也是人民参与集体行动，逐渐产生共同革命信仰的过程，“在革命实践中摸索出表现革命共同体思想的组织形式：统一战线、群众路线和政治协商”。[①]

当今社会，中国逐渐强大。但是全球化浪潮的激荡下，世界各国的经济、政治、文化正朝着多元和融合的方向发展。在这一发展过程中，有交流、对话，同时也有竞争和分歧。从一定意义上来讲，这与国家的价值与文化的冲突密切相关。在此情形下，我们应该注重民族精神的培育，特别是民族精神中“公共精神”品质的培育。公共精神包括了所有民族精神的理论因子，它是凝聚了广大民众共同利益，预示着社会发展方向的具有普世性的进步思想和优秀文化，所以要加强对国家公民意识和公民精神的培育。为了实现中华民族的伟大复兴，我们都必须充分认识到，只有在公民现实中唤起公民意识，在民众的公共交往中培养公共心、责任心、同情心，养成公共生活习惯，公共精神才可能成为现代教育制度以及新的民族精神培养的根本价值取向。就像毛泽东革命共同体建设中所实践的那样，培养公民对社会主义事业的义务感，并达成爱国的共识，形成强烈的民族认同感。

3. 习近平关于命运共同体的重要论述

习近平总书记在讲话中多次提到“共同体”这一词语，并将其延伸到国家的外交战略和互联网构建中，提出命运共同体、利益共同体和网络共同体理念。这不禁引起了我们对共同体这一词语的高度关注。习近平总书记将命运共同体定位为“地球村”里中国与周边国家的外交关系，强调与周边国家之间要坚持讲信修睦、合作共赢、守望相助、心心相印、开放包容，且建立在一定的地缘关系上。习近平总书记关于命运共同体的重要论述彰显出一种国家公共精神，这种精神要求我们在公共领域中，能够做到与邻友善，用理性的心态和宽容的态度去对待公共领域的每一个人。通常情况下，我们的邻居是很难选择的，邻里之间却又有着天然的依存关系，这种依托地缘的人与人之间的关系，是我们培育公共精神的基础。总之，习近平总书记关于命运共同体的重要论述无论从内涵形式上还是内容上都给公共精神的培育提供了实践基础。公共精神的培育在形式上要依托一定的地缘关系，内容上讲求开

① 武永江：《毛泽东革命共同体思想探析》，《湖南科技大学学报》2015年第6期。

放包容、平等相待和合作共赢。

三、社区共同体建设中公共精神培育的当代价值

随着单位制的不断消解，社区建设勃兴，公共精神培育是社区建设过程中的一种自觉工具，是社区资源整合、社区公共利益达成、国家治理现代化推进的有力之举。

(一) 培育公共精神有利于社区资源整合

社区资源有广义和狭义之分，是一个相对宽泛的概念。“从广义来讲，社区资源是社区赖以存在和发展的一切资源的通称，从狭义来讲，社区资源指一个具体社区能够掌握、支配和动员的现实资源。”① 有效整合和利用社区资源是推动社区共同体建设的重要保障。由于职业、年龄、受教育背景、风俗习惯等方面的不同，现代化小区居住群体异质化较强，他们有着不同的生活方式、多样化的社会需求以及相互冲突的自身利益，所以如何让这些有着不同社会背景、利益追求的居民相互了解和信任，并将分散在社区居民中的社区资源整合起来，是社区共同体建设的重要问题。公共精神强调以利他方式关心公共利益，表明一种构建共同体的政治精神。因此，居民公共精神的培育能够使不同利益群体相互吸引，让社区居民能够主动参与到社区公共活动与公共事务的事业中来，“社区是我家”的社区情结慢慢地在个体中发育。公共精神主张不仅仅要追求个人利益，还应该追求公共利益，只有这样，社区才可以拥有和支配更多的人、财、物及文化教育资源，才能更加有效地推进社区居民自治和社区健康发展。

另外，社区资源除了传统意义上讲的物质资源、人力资源以及文化资源等，还包括社会资本。一般意义来讲，“社会资本是指社区内居民及其正式或非正式组织在互动中形成的信任、互惠、合作关系及其网络。”② 从社会资本的角度而言，信任是人际关系网络中最重要的资本，社区居民长期居住在同一地域空间，在居民中有目的地提高居民意识，营造并形成社区公共精神，

① 杨贵华：《社区共同体的资源整合及其能力建设》，《社会科学》2010 年第 1 期。

② 杨贵华：《社区共同体的资源整合及其能力建设》，《社会科学》2010 年第 1 期。

相信不管是因为存在共同利益，还是因为长期居住而产生的“熟悉感”，人与人之间的信任应该是可以实现的。居民之间在相互沟通、了解和信任的基础上，开展多种形式、不同层次的互惠合作，形成从扶贫济困到日常生活的相互帮助，直至精神层面上的相互关心和理解的社区支持网络。

公共精神是人们日常生活中态度和行为方式的自觉表现，属于意识形态层面。社区公共精神一旦形成，便会具有较强的稳定性、持续性，不仅能够有效整合社区资源，也使社区共同体建设中既得成果得到巩固。

（二）培育公共精神有利于社区公共利益的达成

当今社会，各利益主体在利益诉求的驱动下，导致社会矛盾日益复杂，处理好社会各利益主体的关系将是政府和社会面临的重大问题之一。相应地，在城市基层社会管理中也面临着利益主体需求多样化的困境，各参与社区建设的主体之间冲突不断、利益分歧现象严重，居民个体利益与社区集体利益之间分化严重。在社区共同体建设中如何平衡各利益主体之间的关系？培育公民公共精神不失为一种有效之举。公共精神强调社会的公平、正义、宽容、共赢，它不要求每个公民做出什么伟大壮举，而是要求在社区居民的领域里展现出良好的公共心态和习惯，主动参与社区公共事务。对于现代意义上的社区居民，公共精神要求居民要有权利与义务统一的意识、独立与合作统一的观念、自由与法制相结合的理念。因此，公共精神对社区共同体建设提供伦理支持，而在社区共同体建设中居民的参与直接推动社区公共精神的成长。

当前，政府依然在社区建设中起着主导作用，但是社区共同体的建设不仅仅是政府的事情，而是与城市社区每个居民息息相关。同时，仅仅依靠政府的单方力量也是不能够完成的，必须要获得社区居民的信任、认同和参与。社区共同体建设中的公共精神培育对于居民与居民之间、居民与政府、政府与社会组织之间的互动有积极作用，体现出居民的公德意识。社区公共精神能够平衡社区各建设主体之间的利益分歧，消弭价值冲突，提供公共洽谈的平台，使社区居民能够主动参与到社区建设中来。

（三）培育公共精神有利于推进国家治理能力现代化

全面推进国家治理体系与治理能力现代化自党的十八届三中全会提出至

今，已成为理论界和实务界的重大课题。多元治理主体是国家治理的全新形态，作为一种新的社会管理方式，打破了政府对社会管理的垄断，是建立社会共同体、推进社会治理创新的重要目标和路径。

“社区作为社会系统的基本单元，是社会治理的基石，也是社会治理最主要的基层载体。”① 随着单位制不断走向消解，单位社会的终结给社区发展带来了一系列的问题：个体主义盛行、人际关系疏离、社区活力困顿、社区共同意识丧失等。创新形式的国家治理是消解社会问题、化解社会矛盾、确保社会正常运行的根本保证，所以建立社区共同体是我国社会转型的必然结果。

在我国现阶段，一直受强政府治理模式的影响，市场和社会都形成了依赖政府、服从政府的习惯，形成了政府中心主义的社会管理模式。但是这种权威的治理模式忽视了公众和社会组织对公共事务的参与、制约和监督，不能满足当前社会发展的需要。因此，在社会管理体制建设中，要实行市场、社会、政府的合作治理，建立社会治理共同体才是治理之道。

第二节　培育社区公共精神的理论之维

改革开放以来，中国社会开始进入了快速转型过程，在这前所未有的整体和全面的结构转变中，最根本的变化是个人与社会关系的改变。新中国建立以后，城市中建立起高度组织化的单位社会，实施社会主义计划经济体制，国家垄断了几乎全部的稀缺资源，并通过单位组织进行资源集中配置，实现了对社会成员及社会生活领域的全面组织与控制。改革开放以后，市场经济体制打破了传统的配置资源模式，使资源的配置形式不再局限于国家体制内，新型的发挥市场资源配置的模式大大解放了个人对单位和国家的依附，进一步加快了社会流动性和自主空间的形成。同时住宅商品化使人们可以自主选择居住空间，导致城市居民旧有的地域关系纽带被拆解，城市居民的社区集

① 尹广文，林秀梅：《后单位制时代的中国城市社区治理——从地域共同体到精神共同体》，《山西师范大学学报》2015 年第 2 期。

体记忆和情感归属销蚀殆尽，个人社会关系网络发生改变。竞争的气息充斥着整个现代社会，继而也不断地侵蚀着人与人之间的情感，取而代之的是一种交换和契约关系，这种物质利益的竞争消解了以血缘和地缘为纽带建立起来的情感和友谊，人们相互之间的认同感、归属感、社会价值观逐渐地削弱，原子式的个人主体性，使社会中的人们陷入孤立之中，从而需要对公众公共精神的培育，建立社会的认同感、荣誉感、责任感。这种公共精神是在社区共同体成员长期稳定的生活环境中形成，并有着强烈的身份认同和心理认同，公共精神是社区建设、社会和谐发展的关键所在。

党的十八大以来，我国不断加快新型城镇化的进程，即引导农村人口向城镇迁移和聚集，使广大农村人口市民化。农村人口失去原有生存的土地、文化和习惯，对于陌生的城市极度缺乏归属感和认同感，在心理和行为上表现出对城市的抵抗和漠视。他们不再拥有原来的独家小院，而是和来自不同地区的人集中在一个个社区。这就需要人们培养社区公共精神，形成对社区文化的认同，建立社区共同体。

总之，随着社会主义现代化建设的不断推进和经济的飞速发展，整个人类社会也随之发生了深刻的变化，反映在公共领域就存在公共理性缺失、公共参与被动、权责意识薄弱等很多不和谐的问题；反映在私人领域就是公民个人的主体性意识不断增强，自主性空间不断扩大。所以对公民公共精神的培育是当今社会的重要任务之一。

一、研究社区共同体建设中公共精神的培育具有重要的当代意义

（一）有利于践行社会主义核心价值观

公共精神的价值强调公民个体对公共事务、公共利益和公共责任的目标认可与追求，而社会主义核心价值观从国家、社会、个人三个层面规定了价值内涵，两者所蕴含的都是当前人们共享的价值理念，是人们都应该尊重和履行的价值追求，公共精神与社会主义核心价值观有着较多的契合点，这种契合是两者内在的。

（二）有利于国家治理能力现代化

国家治理是现代国家在发展过程中提出的一个特有概念，旨在扬弃国家

统治和国家管理中不适应生产力发展的模式，其内涵强调了把增进公共利益同维护公共秩序放在了同等重要的地位，国家治理体系的目的是实现可持续发展、普遍提高国民生活质量和实现可持续的稳定。公共精神的培育和社区共同体的建设是国家治理能力现代化建设的重要举措。

（三）有利于构建社会主义和谐社会

随着现代性社会的不断发展，人与人之间的利益结构也随之发生了变化，人与人之间的友好关系慢慢消解，我国迫切需要社会形成一个共同的精神信念来鼓舞人心。同时，社区是人们生活在一定地域范围内的生活共同体，同时也是遵循一定制度规则的社会实体，社区的建设和维护突出强调一种共同性和共享性。从社会学理论讲，社区是社会的一种特殊组织形式，是人与人之间的联系纽带和结合原则。社区共同体的建设的过程内在地彰显着遵守社会公德、法律约束和社会责任的重要性，是社区成员良好的价值观念和生活方式的体现，这便是和谐社会内在要求的外化。构建和谐社区是构建和谐社会的前提和基础，小小的社区也可以爆发出巨大的能量，社区共同体建设这种强调同质性的建设，无疑是和谐社会构建的前提。和谐社会的构建也为社区建设提供了良好的社会环境，我们必须站在构建和谐社会的战略高度来把握社区建设的重要机遇，加强对社区成员公共精神的培育，在建设过程中形成共同的价值目标、文化导向和理想信念。

（四）有利于提高城市化建设的质量

城市化建设的质量综合反映了一个国家或地区科学技术水平、经济发展水平、社会文明程度。近年来，我国经济的发展带动了城市化水平的提高，城市数量和城市人口快速增长。然而，城市管理的任务越来越繁重，如市容整洁、园林绿化、社会治安、民政福利、居民拆迁安置、居民素质教育等。单靠政府有关管理部门难以完成这些任务，改革政府包揽一切的城市管理模式将是有力之举，将城市管理重心下移，把各项管理措施落到实处，进一步提高城市的管理水平和居民素质。要做到这一点，就必须大力推进社区共同体建设。这样才能不断强化居民群众的自我管理意识。让民众感受到社区这个基层自治组织的优越性，才能让他们在社区建设当中有主人翁意识，进一步激发他们视社区如家的亲切感觉。只要我们将每个社区的建设作为一项重要工程来抓，城市建设就是一件相对容易的事情。可见，大力推进社区共同体建设对加快城市化进程起到了积极的推动作用。

（五）有利于提高公民整体道德素质

道德是提高人的精神境界、促进人的自由、全面发展的内在动力，公民道德素质的高低成为衡量国家现代化水平的重要标志。在当前的社会形势下，公共精神的培育是公民生活有序展开、提高公民素质的重要保障，其作为一种内在约束力，将社会最基本的底线内化于人们的社会实践中。社区作为人的道德素质形成的三大基本载体之一，是孩子素质形成的关键。父母的教化是孩子最初接受的价值，在这个过程中发生了道德自我；学校作为一个集体环境，进一步强化或矫正道德自我；而社区的舆论、宣传和互动，则是加固道德基础的重要环节，“社区中道德的声音将作为他人的非正式赞同会形成一个非正式的影响关系网络，比国家力量更能为社会秩序提供道德基础”①。所以，在社区共同体建设中加强公共精神的培育，有利于推动我国公民教育的发展，提高公民道德素质。

二、国内研究

（一）公共精神内涵研究

在论文中比较有代表性的观点有：李萍《论公共精神的培养》，从道德的维度出发，指出公共精神是以利他方式关心公共利益的态度和行为方式。肖楠楠《公德先行的逻辑》（2015），对公共精神的内涵做了明确的剖析，并指出“它是超越个人狭隘界限和个人直接功利目的，关怀公共事务的精神境界和行为态度，它孕育并镶嵌在特定的社会架构和文化土壤当中，并不断地影响、修复、变迁着特定的社会结构”②。岳珂、姜峰在《公共精神的缺失与重构》一文中也做过相同的论述。潘强恩在《光明日报》的《论公共精神》一文中指出，公共精神是一个庞大的体系，是社会成员在公共生活

① 王红梅，曹颖：《现代社区“共同体”的流失与重建》，《经济师》2015年第4期。

② 肖楠楠：《公德先行的逻辑》，《现代基础教育研究》2015年第1期。

中对人们共同生活及行为准则、规范的认可，并体现在行动上的遵守和执行。袁祖社在《“公共精神”：培育当代民族精神的核心理论维度》（2006）一文中对“公共性”“公共理性”“公共精神”做了简单的内涵诠释，指出“‘公共精神’不仅具有政治学的意义，更是具有一般意义的哲学概念，包含了民主、自由、公共责任等最基本价值目标的肯定，将其视为生存和发展的价值取向”①。

（二）社区共同体与社区共同体建设研究

对于社区共同体建设的研究，陈宗章（2010）指出，在现代社会的剧烈变迁中，社会结构高度分化，社区共同体建设的核心问题是培育城市社区的“共同体意识”，他认为共同体内涵的实质是一种公共精神，且与现代社会的理念具有一致性，但这种精神不会自发地、快速地孕育出来。社区“共同体意识”是在积极构建社区参与共同体、社区服务共同体、社区思想政治工作共同体和社区自治共同体的基础上建设的。张红霞（2014）认为社区共同体存在的基础是邻里互动，且在石家庄典型的新建商品房小区调查的基础上，分析了现代化小区邻里交往的现状及动力机制。社区共同体建设一方面需要增强社区居民之间的互动，另一方面需要加强社区管理部门及开发商的服务给予。王冬梅（2013）指出，在中国社会转型的过程中，社区着力于对硬件设施的建设，“社区精神”渐渐遗失，这是一定要直面的问题，要创新社区工作机制，从推动参与制度化建设、建构社区支持网络、倡导社区志愿服务、探索社区自组织新形式等方面入手，建设富有人情味的现代熟人社区。周建国（2009）提出，后单位制社区共同体建设培育没有达到预期效果，主要原因是没有完善的社区整合机制。他认为，在现代化社会中，最为关键的因素是职业及与之相关的单位。共同体主要产生于熟人社会，而自己所在单位是人们最容易熟悉的地方，单位中的人就是一个小的共同体，扩大单位中的关系，单位本身就成为一个共同体。在共同体中加强人与人之间的交往，共同体就会慢慢地培育出来。但是该文没有具体讲如何加强单位之间人员的沟通，

① 袁祖社：《“公共精神”：培育当代民族精神的核心理论维度》，《北京师范大学学报（人文社科版）》2006 年第 1 期。

显得比较笼统。

从共同体建设的重要性来讲，雷霆教授在文章《共同体的重构——社区建设的目标模式》（2015）中指出，我国社会转型期的社区建设目标就是建立服务完善、文明祥和的社会生活共同体，社会组织作为社区共同体的载体，其发展良好影响着居民之间的沟通、交往和认同，探索了建设社会生活共同体的路径：强化居民个体之间的联系，鼓励公民积极参与，实现交往共同体的培育到认同共同体的生成。但是对哪些组织更适合居民交往，培育的机制应该是什么缺少阐述。姜方炳（2015）指出，当前社会治理存在很大困境，如管理主体单一化、社会管理行政化等，这些困境需要"社区共同体"精神的功能性复归，而共同体化的价值内涵就在于提高居民的归属感和认同感，两者具有内在的契合性。尹广文（2015）认为，随着单位制的逐渐解体，社区治理成为影响社会稳定的一个重要领域，当前社区治理存在行政权泛化的形式化与诱导性社会动员、治理主体的多元性与利益代言人的缺失、居民事务与权威的空场、想象的共同体与孤独的个人，"要真正实现社区基层政权建设，关键在于实现社区从单一的地域共同体到人们的精神共同体转变的社区的再组织化。"①

（三）公共精神缺失对社区共同体建设的影响研究

一种观点认为，公民认同危机导致公共精神的缺失，影响社区共同体建设。任者春、武倩予等人（2012）认为，现代社区共同体是由不同价值观念的异质人口所组成的，这种异质性有可能会降低社会互动，因为社区共同体内部的差异会引起成员心理上的相互不认同，增加矛盾和摩擦的发生。另一种观点认为，参与意识淡薄导致公共精神的缺失，影响社区共同体建设。胡国民（2013）认为，"社区工作行政化倾向较严重，居委会一般按照上级传达的命令执行，工作模式较为封闭，导致居民对社区事务的开展、运作并不了解，居民参与多是在社区居委会工作人员的动员、劝导下的参与，具有被动

① 尹广文，林秀梅：《后单位制时代的中国城市社区治理——从地域共同体到精神共同体》，《山西师范大学学报（社会科学版）》2015 年第 2 期。

性的特点"[①]。何卫平（2012）强调社区意识是影响社区和谐稳定的重要影响因素，当前社区居民社区认同度不高、社区公共理性缺失、社区参与率不高、社区满意度偏低，需要加强公民公共精神的培育，提高社区居民意识。陈振华、温淑春、李来和强调要加强和谐社区参与制度、服务制度的建设，培育公民公共精神。

（四）社区共同体建设中公共精神的研究

一是着重公共精神内容研究。王永益（2013）认为，"从社会资本的理论视角出发，通过提升社区社会资本存量，可以有效地培育社区诚信友爱、互惠互助、邻里和睦、平等合作、积极参与等社区公共精神，为当前我国社区发展的和谐善治转向奠定坚实的德性根基"[②]。陈伟教授（2012）提出以价值实构为推手、以形象塑造为载体、以行动学习为重心、以扬清祛浊为导向塑造公共精神，以促进社会管理。李曼（2013）认为，社区共同体建设中公共精神培育应该包含培养独立人格精神、民主法治精神、公平正义意识、社会责任意识、社会公德意识、自控自律意识六个方面。冯建军、王亮等强调培养社区意识。冯建军（2012）指出，由于原子化的个人主义，导致公民归属感的匮乏，出现了公民社会认同的危机，这就必须培育公民公共精神，重建公民精神共同体，真正地建设一个充满人与人关心、爱护、尊重的和谐社会。王亮（2013）提出，"社区意识是社区的核心和关键，社区意识是全体社区居民共同的心理认同和价值取向，因此，它能使社区中各种利益群体的力量相互作用、相互吸引，使社区居民具有强烈的归属感与认同感"[③]。从意识形态层面来看，公共精神与社区意识都具有能动性和创造性，是社区共同体建设中不可估量的无形资产。

二是侧重公共精神主体研究。徐振利（2013）等重视公务员公共精神研究，认为国家及其公务员对社会管理的内在本质、功能及其合法性基础都充分彰显了对公共精神的内在需要。何植民、李彦娅（2009）提出，公共精神

① 胡国民：《社区组织推进社区居民参与的对策探讨》，《中共宁波市委党校学报》2013 年第6 期。

② 王永益：《社区公共精神培育与社区和谐善治：基于社会资本的视角》，《学海》2013 年第4 期。

③ 王亮：《社区意识——社区共同体的灵魂》，《广西社会科学》2006 年第 4 期。

彰显了政府政策执行的“公共性”，公共精神以责任为依托，实现了政府的责任性，从内生机制和外生机制两方面培育公共精神。韩志军、张梦欣（2012）等人重视大学生公共精神研究。郑长忠、郑琦等强调充分发挥党和政府引导作用。郑长忠（2010）认为，社区建设应从社会权力衔接阶段向社会生活共同体建设阶段转变，党和政府也必须和实际接轨，创新工作思路和转变工作方式相结合。郑琦（2014）认为，由于政府介入方式转变，形成中的社区共同体维护和体现了共同体及其成员的自主性。胡敏捷（2013）等强调充分发挥老龄群体的作用，通过对老龄群体自身特征、社区工作、活动参与状况及对社区交往的推动等多角度的考察，揭示了社区老龄群体的成功老化与社区共同体的重建有着共同的实现途径。

（五）社区共同体建设中公共精神培育路径研究

夏晓丽（2015）提出，公共精神的成长是一个长期而又漫长的过程，需要国家、政府和社区社会组织以及公民个体的共同努力与合作。在创新型城市建设中，扩大公民参与公共事务范围，通过公民“在场”和“出场”等真实的参与行为不断体认和提升公共精神，有利于化解新型城市建设中个体利益与公共利益的冲突，培育现代理性公民。公共精神的强弱影响着社会关系网络间的信任，影响民主政治的发展。张九童（2015）认为，在社区治理中要注重对公共人的培育，公共人即有公共精神信念和公共治理能力的价值主体，从政治、经济、社会、文化、生态五个维度，探索公共人的培育路径。李刚强（2012）从漳州市基层社会管理存在的问题入手，剖析公共精神缺失是基层管理的最大障碍，通过发展公民社会、加强公民教育、健全法制机制方面培育公共精神，推进社会管理创新。

三、国外研究

（一）对于公共性、公共领域的研究

在西方，对公共精神研究的专著很少，但是对“公共性”“公共领域”等相关学科研究比较深入。20 世纪 50 年代，德国女思想家汉娜·阿伦特（Hannah Arendt）最早提出了“公共领域”这一科学概念，被认为是第一个对公共领域进行研究的学者。之后，尤尔·哈贝马斯（Jürgen Habermas）在论文《公共领域的结构转型》中对其进行了系统的论述，自此，“公共领域”作为一个社会科学概念和独立的理论术语彻底概念化。阿伦特提出，自由和平等是公共领域的两大重要特征；另外，人们只有在行动中才能看到真正的自由精神，不管是在物质还是精神领域，行动是最高级的活动，人只有在行动中才是完整的，这是汉娜·阿伦特对拯救公共精神丧失的论述。“哈贝马斯继承了阿伦特将公共领域视为观点的竞技场思想，需要指出的是他还对公共领域的兴衰做了历史性的考察。”① 他认为独立于政治建构之外的公共交往和公众舆论是公共领域最关键的含义，它们不仅批判了政治权力，同时又是政治合法性的基础。他以民主理论的视角，强调了政治公共领域对实现社会民主的重要性。总体来讲，我们可以对哈贝马斯的公共领域理论做一概述，是指作为社会公众的个人聚集在一起，就公共事务进行讨论，强调经过讨论达成共识。

（二）关于公共精神价值的研究

在西方，一些学者认为公共精神是一种观察和认识社会的利器。19 世纪法国民主主义思想家托克维尔撰写了《论美国的民主》，对民主社会的出现和发展进行了剖析与描绘。其中，公共精神是其思想的重要部分，他认为公共精神与政治权力的行使是紧密相连的，为了培养一种理智的爱国心，就必须让每个人参与公共事务和社会管理，在此过程中，每个人为国家献出了自己的一份力量，同时，国家的发展也促进了个人的进步；提出个人主义、物质主义和新专制是公共精神在民主社会遭遇的极大困境。

美国学者罗伯特·帕特南在其著作《使民主运转起来》中指出，“经济无法预测公共精神，但公共精神却能预测经济，而且，实际上比经济本身更为准确”②。这里将其视为社会的精神力量，公共精神的高低是预测经济发展的晴雨表，对社会的发展具有重要的推动作用。另外，他在书中诠释了什么是公共精神，即“公共精神是孕育于公共社会之中，以公民和社会依归为价值

① 臧欣：《中国网络公共领域构建的可行性分析》，《新闻世界》2013 年第 11 期。

② 〔美〕罗伯特·帕特南：《使民主运转起来》，江西人民出版社 2001 年版，第 37—38 页。

取向，表现在最基本道德和政治价值层面中，它包含民主、平等、自由、秩序和公共利益等一系列最基本的价值命题”①。

（三）关于社区共同体建设研究

一般认为，“社区”一词最早出自德国社会学家滕尼斯《共同体与社会》一书，书中主要以社会理论学为研究视角。从现代意义上来讲，社区是社会学中的一个基本概念。

“社区”与“共同体”最初是一个概念的两种翻译，是转译上的差异而非内涵上的分歧。在滕尼斯看来，共同体是“由自然意志占支配地位的联合体成为共同体”，强调血缘、地缘、文化等因素的影响。雷蒙·威廉斯指出，“共同体一方面具有‘直接、共同关怀’的蕴涵，另一方面意指各种不同形式的共同组织”②。而涂尔干则认为“共同体表达了个体互动中的一些特性，如紧密的社会约束力、相同的道德信仰和道德秩序等”。罗伯特·M. 麦基弗也把社区看作一个“精神的联合体”。③ 而到20世纪初，风行美国的社区理论研究虽然是在滕尼斯的“共同体—社会”基础上发展起来的，但是，芝加哥学派强调共同地域是社区最重要的特征，认为人与人之间的共同联系不足以构成社区。在美国的城市社会学研究中，“共同体”演变成有空间地域范围的“社区”。欧洲的“共同体”研究到美国演变成城市社会学的“社区研究”，使“共同体”概念的内涵产生了很大偏离。这一时期的“共同体”更接近“地域社会”。可见，社区并不等同于共同体，二者有一定的关联却不能相互替代。社区保留了共同体的地域特征，也强调共同体的本质属性，但现代城市社区中的共同体属性已不再明显。

国外学者关于社区共同体的建设并无太多相关的理论，但是我们认为共同体是一种安全和谐的有机体，是一个象征着互助、和谐和信任的褒义词。它需要社会的公共服务，需要公民的参与，需要建立共同的文化和意识。

---

① 〔美〕罗伯特·帕特南：《使民主运转起来》，江西人民出版社2001年版，第38页。

② ［英］雷蒙·威廉斯：《关键词 文化与社会的词汇》，生活·读书·新知三联书店2005年版，第81页。

③ 陈宗章：《城市社区“共同体意识”的现代性解构及其重建》，《理论导刊》2010年第3期。

罗伯特·帕特南在《使民主运转起来》一书中，通过对意大利南北地区关于历史文化传统、社会资本存量、社区社团组织、社团生活及其居民参与情况的比较后，深刻揭示了社区“公共精神”对社区治理质量有着重大的影响。他认为，社区成员之间越是信任、制度规范越健全，对社区治理、公共服务的提供越满意。

另外，还有学者专注于社区服务的研究，提出社区服务的目标要“以人为本”，社区服务模式要充分表达对社区居民的关怀。其中海恩波特即是此观点的最大支持者，在《回归社区：志愿者道德与社区照顾》一书中提出了对社区服务的见解：要倡导居民积极参与社区事务，通过与社区其他成员建立互助互爱的友好关系，来抗衡由于原子化形式带来的疏离与孤立感。可见，在社区建设过程中注重社区意识培养的重要性。另外梅尔文·德尔加多（2000）则从社区建设的角度出发，对社区工作提出了具体的建议，要注重社区居民的参与，且能够有计划地组织跨代际的活动或跨组织的活动；增加对社区建设的资助，维护基层居民的权利；将培育社区精神作为社区建设的中心目标。这些举措为社区共同体建设及现代社区建设提供了借鉴。

第三节　培育社区公共精神的现实之维

社区共同体建设是党提出推进国家治理能力现代化的实践进步，公共精神是当代人追求的高尚准则，是人们社会行为的自觉表现。对社区共同体建设中公共精神进行现实拷问有利于厘清问题、发现问题进而解决问题。

一、社区共同体建设的困境及其对公共精神培育的影响

如今，伴随着单位制度的变迁和社区建设的快速推进，社会原子化现象严重，且社区类型多样化和社区事务复杂化的特征不断凸显。由此，社区共同体建设面临着一系列的困境，阻碍了公共精神的培育，主要表现在以下几个方面：

（一）建设主体困境影响主人翁意识

“社区建设是指在党的领导下，由政府主导，整合社区企业、社会组织的力量和资源，扩大社区服务，充分利用社区居民自治、资源来促进社区政治、经济、文化、生态协调发展，不断提高社区成员生活质量，促进社区稳定和谐、健康发展的过程。”[①] 社区建设是多元主体互动的过程，但是，在当前社区共同体建设中一直面临着建设主体职能不明、建设主体单一的困境。各建设主体不能够有效地在制度管制下和职能的约束下履行义务，居民在有需要帮助的情况下，各部门相互推诿，只追求自己的利益。即使有居民想在社区建设中建言献策，也经常会遭受碰壁，极大地挫伤了居民的积极性，不利于居民主人翁意识的提高，也是影响公共精神培育的一个重要因素。

目前，我国城市社区建设主体主要包括：社区党组织（党工委、社区党支部）、政府组织（街道办事处、政府职能部门延伸机构）、社区居委会、企业组织（物业管理公司、驻社区生产、经营、服务企业）、民间组织、社区居民等。第一，长期以来在强政府格局下，政府在社区建设中一直担当主导性角色，直接干预和控制社区，不能有效实现居民的真正自治。第二，政府把社区看做政府职能部门的延伸，社区居委会成了街道办事处和政府各部门的基层行政机构，过多地承担了来自政府组织的行政管理事务，行政化色彩浓厚，导致大部分时间和精力投入到处理政府下派的事务，脱离了实现居民自我管理、自我教育、自我服务的工作。第三，物业管理公司是城市化发展和居民需求日益多元化的产物，是新的社区物业管理形式。在管理内容和模式上还需要进一步的探索。对于一些驻社区生产、经营、服务的企业，由于其追求经济利益的最大化，经常无视社区的事务管理和活动。第四，社区居民作为社区建设和管理的主要依靠力量，缺乏对社区归属感、认同感方面的认识。同时，由于“单位共同体”的变迁和城市社区重建，社区内成员结构复杂，人与人之间关系淡漠，带来管理方面的极大困难。

所以，社区共同体建设的有效开展，单凭某一治理主体根本无法实现。

---

① 任映红：《城市化进程中城郊社区建设的多元主体及行动选择》，《理论与研究》2013 年第 3 期。

同时，公共精神的培育只有建立在各建设主体自愿合作的基础上才能创造价值，才能形成对集体的凝聚力和向心力，这也正是公共精神所蕴含的团结和协作价值要素。

（二）社区自治困境影响居民社会责任意识

城市社区自治，是指“需要外部力量的强制性干预，社区各种利益相关者习惯于通过民主协商来合作处理社区公共事务，并使社区进入自我教育、自我管理、自我服务、自我约束秩序的过程”①。这是现阶段我国社区自治的目标要求。居民自治的主体是社区居民，居民委员会是居民自组织形式的一种表现。“社区自治需要在社区居民中广泛开展民主自治的培养与训练，提升社区居民自治能力。”② 当前，由于“单位制”走向消解被“社区制”取代，城市社区居委会面临着严重的行政化困境，长期以来在强政府格局下，社区被政府看做是其职能部门的延伸，街道办事处和政府各部门派遣给社区居委会更多的管理事务，行政化色彩浓厚，难以充分发挥社区自治功能。另外，居民对自己所在的社区缺乏归属感和认同感，虽然长期生活在小区，但是社区参与意识、主人翁观念还很淡薄，社区凝聚力不够，使得居民在自我组织、自我管理、政治参与方面能力较弱。社区选举制度是社区居民自治的又一种表现形式，目前社区的选举制度还不完善，存在着基层政府干预居委会选举、居民对参与选举不重视等问题。

公共精神的核心要素是人本、责任和服务精神，合作、参与是实现公共精神培育的现实途径。然而社区自治的行政化及其自治功能的缺失导致居民参与渠道不畅通、参与机制不完善，相当一部分居民并不认为自己参与与否会对社区决策产生实质影响，也丝毫不会影响其自身利益。所以，社区自治的各方面不足，导致居民公共责任意识的缺失，形成一种“事不关己，高高挂起”的氛围，不利于公共精神的培育。此外，社区共同体的成员都拥有一定的权利，且承担一定的义务，社区共同体的联结是互惠与合作的横向关系，

---

① 李叔君，徐蓓清：《城市社区自治建设中的政府职能定位问题研究》，《福建行政学院学报》2011年第4期。

② 张勇，张珺：《中国人的新型生活共同体》，暨南大学出版社2014年版，第60页。

而不是权威与依附的垂直关系，公共精神的培育意味着各权利主体之间在政治上是平等的。当然，政治平等并不否认社会分工和政治领导的必要性。政治主体越采取自治的形态，越接近互惠基础上的政治平等，社区共同体建设越具有公共精神。

（三）社区参与困境影响居民公共参与意识

“社区参与是政治参与的一种基础形式，是社区居民和组织以各种方式或手段直接或间接介入社区治理或社区发展的行为和过程。”① 城市社区居民长期而持续地参与公共事务管理，是衡量一个城市建设质量的标准之一，是社区发展的本质要求和根本力量。党的十八届三中全会提出，“鼓励和支持各方面参与，实现政府治理、社会自我调节和居民自治良性互动，激发社会组织活力”。只有更多的社区居民或组织参与到社区公共事务中来，社区作为共同体的实质才能得以充分体现。

公共精神的培育不仅要靠系统的学习和教育，更重要的是能在日常生活中加以贯彻，积久成习，才能形成自觉参与公共事务的思维方式和行为特点。特别是对于工作繁忙的居民，要通过政治讨论的形式，使其能了解周围发生的事情和与自身利益密切相关的问题，自觉地成为社会中的一员，提高公共参与意识，培育公民公共精神。当前，在政府的大力倡导和指导下，各地区开始注重社区参与，从参与内容、参与机制、参与途径多方位、多层次入手，取得了很大的进展。但也应看到，我国社区参与还面临着很大的不足。主要表现在：第一，社区总体参与率低，参与人员结构不平衡。通过对社区参与状况的调查发现，社区居民并不愿意参与社区活动。且由于居民在年龄、职业、信仰、受教育水平上的差异，其参与率也有很大的不同，主要表现为：青少年、老年人参与居多，中青年人较少；女同志居多，男同志较少；离退人员多，在职人员少，特别是在一些高档小区，青年的知识分子居多，社区参与意识更为淡薄。其次，社区参与方式多为动员性、执行性参与，居民社区参与仍受传统观念的影响，认为社区内公共事务是政府、居委会的事，缺少主动参与社区活动的意识和责任感。最后，社区参与形式不够丰富，目标

① 夏建中：《中国城市社区治理结构研究》，中国人民大学出版社2012年版，第170页。

层次较低，居民多参与社区内一些娱乐性的文体活动，极少参与有关社区的决策和管理。

参与社区公共事务，贡献自己的力量，追求最大的公共利益，这是社区成员应当行使的权利，也是必须尽到的义务。人们参与社区事务的积极性不高，正是利己主义的表现，很难像关心自己的事业或家人那样关心社区的事务，这不得不需要对居民进行公共精神的培育，增强参与和责任意识。

（四）社区服务困境影响居民归属感

社区服务就是能够想居民之所想，急居民之所急，使居民从社区服务中获得真正实惠，使居民从心理上接纳和认同所在社区，在完善社区服务的体系下满足居民对公共利益的诉求，这是建设社区共同体、培育居民公共精神的保障所在。

近年来，随着社会主义现代化建设事业的飞速发展，人民生活水平的不断提升，公民对公共服务的需求越来越高，与之相适应，居民对所居住的社区服务需求也越来越高，传统政府提供的服务已不能满足居民的需要，更希望获得高层次的、专业化的社区服务。但由于基层社会管理体制的转型，社区服务在管理模式、服务对象、思想导向方面并没有完善的体系，以致在具体实践中出现各种问题。在现实生活中，政府工作重心下移，政府各职能部门将自己承担的一部分工作转嫁给了社区，社区成为工作最终的操作和落实层，社区居民委员会是任务的实施者，社区服务行政化色彩浓厚。与此同时，随着城市的异质化日渐增强，越来越多的外来人口涌入社区，新的服务对象和需求也在不断变化，传统主要针对下岗失业人员、孤寡老人、残疾人等弱势群体的救助、服务模式，已经不能满足居民的实际需要。另外，我国社区服务在发展过程中服务性质、走什么样的发展路线问题一直存在争议，社区服务以福利性和公益性为发展内核，只有坚持福利性服务的性质才是政府任务所在，才能促进社区良性发展。但是随着社区的服务越来越不能满足发展需要，且经常性地出现资金短缺，社区服务商业化性质严重。

总之，完善的社区服务是培育社区公共精神的催化剂。社区服务是最能够将居民的个体利益需求和社区建设连接起来的，将社区服务与解决居民的实际问题结合起来，是快速提高居民对社区满意度的有效途径。当前社区服务并不能满足居民的现实需求，所以很难保障居民对社区的归属感和认同度，必将影响公共精神的培育。

（五）社区文化困境影响居民凝聚力

社区文化是一种特有的文化现象，其形成和发展离不开社区成员之间的日常互动以及彼此的认同。良好的社区文化可以引导社区居民之间的积极互动，建立健康和谐的人际关系，形成强大的凝聚力。不良的社区文化，则会败坏整个社区的氛围，使社区居民之间不再是信任，而是相互猜疑；不再是合作，而是相互孤立。社区文化就像是一只无形的手，约束、影响着社区内每一个居民和组织的行为。

当前，社区文化还存在不完善的地方。首先，文化建设管理机制不完善。社区文化建设是一个多层次、全方位的系统工程，需要社会各部门和组织的通力协作才能完成，更需要政府的引领和支持。在现阶段的社区工作中，社区文化工作的格局大多是“政府主导、民政牵头、部门参与”。这样的工作机制导致了社区管理的行政化严重，居民参与的积极性不强，在管理中，没有严格的引导和监督机制，时常会出现包办活动的现象，不能很好地放手发动群众，因此也没有通过活动增强居民的认同意识和归属感。其次，文化建设人才队伍缺乏。社区文化人才队伍建设是社区文化活动开展的前提和基础。只有高素质、专业化的人才才能够应对社区建设相对复杂的环境。而目前的情况是：社区很多的文化工作者是部分下岗人员或者离退休干部，文化素质及学历都不高，也没有接受过系统的文化工作培训，专业性不强。另外，由于我国目前文化工作编制、人事管理、分配制度方面还很不健全，一些文化工作者长期没有编制，在职位晋升和职称考评方面都没有机会，发展空间狭小，影响了他们工作的积极性。同时，这也是社区文化工作者流动性强的原因之一。最后，文化建设经费不足和硬件设施落后。经费支持是建设社区文化的物质保障，没有经费保障，社区有关的文化建设活动很难维持下去。目前，我国城市社区的文化建设资金主要来自政府财政拨款，少有来自社会企业的赞助和外界的捐款，资金来源比较单一。此外，社区硬件基础设施也是社区文化建设过程中的关键。我国城市社区的设施不能满足当前社区文化建设的发展，设施比较落后，不够完善。

公共精神的培育需要建立在自律和他律两个基础之上。社区文化体制的落后，在进行公民独立人格的培养和公民意识的培育上，无法保证在制度约束下系统训练。社区文化建设设施各方面的落后，家庭教育、学校教育和社会教育无法形成有效的统一，不利于居民凝聚力的形成，更不能形成有效的公共精神教育的社会机制。

二、社区居民公共精神缺失的一般表象

表象是人们头脑中出现的关于事物的形象，是对事物的一种知识表征。当今社会，竞争的气息充斥着整个现代社会，人与人之间的情感和友谊慢慢地被消解，不信任感增强，变成了一种交换和契约关系，总的表现为：存在认同危机，缺乏公共情怀；崇尚个体主义，缺乏共同意识；漠视公共活动，缺乏共同参与。

（一）存在认同危机，缺乏公共情怀

社会认同是指社会成员共同拥有的信仰、价值取向和行为目标的集中体现，本质上是一种对公共的、集体的观念的认可。一般来讲，认同感强烈的居民对社区公共事务都会深切关注，并抱有高度的热情，能够自觉地参与到社区建设和管理中来。

公共情怀是“公民对公共事务、利益、权利等公共性价值所具有的一种自觉的情感和态度”①，体现为对公共领域中公共性价值的认同与追求，带有强烈的公共责任感和社会担当。

在一些城市的社区中，社区居民多是来自于不同地方的不同阶层，其职业、身份、交际范围等打破了传统社区中较为单一的状态，居住成分更为复杂化，他们没有共同生活的记忆累积，彼此间的相关利益也较少，缺乏社区归属感和认同感。在日常的公共事务中，往往只追求个人利益，向社会索取，缺乏主动参与社区管理的公共责任意识。另外，随着城市的快速发展，其所表现出来的社会差异性越来越大，这种差异性与人自身的需求是不相容的。马斯洛层次需求理论将人的需求从低到高依次排序为：生理需求、安全需求、

① 赵秀芳，王本法：《社区文化与和谐社区公共性的建构》，《湖北社会科学》2014 年第 5 期。

社交需求、尊重需求和自我实现的需求，人们在满足了温饱阶段的生存需求之后，就逐步跨越到小康阶段的归属需求和富裕阶段的成长需求，在人们追求自我实现、不断成长的过程中，“人们会越来越拒绝个体化和社会原子化过程，更愿意在那些不断产生归属感，最终产生文化认同的共同体中聚集到一起”①。今天的城市社区，邻里关系疏远、人际交往淡漠、社区公共活动组织困难、社区参与形式化等问题，极大地影响了社区治理现代化进程，充分说明在社区共同体建设中强化社区认同、培育公民公共情怀的重要性和紧迫性，完备的公共精神是社区共同体建设的动力支持，也是谋求个体利益和公共利益有机统一的基础。

（二）崇尚个体主义，缺乏共同意识

“公共意识是指公民在社会实践中应具有的诸如尊重他人、求同存异、民主自治、平等合作等价值和精神，本质表现为对公共利益的认可和尊重，以及作为公共主体的自觉性。”② 它是社区凝聚力的精神维系，也是社区存在和发展的精神支撑。但随着社会的剧烈变迁，人们的价值取向和利益要求越来越多元化，个人利益和个体自由的主体性理念以迅雷不及掩耳之势挤占了公共领域和空间。在这种个体利益的支配下，个人利益上升到了一定高度，社会中人与人的关系变成了一种交换和契约关系，人与人之间逐渐处于孤独和冷漠，不信任感增强。

在社区生活中，个人利益最大化的原则使人与人之间的情感和友谊变得淡漠了，人们主动参与的精神和责任意识减弱了。很多社区居民都意识不到，社区是他们的生活家园，自己有责任和义务去参与社区公共活动。另外，对于与社区密切相关的主体，如物业管理公司、开发商、业主委员会等都各自为政，把自身的利益放在首位，相互之间缺少必要的沟通和联系，不可避免地出现摩擦和矛盾。社区中个体主义的盛行、公共意识的消解使社区居民在公共利益和公共活动中很难达成一致，更不要说共同推进社区共同体建设了。

① 郎友兴：《从小区到新故乡：社区文化与中国城市社区建设》，《浙江社会科学》2013 年第 5 期。

② 赵秀芳，王本法：《社区文化与和谐社区公共性的建构》，《湖北社会科学》2014 年第 10 期。

公共精神的最终目的是促进公共利益的实现，提高居民在公共活动中的参与度。因此，社区居民必须要超越个体的价值，追求对“他利性”的张扬。

（三）漠视公共活动，缺乏共同参与

党的十八大报告提出，要“构建以国家为主导、社会协同、公众参与、法制保障”的社会管理创新格局，而创新社会管理格局离不开公民的有序参与。改革开放以来，中国社会经济的发展和政治改革为社会公共参与释放了巨大的空间，与之相适应的公共参与范围也逐渐扩大，从最初的政治参与到现在的社会治理等领域，公共参与在具体社会实践中的张力得到释放。然而，现实中的公共参与程度和效率却远未达到理论预期。

市场化所带来的利益分化、公权力滥用、个体欲望的极度膨胀，一方面阻挠和破坏了社会建设公共性的发展。在推动社区共同体建设过程中，也引发了一定的社会矛盾和问题，突出表现为社会原子化现象严重、人际关系疏离、社区活力困顿等，造成一些社区居民无法享受社区建设的成果，缺乏对公共活动参与的积极性，阻碍了公共性建设。另一方面，在很大程度上加剧了社会资本的消解。个体与个体、个体与团体之间通过社会网络、互惠性规范，彼此之间产生了信任，这种社会资本是人与人在社会交往过程中所享有的资源，是无形的，却是提高社会效率、整合人际关系的重要资本，像物质资本、人力资本一样，能给未来带来收益。现代居民漠视公共活动，不注重人与人之间的信任度和网络连接紧密度，加剧了社会资本消解。

社区居民是社区公共活动的参与主体，建设社区共同体离不开社区居民的公共参与。没有社区居民参与公共事务，社区就只能停留在政府规划设计的行政场域，而不是守望相助、休戚与共的生活共同体和公共领域。社区居民漠视公共活动，缺乏共同参与主要表现在：社区居民参与总体率不高，且参与人群分布不平衡，参与社区公共活动的人大多是中小学生和老年人，中青年极少。居民参与公共活动的积极性不高，多是行政性的被动参与，而不是发自内心的主动参与。

第四节　培育社区公共精神的实践路径

社区作为社会结构的重要组成单元，也是中国基层社会生活展开的重要活动场域。在当前剧烈的社会变迁中，社区不再是传统熟人社会格局，守望相助、温情脉脉的共同体建设面临艰难险阻，培育社区公共精神是当前建设社区共同体的核心问题。提高社区意识、完善社区制度、彰显社区文化、构建社区网络、扩展社区服务是构建社区共同体、培育公共精神的有效途径。

一、社区意识：打造公共精神培育的根本核心

“社区意识是居民对社区的一种特殊情感，它是指居住在一定地域范围内的人们，基于自身生活和发展的需要，在相互沟通、相互交往、互帮互助的基础上，所形成的心理上的依恋和归属。”[①] 可以说，社区意识是人们共同生活的精神纽带，是人们对社区的一种心理认同感，是社区存在和发展的关键。从本质上来讲，它与公共精神具有内在的一致性，同属意识形态范畴，是人们思维方式和价值观念在日常行为中自然而然的表现，不是通过某些手段强加给别人的。所以公民公共精神培育的前提之一是居民社区意识的提高。

（一）加强社区教育，增强社区意识

居民社区意识的提高离不开社区教育，两者是一种双向交流的关系。许多社区任务的完成、工作的推动、业绩的提高，必须依靠社区及学校教育的力量。同时，社区教育又能引导居民明确自身利益的需要，培养社区居民合作互助、参与自治的公民意识。社区教育是以社区为依托，以全体社区成员为对象，以提高全体社区成员整体素质为宗旨的一种教育形式。加强社区教育，让居民有了解社区、认识社区的机会和渠道，扭转对社区初始的态度与看法，进而增进对社区的认同感和归属感。社区教育内容可以贴近生活，目

① 桑志琴，夏少昂：《社区意识：人际关系、社会嵌入与社区满意度——城市居民的社区认同调查》，《南京社会科学》2013 年第 2 期。

的是陶冶教育对象的情操，激发教育对象的学习欲望；教育形式可以灵活多样，易于居民接受，符合居民特点和兴趣。比如，“社区教育可以借助正规教育来进行，也可以是建立在社区成员在共同爱好基础上的自愿组合；可以是讲座的形式，也可以通过借助现代网络进行远程教育；可以通过娱乐的方式让居民在轻松活泼的气氛中完成，也可以通过比较正式的宣传对社区居民进行教育”①。社区教育是提高社区居民意识的重要手段，社区居民意识提高的过程是居民公民意识、权利责任意识、参与精神形成的过程，有利于培育公民的公共精神。

（二）开展社区活动，提高社区活动质量

社区活动是社区成员互相认识、互相交流的重要途径。通过社区活动的开展，人们的社区情结、社区参与感才得以产生，正是在活动过程中满足人们的交流与成长需要。社区活动在提高社区居民意识方面具有多种功能，特别是关于教育、卫生、体育及娱乐的服务性活动，能增加居民之间的互动机会，增进居民间的情感，使他们在自然互动的情景与场合中，自觉增强对社区事务的了解与关心，居民与居民、居民与社区组织、居民与居委会之间在活动中建立起良好的信任关系，增强民众的向心力。同时，社区活动的举办也使社区生活方式更具特色和多样性。在调查中我们发现，舞蹈是深受社区女性欢迎的活动方式之一，在社区活动中都会有舞蹈的参与，球类运动则是男性的最爱。虽然网络信息作为新兴事物具有强大的生命力，但是并没有完全挤占居民的业余生活。所以在社区活动的形式和内容上还有巨大的发展空间。

（三）加强居委会的职能建设

“发展基层民主、保障人民享有更多切实的民主权利是当前社会主义政治建设的一项重大任务。”② 社区居委会作为群众性基层自治组织，承担着动员

① 何卫平：《后单位社会下城市社区意识的重塑》，《四川理工学院学报（社会科学版）》2012年第1期。

② 王伟苗：《试析中国基层民主建设过程中的民主创新》，《中共太原市委党校学报》2011年第3期。

居民参加社区活动、宣传社区文化、倡导社区精神的职责，具有“调解居民纠纷，协助维护社会治安；协助政府做好与社区居民利益相关的社会保障、社会稳定、优抚救济、计划生育等工作；向政府反映社区居民意见、要求和建议”[①] 的职能。可以说，社区居委会是与城市社区居民打交道最多的，与居民生活息息相关，而且大量的“单位人”变为“社区人”，对社区的依赖程度和要求更高。居委会职能建设的好坏直接关系到社区居民参与意识、民主意识的强弱。加强居委会的职能建设还必须扩大基层民主，基层直接选举成为当前的一个发展趋势，大幅度提高社区居委会直接差额选举的比例，选出能够代表大多数人利益的社区当家人，是增强居民的满意度、营造社区民主氛围的生动体现。所以居委会应充分履行自己职能，挖掘社区资源、创建资源共享机制，推进社区服务工作专业化、规范化、产业化，增强社区居民对社区的满意度，这是提高居民社区意识的基本前提。

二、社区制度：提供公共精神培育的制度保障

李来和教授从三个层次对“制度”进行了论述：宏观上作为社会体系的制度；中观上作为社会器官的制度，是一种社会架构；微观上作为游戏规则的制度。他认为社区建设中的制度涉及中观和微观两个层次。在微观层次，美国新制度经济学派的开创者之一道格拉斯·C. 诺斯认为，“制度是一个社会的游戏规则，……制度通过向人们提供一个日常生活的结构来减少不确定性。”[②] 所以，实现我国社区制度规范化建设，就为公共精神培育提供了制度保障。

（一）建立健全社区参与制度

社区居民是社区建设的主体，居民社区参与制度是社区建设的基础。“社区参与制度是关于城市居民社区参与活动各个方面的相对稳定规范体系，它是涵盖平等和参与公共精神的有效保障。”[③] 公共精神本质上表现为公民的参

① 张勇，张珺：《中国人的新型生活共同体》，暨南大学出版社 2014 年版，第 53 页。

② 〔美〕道格拉斯·C. 诺斯：《制度、制度变迁与经济绩效》，刘守英译，生活·读书·新知三联书店 1994 年版，第 188 页。

③ 温淑春：《关于城市居民社区参与的制度建设的思考》，《理论与现代化》2008 年第 3 期。

与精神，社区参与制度对居民参与具有重要的导向作用。在社区共同体建设中，社区成员应当具备相互宽容、诚实、信任等重要的公民美德，并能够坚定地参与到公共活动中来。城市居民的个体差异性很容易使参与主体在参与过程中发生分歧、冲突，社区参与制度的完善可以让人们有章可循。从个人层面来讲，社区参与制度增加了人与人之间的交流机会，能够强化社区居民的归属感和凝聚力，同时，制度化的参与可以让居民更加了解政府机构的政策实施原因或结果，提高政府部门的公信力。从社会层面来讲，社区参与制度有利于提升整个社区的文明程度，促使中国公民社会的形成，毕竟“公民社会催生并推动着现代公共精神的发展，它是培育现代公共精神的现实社会母体”①。

（二）完善社区社会保障制度

社区社会保障是社会保障制度在社区的具体落实，是社会保障在基层社会工作中的体现。社区社会保障对象是在社区范围内，在享受了法定的社会保障、单位系统补充外，仍然不能满足最基本生活的家庭贫困的社区成员。随着越来越多的“单位人”向“社区人”转变，社区逐渐成为人们参与社会的活动场所与媒介，居民对社区的依赖程序和发展期望也日益提高。社区作为社区治理的最基层组织，是国家和地方行政部门政策落实的基础，特别是再就业工作、社区性福利服务等，都需要通过以居民社区共同体为基点的社区建设，来满足人们多样化的要求和发展需要。目前，社区社会保障面临着资金严重缺乏、社区保障项目单一、覆盖面窄、动员社会资源能力差等问题，社区保障体制并未真正纳入社区建设的规划中。社区社会保障制度的特色之处就在于追求社会公平和以人为本的理念。完善社区社会保障制度能维护社区秩序，缓解一些社区居民的压力，使他们在社区中找到归属感，这也正是公共精神的价值意蕴所在。

（三）完善社区管理制度，明确基层政府职能

目前，在强政府模式下，社区发展带有浓厚的行政色彩，不得不承担政

① 刘鑫淼：《当代中国公共精神的培育研究》，人民出版社 2010 年版，第 45 页。

府下派的大量社会管理和服务事务，一直处于超负荷的状态。社区共同体的建设要求政府权力下放，充分发挥街道办事处的基础性作用。根据近年来强调的建设服务性政府的要求，国家对政府各职能部门和街道办事处的职能进行调整，使其专注于社会管理及其公共服务职能，剥离其原有的经济职能。完善法律法规，用制度的形式明确社区共同体建设中各职能部门职责，使居民在行使权利的过程中能够找到部门解决，各职能权力没有交叉。完善管理中的考核工作。地方政府对街道办事处进行严格的考核，将社会管理与公共服务的履行情况作为考核指标，从根本上有利于街道办事处转变为服务型政府机构，最大限度满足社区居民的切实利益。

三、社区文化：开展公共精神培育的有效载体

社区文化标志着社区居民的精神价值与群体意识，是社区的灵魂。在社区共同体建设过程中，文化发挥着综合系统难以达到的作用，在情感与认同层面上推动社区向共同体的高级形态发展。同时，也是促进社区共享合作、建立相互依存的精神共同体、培育居民公共精神的有效载体。为此，我们要逐步提高社区文化建设水平，注重推动社区文化建设方式的改进。

（一）构建社区文化的共建共享机制

首先，政府在社区文化建设中始终充当着推动文化建设的掌舵人的角色，虽然不能亲自组织社区文化活动，但一直进行着文化建设的宏观管理。制定社区文化建设的发展规划、制度纲要、评价体系，建立完善的文化组织机构，鼓励社会资本投入社区文化建设，创新社区文化管理体制和工作机制。充分发挥政府的引领作用，深入人心，积极动员，最大化调动居民的参与热情。

其次，社区社会组织作为社区活动的主要参与力量，是社区文化建设的有效载体。在日常生活中，社区居民与其关系最为密切，也最能代表社区相关群体的利益和愿望。一方面，社区组织以举办活动的形式，将民众对文化建设的要求及政府的建议结合到一起，既能帮助居民了解政府文化建设的相关政策，又能将居民需求反馈给政府。另一方面，社区社会组织具有多元化、弹性强、科层少的独特优势，能够满足社区居民的多样化需要，同时也方便

专业化的文化工作者进入社区，提高了社区文化工作的专业性，减轻了政府负担。

最后，社区居民是文化建设的主体，政府在文化活动管理和经费支持上做出很大努力，居民也应该充分发挥主观能动性，积极参与到组织的各项活动中来，在创建中丰富精神生活，在活动中增进邻里感情，在体验中愉悦身心。推举有组织能力、有才华、有奉献精神的人员成为社区的联络员、文化信使，扎根于基层，有效地推动社区文化建设深入开展。

（二）彰显社区文化的多样性与独特性

首先，社区文化的多样性体现在活动形式和内容两个方面。社区居民阶层和群体的异质性使其在文化兴趣和需求上既有共同性又有差异性，要满足不同阶层、群体的多样化需求，就必须探索新颖、多样的活动形式，比如讲座、展览、亲子活动，以及读书会、茶话会等；举办多姿多彩的文化活动，比如民俗文化、艺术文化、专题文化、休闲文化等。

其次，打造社区文化品牌，提升文化品位。社区文化建设必须突出特色，塑造个性。一个健康的社区文化必然具有一定的文化传承性和历史独特性，具有动态性、不可复制性，有着自身文化的内涵和外延。民国初年，文学家陈之凡先生在《剑桥导引》中感叹道，许多许多的历史才能形成一点传统，许多许多的传统才能形成一点文化。要把握和处理好历史文化传统底蕴和时代精神的关系，深入挖掘社区文化特征，实现个性化的品牌发展。例如，“杭州市江干区发布了全区社区‘文化地图’，对全区每个社区的文化精品专门进行了品牌打造和整合宣传，招募相关志愿者，打造的文化专长和品牌有凯旋街道南肖埠社区的养生茶艺社、丁桥镇赵家社区的足韵文化等。江干区正是以打造社区文化品牌为突破口，探索出扶持 + 引导、协助 + 创新、发掘 + 培育的策略和方法，做精‘一社一品’、做靓‘一社多品’的实践范式。”①

① 柯红波主编：《走向和谐“生活共同体”城市化进程中的社区分类管理研究——以杭州市江干区为例》，浙江工商大学出版社2013年版，第223页。

（三）凝聚社区文化的共同体精神

社区文化建设不仅要重视社区硬件的建设，还要注重社区软件的构建。社区是城市中人们活动最频繁的交往空间，但从目前的情况来看，人们变得越来越冷漠，缺乏把社区当作家园的归属意识。面对如此尴尬的状况，很多地方在社区建设中，通过开展“社区睦邻运动”“社区邻居节”等活动加强社区人员交流，凝聚社区居民社区精神，动员社区成员利用社区资源为社区提供服务。

打造社区公共精神产品是凝聚社区文化共同体精神的另一重要途径。公共精神产品能够表达共同的价值观念，代表整个社区的历史文化，是居民对情感的一种寄托。

四、社区网络：搭建公共精神培育的现代平台

社区网络是一种具有开放性、互动性和参与性特点的载体，是“建立在电脑基础上，用来满足特定社区中个人社会需求和经济需求的一个系统或一套系统”①。随着互联网技术的飞速发展和广泛应用，社区网站在原有的基础上有了更完善的发展，另外，社区网格化管理也被广泛应用于社区治理。

（一）社区网络是凝聚社会力量的助推器

随着商品房的普及和生活节奏的加快，邻里关系变得越来越疏远，社区成员间渴望相互认识却又缺乏认识的渠道；居民有参与社区事务的意愿却苦于没有快捷的途径建言；一些年轻的工作者对于贴在公告栏的通知一无所知，所以在每个社区建设一个大型信息网络平台至关重要，居民通过社区网络了解社区资讯，享受社区服务，参与社区事务。根据我们对常德市武陵区完美社区的调研情况，居民通过社区网随时表达自己的诉求，参与讨论社区事务，实现了社区和居民之间交流零距离、沟通零距离、互动零距离，培养了居民对社区的归属感和自豪感，实现了基层管理机制中的居民自我服务、自我管理、自我教育。另外，完美社区网还设立了“爱心银行”栏，即志愿者的公

① 〔美〕安德鲁·查德威克：《互联网政治学：国家、公民与新传播技术》，任孟山译，华夏出版社2010年版，第118页。

益服务以电子积分的形式作为“爱心存款”存进“爱心银行”，当积分累积到一定数目，便可评为星级志愿者，达到“五星”就可评为“爱心大使”，保持超越自我和比学赶超的积极性，在全社区形成学先进、存爱心、比积分、尚美德的良好风尚。这样，在社区中形成极具影响的良好氛围，激发了公民参与社区公共事务治理的热情，促进了社区发展。社区网站像是一个社区的助推器，组建各种团体和组织，凝聚社区力量，形成居民的公共利益网络，许多居民都自愿加入社区公共领域，培养了社区居民共同体意识。

（二）网格化是社区信息管理的新平台

网格化是新型基层管理模式的新尝试，其强大的信息技术与社区建设相结合，促成了新的信息管理平台的搭建。网格化的实现，一方面改变了政府对于社区信息掌握的“被动”局面，让社区基层干部在短时间内全面、及时了解居民的生活状况和利益诉求，了解居民最关心的问题。另一方面，网格化管理遵循教育管理落实到网格、设岗定责明确到网格、结对帮扶确定到网格、服务承诺开展到网格的原则，所有发生在网格内的矛盾纠纷或是问题隐患，都能够“及时反应上报、处置结案，做到发现、上报、处理、反馈一体的工作流程，且各项事件在管理平台永久保存，可随时查阅”①。网格化的管理让居民感受到了自己被重视的优越感，主人翁意识油然而生，信息网络平台的搭建有利于居民间联络感情、增进共识，形成对社区的认同感和向心力，促进居民公共精神的形成。例如，上海松江区就实施了网格化治理，将全区605平方公里划分为1322个网格，每个网格都委派一个网格长，一旦发现问题，能够及时处理的就处理，如果不能解决的就立行上报。作为网格长，他们的任务就是网格里的基础信息采集、隐患排查、提供民生服务保障等，任务更加明确，解决问题及时有效。

五、社区服务：营造公共精神培育的媒介桥梁

通过扩展社区服务，为居民谋利益、办好事、办实事，最大程度上满足

① 康培培，韩冰曦：《网格化党建统领社区治理创新——来自常德市武陵区基层治理创新的调研报告》，《人民论坛》2015年第1期。

居民个体利益需求。扩展社区服务既是提升居民满意度的重要途径，又是构建社区共同体、培育公共精神的重要保证。

（一）服务内容从物质生活服务向精神生活服务扩展

随着收入水平的提高，社区居民对生活质量的要求也越来越高，社区服务内容也应从物质生活服务向精神生活服务扩展。例如，在社区开展以“尊老、爱幼、助残、济贫、帮困”等主题活动，招募并组建本社区的志愿者服务团队，大力提倡社会互助，进一步弘扬了中华民族团结友爱、助人为乐的传统美德，有利于良好的社会风气的形成，增强了居民互帮互助、无私奉献的思想感情，培育了社区居民社会责任感和志愿服务意识。在社区内多提供精神生活服务，使社区居民普遍有“社区是我家，建设靠大家”的自觉意识，促进社会主义精神文明建设，提高居民理性参与意识。

（二）服务对象从弱势群体向全体社区成员扩展

社区服务福利性的特点要求社区服务首先要维护下岗失业人员、孤寡老人及残疾人等弱势群体的基本生活和权益。但是，随着越来越多的外来人口涌入城市，社区服务的对象也在不断地扩大。将社区服务扩大到全体社区成员，增加国家和社会的支持力度，调动居民参与公共活动的积极性，增加社区全体居民的横向密切联系，一方面保障了社区弱势群体的基本生活，使生活在社会底层的居民感受到党和国家的关怀，改善了其基本生活条件，增强了对生活的自信心和幸福感。另一方面，社区服务范围向全体居民扩展，整合了人与人之间的人际关系，使不同阶层的居民享有同样的服务效益，在此基础上，也会促进不同阶层的居民的情感交流，在社区服务扩大的过程中，融合了社区居民中人与人的关系，加强了他们对社区的归属感和依赖感，进而萌生对社区的责任意识和关怀情感，为公共精神的培育奠定情感基础。

（三）服务模式从地域性服务向社会性服务扩展

社区服务的地域性指在一定地域范围内，以社区居委会、社区组织、团体为依托，并服务于本社区成员。这种传统的社区服务模式只立足于本社区的实际情况，缺少新时代条件下要求的资源共享性与社会性的特点。民政部提出社区服务走社会化道路，在资金来源、服务对象、管理服务方面打破传统服务模式。另外，建立共享资源开发机制，鼓励单位内部设施无偿或低偿向社区开放，不但增加了社区服务能力，还为整个社区营造一种和谐、团结的氛围，提高了居民生活质量，使“社区是我家”的观念定格在每个居民的心中。

第二章

社区公共精神的共享伦理范式

当前，人们的民主意识、权利意识、法律意识不断加强，给国家治理和社区治理提出了新的要求。共享共治的理念既是新时代理论的探索结果，更是中国改革开放四十多年来的实践需求。让广大人民群众在共同参与社会治理的过程中共享改革发展成果，这是中国推动社会发展的必然要求。打造人人参与、人人共享的社区共同体是全面深化改革的需要，是新型城镇化的应有之义。

第一节　社区共治的理念范式

社会发展到如今，人人共享成了国家治理和社区治理的一个时代特征。在新型城镇化进程中，用共享发展理念指导基层社区共同体建设，有利于调动民众参与社会治理的积极性，有利于实现社会公平和维护社会正义，有利于提升政府对社区的治理能力和治理水平。

一、国家治理和社区共同体建设视域的共享共治理念

（一）共享共治的本质规定性

共享指分享或共同分享，是资源的共同分享及利用，还是一种高贵精神的彰显。党在十八大报告里指出，我们国家要通过深化收入分配制度改革来千方百计增加居民收入，有效地实现人民共享发展成果。我们要从维护人民根本利益的高度出发，从而推动社会主义和谐社会建设。这是国家在党的报告中第一次提出共享的概念，共享是中国特色社会主义的本质要求。

“创新、协调、绿色、开放、共享”五大发展理念的提出是我国发展理念的一次重大创新，它反映了我党对经济社会发展规律认识有了深刻的变化，“共享，注重的是解决社会公平正义问题，只有让广大人民群众共享改革发展成果，才能真正体现社会主义制度优越性。”① 关于共享发展理念主要有四个方面的内涵。一是全民共享且公正分享，即人人享有，不是少数人共享，一部分人共享。此外，应当尽可能地让人们公正、平等地分享。二是全面共享。在中国特色社会主义的“五位一体”布局当中，共享发展主要是指共享国家在政治、经济、文化、社会、生态文明等各方面建设的成果，以共享成果来保障人民的合法权益。三是共建共享，这是构建社会主义和谐社会的基本特征和基本原则。早在2006年，《中共中央关于构建社会主义和谐社会若干重大问题的决定》就提出：“我们要构建的社会主义和谐社会，是在中国特色社会主义道路上，中国共产党领导全体人民共同建设、共同享有的和谐社会。”②在中国共产党的领导下，人民群众是改革发展成果的创造者，也是改革发展成果的享有者，所以，共同治理是全体社会成员的共同责任，共享发展成果也是全体社会成员应当享有的权利。在“共治”与“共享”的关系中，“共治”是前提，“共享”是目的。我们必须坚持把共同治理和谐社会与共同享有和谐社会贯穿全过程，真正做到在共治中共享，在共享中共治。四是渐进共

① 习近平：《习近平总书记系列重要讲话读本》，人民出版社2016年版，第132页。

② 《中共中央关于构建社会主义和谐社会若干重大问题的决定》单行本，人民出版社2006年版，第5页。

享，即共享发展必将有一个从低级到高级、从不均衡到均衡的过程，即使达到很高的水平也会有差别。在计划经济时期长期占统治地位的时期，邓小平为打破平均主义思想提出了一项重要的政策，那就是鼓励一部分地区和一部分人通过诚实劳动和合法经营先富起来，然后再通过他们带动和帮助其他地区和其他群众，最终实现全国各地区的普遍繁荣，实现全体人民的共同富裕。这个政策也正反映了共享发展是一个渐进的过程。

所谓共治就是社会治理不能仅仅依靠政府，也不能仅仅依靠监管部门的单打独斗，应当调动社会方方面面的积极性，各方有序地参与到社会工作中来，才能形成工作合力。“共治”这个概念与20世纪80年代流行的“治理”“善治”等理念具有密切的关系，其中与“善治”有关的治理原则具体包括了透明、责任、回应、参与和有效等。随着社会的不断发展，“共治”理念的内涵进一步发展和深化。

（二）用共享共治理念引领国家治理和社区共同体建设

2015年12月26日，在中国乌镇举办了第二届世界互联网大会，大会的主题是“互联互通·共享共治——构建网络空间命运共同体”。第二届世界互联网大会是我国在互联网领域中举办的层次最高和规模最大的大会，在这次世界性的会议中第一次将共享和共治组合在一起，不仅体现了开放、合作与共赢，更加显示了共享共治的理念先导作用。

中共中央十八届三中全会公报指出：“全面深化改革的总目标是推进国家治理体系和治理能力现代化。”作为学术概念，“治理能力”尽管早已出现，但进入中共中央文件还是首次。现代国家治理体系要求改变传统的国家单方面支配社会的格局，慢慢过渡到国家与社会的有效互动和互相制衡。这就需要重构国家与社会、政府与公民、政治权力与政治权利的关系，需要国家、社会、公民多元参与和共同治理。这些变化都强调了一个现象，那就是国家治理体系的完善和治理能力效能的发挥都需要“共治”。

在社会治理实践上，中共中央已经提出，要加快形成党委领导、政府负责、社会协同、公众参与、法治保障的社会管理体制，其实质是多元参与及“共管共治”在社会治理层次的设计、规划与实践。从工具技术角度看，中国当前提出国家治理体系并非是将一般意义上的多元参与治理放进国家治理框架，而是强调利益共享、风险共担、协同共进的目标实际，针对中国国家治理范畴及领域的结构化系统调整，这是一次对中国社会主义建设过程中关于组织调控模式的精细化修正。

社区治理在城市的政治、经济、文化、社会生活等方面承担着重要的使命，它是国家治理体系中的基础性工程。[①] 加强社区建设是治理能力现代化和推进国家治理体系的一项重要内容：一方面，因为社区是社会的一种特殊组织形式，社区治理是构建和谐社会的前提和基础；另一方面，城市化水平的不断提高，城市数量和城市人口快速增长，社区治理是进一步提高城市管理水平和居民素质的关键。

二、公众参与社区共同体建设的共享共治的反思与路径

公众参与社区治理是民主进程的标志，其参与程度彰显着一个国家或社会民主推进的程度。当前，我国公众参与社区治理取得了一定的成效，同时也有一些问题亟待解决。

（一）社区共同体建设需要公众参与

社区是我国最基层的社会生活展开的重要场域，是社会治理的基石。近十年来，我国城市社区在治理进程中取得了较为丰富的成绩，既有理论的创新也有实践的经验。

第一，社会建设和社区治理高度重视民生工作。一些城市通过设立公共服务中心和便民服务中心的方式，加快建设社区基础服务性设施，这种方式增强了社区公共服务方面的能力。第二，认真做好社区文化建设的工作。社区文化是社区的灵魂，它标志着社区居民的群体意识和精神价值。如在深圳、成都、杭州等城市，经常举办丰富多彩的社区文化活动，积极打造社区的文化品牌，把提升区域发展软实力与构建社区公共精神产品有机结合，在丰富社区居民的精神文化生活的同时推动了公共文化的大发展和大繁荣。在社区共同体建设过程中，文化发挥着综合系统难以达到的作用，在情感与认同层

---

① 李军：《国家治理体系下城市社区治理的挑战与创新》，《广西大学学报（哲学社会科学版）》2015 年第 1 期。

面上推动社区向共同体的高级形态发展。第三，努力加强社区居委会的自治作用。社区居委会作为群众性基层组织，是与社区居民打交道最多的，与居民生活息息相关。所以扩大基层民主，让基层直接选举真正付诸实践中去，提高社区居委会直接差额选举的比例，增强居民的满意度。

在社区治理过程中取得的一系列成绩造福了众多居民，本应由社区共享。共享发展成果是公民的一种权利，但共治是公民的一种义务，也是推动社区治理进程的有效手段。社区治理现代化是国家治理现代化的前提和基础，推动社区建设必须有广泛而有效的公众参与，才能真正做到共享共治发展。

（二）公众参与社区治理的现实境遇阻碍社区共同体建设

从历史过程和现实状况来看，我国公众参与社区治理的环境还不太理想，公众参与社会治理的能力还比较低，存在公众参与渠道不畅通、公众参与意识有待提高、法律制度保障欠缺、参与过程形式化等阻碍现象。

1. 公众参与意识淡薄制约社区治理的心理基础

我国大多数公众潜意识都认为政府的立法、社区规划等行为与自己不存在直接的关系，大多数公众参与意愿不够强，参与态度比较冷漠，导致参与社区治理的意识和水平普遍较低。主要表现在：一方面，认为社区事务是公共事务，与自己无关。另一方面，认为自己参与社区事务只是应付政府部门，最终还是政府说了算，对那些具有整体性和长远性的政策和规划更没有关注的意识，缺乏参与的激情和兴趣。同时，公众与政府存在消息不对称现象，政府对公众参与的形式也要求不高，如召开一些听证会、座谈会都是走过场，甚至一些参与方式演变为“昂贵的表演”①。这些都极大地挫伤了公众参与的积极性和主动性。当公众认为自己的参与无法影响政府的决策时，就会表现消极的参与心态，这种心态也表达了参与者的被动和无奈。部分民众存在的缺乏公共情怀、崇尚个体主义，缺乏共同意识、漠视公共活动，缺乏公共参与、忽视公共利益的公共精神缺失现象阻碍社区共同体建设，破坏了社区共同体建设的心理基础。

① 杨军剑：《社会管理中的公众参与问题探析》，《学习论坛》2011 年第 4 期。

2. 公众参与频次偶发抽象制约社区共同体建设的制度基础

第一，公众参与一般是某一重大事件的参与或关注，表现为偶发、非持续，而关于公众参与的制度、规范、文件、通知等零星分散，缺乏系统化。第二，公众参与的制度、规范、文件、通知等非常抽象，程序规范少，缺乏可操作性，表层化、形式化。第三，行为规范多，结果规范和回应机制少，与公众反馈与互动少，公众期望落差大。这些偶发、非持续、抽象、缺乏操作性、忽视民众感受的非个别的现象制约了社区共同体建设的制度基础。

3. 公众参与渠道不畅通制约社区共同体建设的法治基础

就目前来讲，公众参与渠道还比较缺乏，主要是政务信息网、听证制度、座谈会、政府开设的来访日等；另外，社会舆论、民间咨询机构也是新兴的参与渠道。相对于普通公众来说，真正能够参与的机会不仅少而且效率低。新兴的参与渠道还处于刚刚起步阶段，运行成本较高，致使公共参与的过程随意性大，成了政府自由裁量权范围内的事情。参与渠道的不畅通剥夺了公众的参与权，从而制约了社区共同体建设进程中的法治基础。

4. 公众参与过程形式化制约社区共同体建设的民主基础

民意调查、宣传会、座谈会、听证会是主要的公众参与形式，这些形式在实际运用中大打折扣，甚至是面子工程，如听证制度本是一种直接民主的制度方式，也是政府在公共决策时最常用的方式，但是在听证制度执行当中有违反程序的现象发生，脱离了听证会听取民意的本质。最终结果却是在走完所有程序之后，问题并没有解决。这种“走过场”的公众参与形式是很容易让公众产生不满和对政府的信任危机，最终导致公众参与热情衰退，制约社区共同体建设的民主基础。

三、共享共治是新时代社区共同体建设理性之道

社区治理能力现代化的推进离不开公众参与，社区治理现代化是国家治理现代化的一个前提和基础。在构建社区共同体过程中，我国公众参与社区治理需要从参与主体上、组织形式上、参与的广度和深度上、参与程序上进一步拓展，提升公众共享共治能力。

（一）转变管理职能，尊重社区居民主体地位

公民的权利是国家法律赋予的，政府和相关部门要明确认识到公众有参与公共政策制定的权利，有义务保证公民权利的实施。执政为民、以人为本的民主观是社会主义制度优越性的重要体现，它能极大地推进社会主义民主政治建设。

就现在的局面来看，公众参与还没有得到足够的重视，仅仅是停留在起步阶段，政府（包括社区等基层组织）在管理模式上还停留在传统的政府包揽一切的管理理念。政府处于强势地位，支配公众的一些决策与意愿，没能够给予公民足够的自治空间和自由。社区治理能力的现代化建设需要政府（包括社区等基层组织）转变职能：第一种转变是从全能型政府变为有限型政府。当前，社会需要日益多元化，政府在国家治理方面不是万能的，要求政府在充分发挥政府主导作用时，动员其他社会力量积极有序地参与到社会治理当中来，认真明晰政府、市场和社会的职责。第二种转变是从管制型政府转变为服务型政府。随着社会的不断发展和改革，公民在对政府提出更多要求的同时，也希望政府提供高质量的服务，切实履行社会管理和公共服务职能，树立一种服务型理念，那就是在服务中实施管理，在管理中体现服务。

这些年的实践经验告诉我们，国家推进任何一项重大的改革，都必须从人民利益出发，站在人民的立场上正确处理改革的重大问题，制定改革的措施。现在的中国就是紧紧依靠 14 亿人民的力量，才能得到令世界瞩目的社会进步，所以，真正做到以人为本，尊重居民主体地位，让广大居民真实、有效参与就是社区治理现代化的应有之义。

（二）培育社会团体，健全利益表达机制

我国作为一个人口大国，怎样在有限的时间内展开有效的公众参与？这就特别需要社会团体的积极配合，实现团体的行业化、组织化，不仅是各种亲近政府的团体组织，而且是公众自发结成的非政治性的组织和团体，这些团体代表了公众的利益和诉求，是公众利益的化身。需要指出的是，公众的团体组织并不反对政府，而是选择一种有效的方式去提升政府决策的理性，更方便政府依法治理社会，提高政府治理能力。培育社会团体是公众参与国

家治理引入了社会管理主体创新，在参与结果中促进和谐社会的建设，有效促进国家现代化。只有加强对社会团体的培育和支持才能够协调好公众的偏好，才能减少政府与民众协商的成本。主要从以下几方面着手：第一，政策扶持。改变原来社会团体的高门槛进入桎梏，简化组织的注册程序。第二，资金支持。政府通过购买服务或者提供办公场所的间接方式加大对社会团体的扶持力度。第三，加强社区自治。随着我国社会结构的变迁、社会体制的改革、社区建设的逐步深入，社区独立性越来越明显，社区自治已成为一种可行的崭新的治理模式。社区组织、社区居委会、社区居民等组成了一个新的社区治理组织，这就是社区共同体。梅尔文·德尔加多（Melvin Delgado）在2000年提出过社区共同体建设的指导原则：第一是促进社区参与，第二是将采纳和建设社区精神作为一个中心目标，第三是有规模地建设跨代际的活动，第四是实现正式与非正式跨组织的合作目标，第五是把增进社区的能力作为一个中心目标，第六是注重基层居民并尽可能给予他们大的资助。这些原则和举措有利于促进社区治理现代化。同时，也是公民以自治形式提升政府治理能力的途径，也是他们利益表达的有效方式。

（三）政府、社区、公众互动，提高社区治理能力

一般而言，居民对一些社区的决策过程并不知晓，也没有参与，特别是一些公共危机事件。政府的公信力的下降将会影响政府在人们心目中的形象。政府公信力是公众对政府治理社会的认可程度和评价，政府必须自觉地为人民提供高质量的服务，并且要把公民利益最大化作为追求目标①，公众普遍处于依赖政府型状态，缺乏社会责任感，一旦出现危机情况首先想到的就是政府。增强政府公信力，就是要协调好各阶层、各利益团体，使原来地“强政府”向“好政府”转变，加强政府的社会管理职能，提高公众参与的透明度，提高公众自我管理能力。

（四）拓宽沟通渠道，确保参与透明有效

一是进行社会公众听证，当政府进行重大决策时，不仅要全面了解公众

① 王官喆：《我国社会转型期政府公信力的流失与重塑》，博士论文，山东大学2013年。

的广泛利益，还要选择具有一定代表性的公众，通过协商手段平衡各方利益。这种听证制度，不仅能增强信息的公开性、透明度，还能协调好各方利益，赢得公众信任。二是召开社区会议，社区是公众的集聚地，它向居民开放，民众也更容易参与，更多适应于政府政策宣讲和公议表决。

从社区治理的实践来讲，只有在公民积极参与的情况下，才能真正做到社区治理的制度化、民主化、法治化、高效化与协调化建设，才能提高每个社区的治理能力，促进我国社区治理能力的现代化。总之，每个社区公民都是治理成果的享有者，都是社区治理的执行者，共享共治的发展理念是理性社区治理之道。

第二节　社区共治的湖南考察

共享发展理念是“十三五”乃至更长时期我国发展思路、发展方向、发展着力点的集中体现，也是改革开放四十多年来我国发展经验的集中体现，更是引领社区共同体建设方向的集中体现。

湖南省全省城乡社区规模 9432 个，其中城市社区 2678 个，乡镇社区 2272 个，农村社区 4482 个。53 个社区为“全国和谐社区建设示范单位”。全省社区居委会工作人员 2 万余名，社区社会组织 9055 个，社区志愿者 80 多万人。长沙市探索政府购买社区服务机制，常德市打造“完美社区”，衡阳市雁峰区、岳阳市岳阳楼区开展“家门口服务工程”等，形成了一定特色。

一、共享发展与社区共同体建设的相互关联

从现代意义上来讲，社区是社会学中的一个基本概念，它源于拉丁语，本意为关系密切的伙伴和共同体。第一次提出“社区”这个术语的是德国社会学家滕尼斯，他在 1887 年出版的《社区和社会》以社会理论学为研究视角来展开研究，他认为社区是一定地域范围内由具有共同文化特质和价值观念的同质人口组成的情感相依、守护相望、疾病相扶、富有人情味的关系密切的社会群体。

近年来，我国不断加快新型城镇化的进程，使农村人口向城镇迁移和聚集，使广大农村人口市民化。农村人口失去原有生存的土地、文化和习惯，对于陌生的城市极度缺乏归属感和认同感，在心理和行为上表现出对城市的抵抗和漠视。他们不再拥有原来的独家小院，而是和来自不同地区的人集中在一个个社区，这就必须建立一种社区公共体，重塑邻里凝聚关系。

“创新、协调、绿色、开放、共享”五大发展理念创造性地回答了在新形势下我们要实现什么样的发展、怎样实现发展的重大问题，鲜明体现了以习近平同志为核心的党中央治国理政新理念，是顺应时代潮流、厚植发展优势的战略抉择，是我们党关于发展理论的重大升华。随着我国社会主义现代化建设的不断推进，经济的迅猛发展，人们生活水平不断改善提高，社会科技和文明不断进步，整个人类社会已经发生了深刻的变化。受现代元素发展的影响，传统的邻里关系发生了改变，人们之间的交流变得越来越少。因此，在当今时代下，创新社区治理方式，增强社区发展的整体性，让人民共享发展成果等变得尤为重要。共享发展理念下社区共同体建设成为了政府治理的题中应有之义。政府治理落脚于社区治理，共享发展理念下社区共同体的建设是政府创新治理的一个重要部分。

二、社区共同体建设的共享实践——以长株潭地区为例

长株潭城市群位于湖南省中东部，包括长沙、株洲、湘潭三市，是湖南省经济发展的核心增长极。长沙、株洲、湘潭三市沿湘江呈“品”字形分布，两两相距不足20公里，结构紧凑。2007年，长株潭城市群获批为全国资源节约型和环境友好型社会建设综合配套改革试验区。长株潭城市群一体化是中部六省城市中全国城市群建设的先行者，被《南方周末》评价为“中国第一个自觉进行区域经济一体化实验的案例”。在行政区划与经济区域不协调之下，通过项目推动经济一体化，长株潭为其他城市群做了榜样。不与中部六省争龙头，致力打造成为中部崛起的“引擎”之一。据了解，社区的良好建设为长株潭地区政府治理和长株潭一体化做出了很大的贡献。因此，从长株潭所有社区中抽取部分社区进行调研能很好地反映出该地区的社区共同体发展概况。

笔者在课题立项后，2016 年 7 月赴长沙、株洲、湘潭地区的部分社区进行了专项调研工作。在为期十天的调研中，走访了长沙白沙花园社区、云塘社区、涂新社区、斑马湖社区、暮云社区，湘潭云盘社区、工人社区，株洲泰园社区、天鹅社区、六零一社区等，调研关于各社区的工作开展流程、社区工作制度、文化活动开展情况、宣传方式、特色社区建设项目等。我们与社区的负责人进行了访谈交流，与此同时还对各社区的居民发放了调查问卷。

这次长株潭社区公共精神实践调查在长沙、株洲和湘潭三个地方进行了为期 10 天左右的实地调研，共发放调查问卷 500 份，实际收回有效问卷 488 份。将此次收回的有效问卷进行数据分析，根据数据分析结果，进一步探讨长株潭地区社区文化建设的现状，并对社区文化与公共精神的融合提出建议。

此次问卷发放范围是调查的各个社区的居民，社区居民的受教育程度是调查结果的重要影响因素。中专及其以上学历的社区居民占此次调查对象的 56%，初中学历的社区居民占 20%，高中学历的社区居民占 17%，小学学历的社区居民占 7%。由此可见，此次调查对象的受教育程度分布较为平均，调查结果可信。

社区居民对公共精神的了解程度和对社区文化建设的关心程度是影响社区文化建设和公共精神培育的重要因素，调查问卷的 3—12 题均是围绕这两个方面进行的调查。

首先是调查社区居民对公共精神重要性的了解程度。接近 92% 的社区居民对于公共精神并不了解，这意味着在借助社区文化活动载体培育公共精神迫在眉睫。

其次是调查社区居民对于社区文化活动组织的满意程度和覆盖范围的认知。社区居民对社区组织的文化活动较为满意，认为很好和一般的占到总人数的 85%，但还是存在 15% 的居民对社区文化活动不太满意和不清楚。

社区居民对社区文化活动的性质的判断，以及对社区文化活动传递价值观和进行道德教育的态度，是在社区文化活动中融入公共精神培育的重要影响因素。大于 50% 的社区居民认为社区文化活动不是单纯的娱乐活动，75% 的社区居民愿意接受社区工作者在组织社区文化活动时，以此为载体，传播一定的主流价值观。反映到当代中国，也就是传播社会主义核心价值观，而社会主义核心价值观与公共精神在价值追求层面存在高度的内涵吻合。这也就意味着，通过社区文化活动这个载体传递价值观、进行公民教育活动有着广泛的群众基础，是切实可行的。

经过上面的分析，我们得出社区居民大部分接受社区文化活动传递价值观，但是我们需要进一步调查社区居民是否赞同社区需要一个共同的主流价值观和对本社区传递的价值观是否了解并认同。72%的社区居民认为社区需要有一个共同的主流价值观，10%的社区居民则认为不需要一个共同的主流价值观，但还有18%的社区居民认为社区有没有共同的主流价值观是无所谓的。而在调查社区居民对社区文化活动传递的价值观的认可度的调查中，59%的社区居民了解并认同社区传递的价值观。与此相反，也有5%的社区居民虽然了解社区传递的价值观却不认同，这在价值多元化的当代中国是很正常的。另外，有29%的社区居民一般了解并认同价值观，也有5%的居民本身就不了解社区文化活动传递的价值观。综上所述，此次调查的数据表明大部分社区居民都愿意接受社区文化传递的价值观，并需要一个共同的主流价值观，但了解现阶段本社区传递的价值观并认同的社区居民却与上述两个数据有差别。这就意味着，传递一定的核心价值观，培育公共精神还需各方努力。

在对社区居民对公共精神的了解程度和对社区文化建设的关心程度进行过调查之后，了解居民所在社区关于培育公共精神的基本情况，是我们此次调研的重要内容。

社区居民差异性是培育公共精神的重要影响因素，在市场经济的作用下，单位制逐渐瓦解，人们因地缘关系结成一个形式上的共同体，而社区居民在构成上仍然存在差异性。32%的社区居民认为自己所在社区的居民差异性一般，而49%的社区居民则认为自己所在社区的居民差异性大和比较大，与此相比，则只有19%的居民认为社区居民差异性不大。

在社区居民差异性调查的基础上，此次调研又针对与公共精神相冲突的个人主义进行调查。与现实情况相符，71%的社区居民认为所在社区的个人主义比较严重和严重，仅有11%的居民认为社区个人主义不严重。

培育公共精神是现实社会的迫切需求，体现着人们的现实诉求，人们之间的人际关系变化就是现实诉求之一。在我们调查的社区居民中，有48%的居民认为所在社区的居民之间人际关系疏远，那种邻里守望的美好生活状态已经伴随居住环境的变化离自己越来越远，这些居民大都来自我们调查的社区中的新兴社区。而仍然依托大型“单位”建立的老社区如六零一社区中的居民则认为，社区居民人际关系很亲近。这部分占我们调查的15%。同时也有15%的社区居民表示对自己所在社区的人际关系不太了解，这部分居民则以中青年为主。此外，还有22%的居民认为所在社区人际关系一般。调研数据表示，培育公共精神，建设邻里守望的社区共同体，是当前社区建设的重中之重。

社区居民对社区的认同感和归属感是评价社区共同体公共精神建设的重要标准，通过社区文化活动这个载体培育公共精神是我们调研的一个重要维度，因此问卷对这个问题的设计也是我们评价长株潭社区公共精神建设的一个具体表现。39%的居民表示他们对社区有很强烈或者比较强烈的认同感和归属感。而有29%的居民表示他们对社区的认同感和归属感表现为一般的感觉，并不强烈。当然也存在32%的社区居民对社区认同感和归属感没有感觉。这表明，长株潭地区社区共同体建设已经取得阶段性胜利，但是，仍然需要通过各种凝心聚力的活动增加居民对社区的认同感和归属感。

一般意义上讲，公共精神包括两个层面，一个是社会层面的公共精神，另一个是政治层面的公共精神，即政治品德。它是公民在政治生活中采取适当行为所应当遵循的道德约束，首先强调的是公民个体对整个共同体予以维护和认同的责任。这种政治品德体现为公民参与公共事务的行为和思想。社区作为公民的一个自治性组织，必然有许多公共事务需要处理。社区居民对公共事务的参与度也可以作为评价培育公共精神的一个标准。有12%的居民很满意自己参与公共事务的方式，有23%的居民比较满意参与公共事务的方式，有45%的居民不太满意和不满意自己参与公共事务的方式，也有20%的居民表示不清楚自己所在社区公民参与公共事务的方式。

在此次调研中，我们得知这些社区不仅在文化建设上有创新，在社区公共精神的培育方面也有大力投入，部分社区自行组建青少年宫、市民教育学校等加强社区文化素养；此外，微心愿等活动对于凝聚社区居民起到了重要作用。在调研中，我们明确了解到长株潭地区各社区在自身建设中有亮点和突出成就，体现了自身的特色。

（一）学习型社区居民教育——共享发展的人才资源

社区教育是社会发展和时代变革的产物。只有积极开展社区教育，把它纳入社会大系统，才能全面适应现代化建设对各类人才培养的需求。在我国，社区教育起步于二十世纪八十年代初期，它是在国家实行改革开放后，在总结原有学校教育、家庭教育、社会教育相结合的基础上，借鉴国外社区教育的经验，从国内不同地域的实际出发，通过试点逐步发展起来的。到了九十年代后，社区教育组织自觉认识到社区教育持续稳定发展具有重要作用。首先在城市普遍推进了社区教育的开展。进入二十一世纪后，社区教育从区域试点逐步走向普遍，从不断发展逐步走向成熟，从城市逐步走向农村。通过近几年的社区教育工作，我们深深地感到，街道社区教育中心的职能就是必须满足街道社区居民各种学习需求。

创新是驱动发展的强大动力，是推动一个国家和民族向前发展的重要力量。创新社区教育与社区共同体的构建有着密不可分的关系。从建设学习型社会是党的民生工程的意义上来说，社区教育必须满足社区居民各种学习的需求。株洲市的天鹅社区坚决摒弃故步自封思想，始终把创新摆在首位。近几年来，建立了自己的青少年文化宫，在每年寒暑假定期开展教育活动。该青少年宫是由社区负责建立，社区的青少年学生免费参与，“疯狂义工”唐先华老师带着他的学生到社区义务教学生绘画。湘潭市雨湖区的工人社区在社区共同体构建方面的重要体现是“市民学校”。该地区共 5560 人，2315 户，市民学校定期开展教育活动，主要是老干部及老骨干讲课。

青少年文化宫、市民学校、老年大学等社区教育活动取得的效果也是非常显著的，这表明创新社区教育不仅对于提升社区居民的知识素养有很大的益处，而且对于增进居民对社区的感情具有现实意义，能更好地促进社区共同体建设。

（二）优化社区组织格局——共享发展的政治保障

居民的邻里服务需要专门的组织承接，社区公共服务中心即社区居委会应运而生。一方面，受我国市场经济体制惯性的影响，政府的社会治理、公共管理工作更多地落到社区居委会，导致社区行政化。另一方面，社区在建设过程中权责出现不对等，主要表现为责大、权小，财政投入不够，影响社区建设。而老百姓总是习惯性地依靠社区，客观上这种心理期望值过高，给他们办事可能会带来一定的阻碍。实践证明，社区组织格局成为当代社区建设道路中亟待解决的问题之一，创新社区组织形式也成为社区工作的重点。

坚持协调发展，必须综合处理好社区治理各方面关系。湘潭市云盘社区有一项特别的社区工作制度，即“三官一律”进社区，法官、检察官、公安民警和律师每月固定 2 个工作日到社区集中办公，接受群众咨询，提供法律服务。“三官一律”进社区，成为社区与居民之间的桥梁。法官、检察官、公安民警、律师及社区工作人员与基层群众朝夕相处，不是亲人胜似亲人，群众有话愿意对他们讲，有难愿意找他们帮，群众从他们身上看到了政府和社区全心全意为人民服务的实际行动和党的群众路线的优良传统作风。为社区减轻了工作负担，也让老百姓办事更加简便。“三官一律”工作制度是社区工作组织格局创新的特色表现，也是社区共同体建设共享发展的重要举措。

（三）推动绿色文明社区构建——共享发展的环境条件

共享发展推动绿色社区建设。绿色是进一步实现跨越发展的先决条件，是人民对美好生活追求的重要体现。坚持绿色发展，就是要建设环境友好型社会，循环发展、低碳发展、节约发展、清洁发展，降低能耗和物耗，保护和修复生态；就是要为人民提供更优质的生态产品，推动绿色发展方式和生活方式的形成，促进人与自然和谐共生。坚持绿色发展，需要国家每一个公民的积极参与，更需要推动友好文明的社区建设。长沙云塘社区联合长沙理工大学大禹之子协会在社区定期召开保护水资源宣讲活动，并制作了宣传视频等，号召人们爱护和节约水资源，为友好文明社区建设做出了他们的努力。云盘社区为坚持绿色发展，构建环境友好型社区，向社区居民免费发放了环保购物袋。

（四）更新社区服务理念——共享发展的时代要求

从社区的角度来讲，实行“互联网 +”战略，进一步提升社区开放发展水平，有益于加快社区共同体建设步伐。

“E 政务”和“一站式服务”是株洲市六零一社区的个性标签。在社区服务中心大厅，电子显示屏里滚动播放社区的事务性工作进程和文化活动概况，居民可利用互联网随时随地查看社区动态，了解办事指南。社区也能通过电子政务系统进行办公。把简单留给居民，把复杂留给系统，把高效留给政府，这种开放式的电子办公和一站式服务优化了社区事务性工作程序，为社区居民提供了便利，深化了社区人文交流。

（五）提升社区共同体意识——共享发展的价值观念

社区意识是社区共同体建设的中心枢纽，社区意识也叫社区认同感或归属感。它是指社区居民对自己所属社区在感情上和心理上产生的一种认同感。人们长期在特定的社区内生活，自然形成一种“谁不说咱家乡好”的认同心理，即将自己归属于某一“地方”的人，甚至形成某些共同的意识，包括共同的荣誉感、共同的价值观念、共同的伦理观念等。社区意识既是社区的构成要素之一，又是界定社区的重要标准。

共享是发展的目的和归宿。帮助社区居民形成良好的社区意识是长株潭地区社区共同体建设的又一大重要经验。株洲市的泰元社区长期致力于联系社区居民工作。我们了解到，该社区不定期开展各类与社区居民生活息息相关的活动，来增加居民的社区归属感和认同感。其中有一项活动称之为“微心愿”，即通过社区的支持和帮助满足社区困难人群的微小心愿。活动分为三个阶段，泰元社区的工作人员在活动开展前期到困难群众家里走访，收集他们的心愿。中期将收集起来的微心愿汇总，集中审核，再联系相关部门相关人员配合完成。后期是微心愿的实现阶段。小到一个电饭煲的需求，大到上门帮助残障人士办身份证。在社区承受能力范围之内，帮助居民实现心愿，极大地提升了居民的社区意识。

三、共享发展理念下社区共同体建设构想

近年来，推进社区共同体建设，就是共享发展理念的基层实践。共享发展理念下社区共同体构建应该集中从“三个层面、两个定位”五个维度来展开，即国家、社区、居民三个层面，目标和社会关系两个定位。其中国家层

面的培育公民公共精神应作为共同体构建核心，具体布局如图 1：

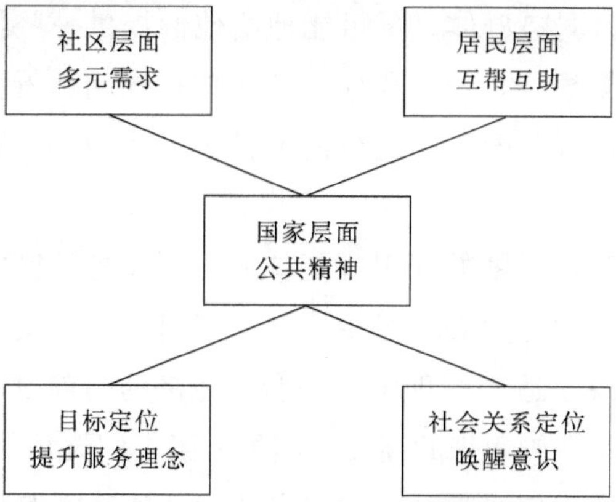

图 1　共享发展理念下社区共同体建设构想图

一是大力培育我国社区公民的公共精神。我国社会主义市场经济体制的完善和改革开放的深入，在促成人的个性与人的社会本质的不断发展和完善的同时，也促使着以经济结构为先导的社会结构的全面转型。特别是社会公共生活领域的逐渐扩大和丰富，生活的公共性质日趋增长，公共目标和公共价值的意义越来越明显，公共精神正在受到前所未有的关注，并成为现代公民必须坚持和塑造的人性价值和精神品质。

公共精神的形成不是自发的，更不是一蹴而就的，而是不断构建和培育出来的。在培育公共精神方面的对策有：发展公共领域，鼓励公民参与公共生活实践；健全法律体系；加强基层民主建设；发展社团组织；发挥教育功能。培育公民公共精神必须要发展公共领域，重视公民教育。

二是尽力满足邻里多元化需求。社区的人群构成结构往往多样而复杂，邻里之间需求各异、多元，社区居委会应根据不同层次人群，根据他们的不同需要有针对性地开展服务工作。第一，开展多样的文化活动，认真听取居民的真实诉求。例如为满足中老年妇女文化活动需求，社区可组织广场舞大赛、组建腰鼓队等，既能丰富她们的娱乐生活，还能强健身体，一举两得。第二，提供法律咨询服务，帮助居民用正当手段解决矛盾和纠纷。社区居民构成不同，对法律的了解程度也高低有别，社区工作站应该提供给居民更好的法律咨询服务，防微杜渐，用最好的方式解决问题，同时让居民更懂法、守法，维护社区的正常秩序。第三，帮扶困难群体，满足其基本生活需求。社区应更多关注社区弱势群体，尽可能地给他们提供一些物质上和生活上的救济，应号召社区党员、志愿者积极下社区进行慰问和看望，定期开展义务劳动。总而言之，社区共同体的构建需要社区工作中心不断努力，以满足社区邻里的多元化需求。

三是合力形成互帮互助的邻里守望体制。居民是社区之根本，为构建社区共同体，居民自身的努力必不可少。社区邻里之间的交流并不会因为群体各异而淡化，只是缺乏适当的理由和平台。经济的向前发展，科技水平的日益进步，住在钢筋水泥围起来的高楼大厦里，当人们哪怕是需要一瓶酱油时，都不愿意敲响邻居的大门寻求帮助。笔者认为，社区可发起“居民互助”活动，社区居民应主动参与，通过这一平台，形成一种邻里守望体制。这一种邻里守望体制，要求每家每户每周主动帮助邻居至少一次，随着次数的累积，邻里间的互助效果将会越来越显著。

四是极力提升社区服务理念。加强社区建设、提升社区服务理念服务，必须着力于服务社区居民，不断完善社区服务体系。社区建设，内容广泛，但基本出发点和落脚点是以人为本、服务居民。要以增强社区居民对社区的认同感、归属感为目标，创新发展多元化的社区服务新格局，形成以政府公共服务为主、市场化有偿服务和志愿者义务服务为补充的社区服务体系。

第一，在推进社区公共服务上，要积极发展社区文化、就业、卫生、安全、计划生育和社区救助等服务，探索建立健全政府购买服务机制，不断扩大政府公共服务的覆盖面，让更多的社区居民享有均等的社区公共服务。第二，在拓展社区市场化服务上，要树立“市场化”经营理念，积极引导社会力量兴办社区养老机构，推进辖区单位服务设施向社区居民开放，引导物业公司参与社区服务，不断提升社区服务社会化水平。第三，在发展社区志愿服务上，要培育多层次的社区志愿服务组织，加强社区志愿者队伍建设，推进社区志愿服务与发展慈善公益事业、健全社会救助体系、建设精神文明有机结合。

五是强力唤醒邻里关系意识。邻里关系体现了人们之间相互守望、相互信任的关系，更具有共同体的内涵。社区共同体的构建需要唤醒和激发邻里关系意识。传统的社区服务就是社区工作人员被动地受理群众的服务需求，服务效果无法促进社区邻里关系的融合。共同体则需要把有相同需求的居民需求集中起来，一起开展服务工作，以增进社区邻里之间的关系。

四、共享发展理念下建设社区共同体应坚持的原则

共享发展理念主导下的社会治理创新，是全面深化改革的必然要求，社区共同体建设是社会治理、政府公共管理的转型性创新。建设社区共同体应坚持居民自治原则、政府引导原则、资源共享原则、公众参与原则。

（一）居民自治原则

社区居民自治原则是指在社区内实行民主选举、民主决策、民主管理、民主监督，逐步实现社区居民自我管理、自我教育、自我服务，按照社区居民“自己管理自己的事情”“大家的事情大家办”的原则，通过民主协商的方式，共同解决社区内公共事务和公益事业方面的问题，共同创造美好幸福生活。建设社区共同体首要的是加强对社区的归属感、认同感，强化社区居民“社区是我家，建设靠大家”的意识，动员和组织社区居民主动、积极、广泛参与社区自治活动、参与社区的开发和建设。社区居委会要把主要精力放在开展工作、宣传发动上，使社区建设的宗旨家喻户晓、深入人心，引导社区居民树立“我为人人，人人为我”的意识，积极参加自我管理、自我教育、自我服务、自我监督的社区自治工作。

（二）政府引导原则

政府作为社区共同体建设中的重要主体，其角色的合理定位和行为的规范性决定着社区共同体建设的效率。在社区共同体建设中，政府职能转变的首要问题是明确行政事务和社区自治事务、政府委托事务和社区自治事务的界限，从而更好地引导社区组织和居民进行自我治理。政府对社区共同体建设的作用主要体现在组织建设、机制建设和政策扶持上，体现在资金支持、设施支持等方面。在此基础上，应进一步完善社区治理结构，理顺政府、社会和市场三者的关系，处理好居民委员会、业主委员会和物业管理公司三者的关系，使社区不同治理主体之间形成联合力量而不是相互制约。

从现实来看，社区共同体建设的民间自治力量还没有发育成熟，在这种情况下要积极发挥居委会和政府相关职能部门在共同体的建设过程中的凝聚引导作用。一蹴而就的彻底实现政府权力的退场也是不现实的，因此在建设社区共同体的过程中还需要政府开展积极广泛的协助工作，居委会也应从大量的行政职能中解脱出来，真正成为自我教育、自我管理、自我约束、自我服务的自治性组织。① 随着我国基层民主改革进程的加快，逐步实现社区共同体建设从政府主导向政府引导与社区居民自治相结合，完全改变社区居民自治主导模式，从而完成社区共同体发展的民主化进程。

（三）资源共享原则

社区的共建需要充分调动社区机关团体、部队、企事业单位等一切力量参与其中，最大限度地实现社区资源的共享，营造共建社区的良好氛围。当前，应以社区居民需求为根本出发点，大力发展各种社会组织。社会组织具有提供服务、反映诉求、规范行为的重要作用，引导各种社会组织参与社区管理和服务是加强社区治理的重要途径。政府应完善配套政策，促进政府部门职能向社会组织转移，开放更多公共资源和领域给社会组织，使社会组织在加强社区治理方面有更大的空间和更大的作用。

（四）公众参与原则

自20世纪90年代以来，有学者提出了“参与式治理”的概念。它强调利益相关者参与决策，分配公共资源以及强调治理中的合作与协作。在民主权力分配的层面上，强调居民参与社区公共事务的管理，这不仅是他们的居民责任的体现，也是居民自治权力的外部表现，每个居民都应该有渠道表达利益诉求。社区居民通过参与社区事务，可以加强联系，可以促进居民之间的良好互动和团队合作，可以培育居民自治的社区共同体精神。

社会参与是社区重建的重要组成部分。结合自身实际情况和特色，不同的社区创造性地开展一些活动来提高居民参与的积极性。可以从以下几方面来提高社区居民的参与热情：第一，通过活动、主题宣传等方式让社区居民

① 蒋轶：《治理话语下政府与非政府组织双边博弈关系探析》，《理论导刊》2010年第3期。

形成社区参与意识；第二，变革社区体制，使社区居民参与的权利得到落实；第三，改善社区制度，提供多条路径来实现社区居民的参与；第四，为使居民更好地参与社区治理，要加强对社区居民的教育，提高社区居民的素质，培养居民自治意识。

第三节　社区共治的可能路径

发展成果由人民共享，朝着共同富裕方向稳步前进，要坚持按照人人参与、人人尽力、人人享有的要求，要坚守底线、突出重点、完善制度、引导预期，注重机会公平，保障基本民生。针对社区共享发展面临的关键问题和瓶颈，要采取系列措施来促进社区共同体建设。

一、推进社区共同体共享发展精神文化建设

社区不是简单的城市居民的居住地，更是居民共同的精神文化家园。在社区共同体建设中要实现共享发展，首先需要社区居民群众、社区社会组织以及驻社区的各个单位共建共享，大力加强社区共同体文化建设，营造一种良好的共享发展的精神家园建设氛围，在共建社区共同体中共享发展，在共享发展中共建社区共同体。

（一）进一步完善共享发展意识，推动社区共同体建设

首先，深化社区共同体文化建设的思想认识，党委、政府要改变之前的“社区共同体文化建设是软指标，抓好抓坏都一样”“社区工作是街道、居委会的事情，与其他部门的关系不大，可管可不管、管不管都一样”“社区共同体文化建设是个系统工程，涉及面广、见效太慢、投入产出不成正比不多，做不出政绩”等错误的观念，从提升社区共同体文化品质的高度，提高社区居民群众生活水平的高度，正确认识社区共同体文化建设的重要性，进一步加强对社区共同体文化的领导，切实深化社区共同体文化建设的思想认识。通过多种途径，突出共享发展的精神文化建设，增强各人民团体、社团以及企事业单位的社区共同体文化建设意识。社区共同体的共享发展首先要利用

各种资源，尤其是重视各个部门的重要作用，因为各个部门既是各种资源的提供者，又是社区共同体良好环境的受益者、分享者和获得者。其次，要进一步提高社区共同体共享发展的奉献意识、分享意识，协助社区共同体做好各种资源的积累以及整合工作，为社区共同体的共享发展发挥应有的积极作用。最后，要深化社区共同体共享发展的文化建设思想认识，进一步深化社区共同体成员的主人翁意识，要让社区共同体成员意识到社区共同体的发展涉及每个人的共同利益，社区共同体的每个成员对于社区共同体的发展都有义不容辞的义务和职责。当然，有义务必有权利，那就是只要每个成员参与共享发展就可以共同分享成果。只有让每个社区共同体成员具备积极参与社区建设的意识，社区共同体的共享发展才会更加快速成为现实，才能真正产生可以分享的发展成果。

（二）进一步挖掘丰富的社区共同体文化建设主体资源

社区共同体文化有多元的建设主体，首要的便是政府，政府在社区共同体文化建设中扮演着舵手、直接推动者的重要角色，其主要责任在于制定社区共同体文化建设的政策以及整体的发展规划，并进行宏观管理。同时，要加强对社区共同体文化事业提供资金的支持和其他物质的投入。但是，要注意的是，政府不应当也不能“一管到底”，亲力亲为组织各种社区共同体文化活动。一方面没有多的精力，另一方面会让社区共同体产生依赖心理，不能更大限度发挥他们的主体作用。当然，社区共同体的文化建设也不能只依靠社区居委会这个自治组织和少数社区积极分子。反之，从组成上来说，社区共同体的全体居民、各种社区社团组织、驻社区的企事业单位等社区共同体的成员，既是社区共同体文化的直接受益者，更应该是社区文化共同体的主要参与者和共同建设者，他们在社区共同体文化建设上都负有不可推卸的责任。在这样的情况下，我们需要进一步拓展社区共同体文化建设的整体思路，采用多种方式方法，支持、鼓励和吸引各种社区共同体成员更加积极地、更大范围地参与到社区共同体的文化实践中来，在共建中共享，在共享中共建，真正建立一种社区共同体共享发展精神文化建设的自我组织机制。

在一定程度上说，社区居民群众是社区共同体文化建设最广泛、最重要的基础，也是社区共同体文化建设可持续发展最雄厚的优质资源。要进一步支持、鼓励社区居民勇敢走出封闭的单个小家庭，积极参与社区共同体文化的创建中来，以文化创建这种方式丰富自己的精神生活，从参与文化活动中进一步增进邻里之间的深厚感情，从实践文化体验中感受身心的放松和愉悦。同时，在形式和方式上，社区居民在精神文化兴趣和需求上，既有共性又有个体差异性，我们要了解不同居民群体、不同阶层这种多样化、多层次的精神文化需求，积极采取多种形式，激发居民参与的热情。要进一步积极培育和支持各类社区民间文化团体和各种协会，鼓励他们在社区共同体这一平台上开展公益文化活动，既达到自娱自乐的效果，也为社区居民群众提供雅俗共赏的丰富表演和服务。

社区共同体内的单位是不可或缺的优秀资源，他们有很好的资源优势和人才优势。基层政府、街道办、社区居民委员会可以通过成立社区共同体共享发展建设领导小组、社区共同体文化建设工作委员会等多种形式，动员社区共同体各个单位积极参与到社区文化的共享发展中来，继续加大政策和法规指导力度，建立相关制度，形成制度化的奖励和约束体制机制，采用多种有效措施，鼓励和支持社区共同体各个单位无偿向社区居民开放各种文化活动场地、设施等文化资源，尤其是政府要积极协调社区内企事业单位，最优化地整合、利用现有精神文化活动资源设施，满足社区群众居民的多种文化需求。

（三）进一步多形式全方位开展社区共同体文化活动

社区共同体文化活动是社区居民群众日常生活不可或缺的重要内容，也是社区共同体吸引力和影响力最生动直观的体现。要以各种丰富的文化活动为载体开展社区文化的共享发展，通过文化艺术节、广场文化、文化共建共享、文明城市创建、全民健身等多种活动形式，吸引社区居民群众广泛参与社区文化活动，并在文化活动中愉悦身心，培养高尚情趣，增进感情交流。同时，博物馆、图书馆、展览馆、广场文化等公益文化、民俗文化、科普文化、专题文化、休闲文化，也是社区共同体文化不可缺少的重要形式，它们共同组成了社区共同体文化的内容。

在多种类型的社区共同体文化建设当中，有些是需要政府推动的，有些由居民自己策划和组织，有些则需要社区共同体文化市场来运作。社区共同体文化市场是在建立市场经济下、为适应居民群众文化消费结构转变而迅速发展起来的重要载体。随着社区共同体中居民群众生活水平不断提高和社会的进步，越来越多的步入小康社会的社区居民开始追求新的、更加丰富的精神文化生活。社区共同体的文化市场发展正是在这种新常态下应运而生的，它们丰富了社区居民尤其是中青年人群、高级白领阶层的文化娱乐生活，使他们有了更广阔的发展空间。为促进文化市场发展，在具体做法上，我们建议可以从以下三方面来加大推进力度：首先，促进社区文化市场消费种类多样化，形成丰富多样、种类齐全的文化市场。其次，促进社区文化经营形式多元化。即形成多种所有制并存互补，多种形式经营的格局，赋予社区共同体文化市场以生机和活力。要注意的是，要加强社区文化市场的管理，及时清除那些不健康，渲染色情、暴力的文化垃圾，力求用优质的文化消费服务和情趣健康的文化产品满足居民多样化的文化消费需求。① 最后，作为社区共同体重要角色的政府，要继续加大对参与社区共同体文化建设的社会团体、企事业单位等的管理运作、专业服务和项目开发的资金扶持力度，拓展社会化运作的深度和广度，进一步加强指导、协调和监督。为充分调动各方的积极性，要建立综合考评机制，激活社会各方力量参与社区共同体文化建设的内生动力，激发大家的活力，让更多有才华、怀揣梦想、充满活力的社会各界优秀人才能在社区共同体文化建设这个舞台上各尽所能、各得其所，为社区共同体共享发展的精神文化建设提供强大动力。

互联网具有资源丰富、传播速度快、覆盖面广的特点，在网络高速发展，融入居民生活的网络时代，社区共同体网络平台是社区共同体文化建设的必不可少的内容。要充分运用互联网推动社区共同体文化建设的共享发展。在城市社区居民群众目前直接交往逐渐减少的现实情况下，建好社区的网站，管好社区的网站，用好社区网络平台，进一步形成积极健康、文明向上的社区网络文化。同时，要通过微信群、微博、QQ 群等形式，聚集人气，联络感情，增进共识，带动社区共同体建设。

① 陈潫，徐越倩，许彬：《社区公共事业管理》，中国邮电大学出版社 2007 年版，第 130 页。

（四）要坚持不忘初心，进一步满足不同社区居民群众的文化需求

习近平总书记在建党95周年的讲话中提出了八个“不忘初心，继续前进”，我们在社区共同体建设上，也要不忘初心，继续前进，把满足居民的生存、发展、享受的实际需求作为最终的出发点和落脚点，不断满足居民的精神文化需求。政府在实际工作中，要综合考虑不同层次、不同爱好、不同群体的需求，特别是要将社区公共文化资源向弱势群体倾斜，解决弱势群体最关心的实际困难和问题。要着重抓好以下重点和难点：一是要吸引和鼓励流动人口参与社区共同体文化建设，让他们真正体会到自己也是社区共同体的重要的一分子。二是要扩大社区共同体文化的参与面，促进不同地域文化的积极交流与融合。三是要针对青少年这个特殊群体，协调文化、教育、团委、妇联等相关部门的力量，专门就如何为青少年提供文化服务制订专项规划方案。四是通过举办“夕阳红文化艺术节”等方式，为中老年人提供必要的社会交流与公共文化服务平台。五是对残疾人这个群体，要在文化活动场所配备无障碍设施，要有残疾人通道、盲人读物等，方便服务社区残疾人员。六是对于在社区生活的外籍人员，要从国际化视野考虑，从城市区域建设的战略高度着想，为他们举办中国传统文化知识讲座、汉语培训等文化活动。

（五）要进一步彰显社区共同体文化建设中的个性需求和发展

社区共同体文化是社会文化总体的一个部分，在全球化、现代化的大背景下，社区共同体与外部世界的联系越来越紧密，导致社区共同体精神文化建设明显地受到各种社会文化的影响，并从中获得滋养和提升。但是，为体现社区共同体的不同特点，避免千篇一律，社区共同体文化建设必须突出特色、塑造个性，这也是社区自身组织能力建设的必然要求。这就要求我们在社区共同体文化建设上必须高屋建瓴，既要注重时代特征和中国社会转型期的要求，也要立足于不同社区政治、经济、文化、人口、自然环境、历史底蕴等实际情况，尊重社区共同体大部分居民群众和成员单位的意志，进行科学合理的文化选择与创新，并制定富于地方特色的共同体文化目标，最终形成社区文化发展的鲜明主题，因为“主题鲜明的社区文化形象才富有个性，

方能在一般社区文化背景上凸现出来，主题鲜明的社区文化形象才包含着丰富的文化底蕴[①]”，成为引领社区共同体进入自我组织状态的一面旗帜。

同时，要想促进社区文化的长远发展，就必须建立健全社区共同体文化的共享发展机制。社区共同体文化建设必须靠有效的组织机制进行运作，不能仅仅依靠领导者个人的重视和努力，不能只开展有重大影响的短期活动，而要坚持长期不懈的工作。在现有条件下，社区共同体可以建立以区、街道办、居委会为主体的网络系统，同时吸收驻地的党政军机关、社会团体、企事业单位参加，可以成立社区共同体文化委员会或社区共同体文化发展委员会，制定本社区共同体的文化发展规划，协调社区内、社区之间的文化建设，特别对组织本社区大型文化活动和筹集资金方面要充分发挥作用。

二、整合社区共同体共享资源能力建设

（一）进一步充分发挥社区党组织、居民委员会为主体的居民自治组织、社区群团组织等体制内组织在社区共同体共享发展中的资源整合作用

坚持中国共产党的领导是社区共同体建设的政治保证，也是社区共同体资源整合的一大组织优势。要进一步坚持探索社区党组织领导作用的实现机制，特别是要充分发挥街道党工委在社区共同体共享发展建设和社区共同体资源整合中的作用，对区政府职能部门的派驻机构实施双重领导，通过街道党建联席会议制度的形式加强对属地内各单位党组织的综合协调能力。同时，社区党组织既要把握政治方向，又要教育居民、动员居民开展社区建设，发挥在社区共同体资源整合中的政治核心作用。

居民自治组织是社区居民群众开展自我管理、自我教育、自我服务、自我监督的法定组织，在社区共同体建设上发挥了重要的作用。从当前的实际情况看，目前我国的居民自治组织的地位仍需进一步加强，居民自治组织能力仍需进一步提升。在社区群团组织上，包括社区共青团、妇联、工会、关心下一代工作委员会等，它们在社区共同体中也发挥着不可替代的重要作用。要积极拓展这些群众性组织的社会功能，促使它们在社区共同体资源整合中

① 鲍宗豪：《塑造国际大都市社区文化形象》，《文汇报》2000年5月10日第12版。

发挥更大的作用。

（二）进一步组建培育社区共同体资源整合的新载体，满足居民社区生活的新需要

要培育各类正式或非正式的社区民间组织，组建业主委员会等组织，成立一些营利或非营利性的社区专业服务机构，建立社区志愿者队伍和社区公共服务协会，进一步提升社区共同体的共享发展的资源整合能力，发挥它们各自的资源整合优势，更好地满足社区居民多方面多层次的需要。

民间组织的力量也是不可忽视的队伍，在社区共同体资源整合中扮演着日益重要的角色。他们以利益或兴趣为纽带，扎根于居民群众之中，活动在社区，具有广泛的群众基础和较大的影响力，政府、当地街道和居委会要继续加大对社区共同体中民间组织培育的力度，使其在社区共同体资源整合进而在社区共同体共享发展中发挥更大的作用。要进一步加大对社区民间组织的扶持力度，做好指导、服务和监督管理，为社区民间组织的发展开辟政策法律空间。目前来说，我们应突出重点，主要培育发展以下五类社区民间组织：一是维权类的组织，为低保人员、残疾人、五保户、未成年人、下岗失业人员、流动人口等特定对象提供法律、道德等方面的援助。二是公益类组织，如爱心基金、党员基金、爱心超市等，加大帮扶弱势群体的力度。三是服务类组织，如志愿者、职业介绍组、送温暖小组、心理咨询组等，促进服务多元化。四是管理类组织，如治安巡逻、卫生督导、低保评议、治安、调解等，重视社区管理。五是兴趣类组织，如书法协会、腰鼓队、合唱队、门球队等。这些社区民间组织与企事业单位不同，要采取更为灵活的政策，可以由社区居委会负责其日常管理和指导工作。

业主委员会和物业公司与我们当前的生活已经密不可分，它们是随着房屋产权的私有化而产生和发展起来的新兴社区组织形态。随着人民生活水平的不断提高，居民对小区的环境也有了更多的关注。在这种新常态下，业主委员会和物业公司便拥有了较多的社会资源，逐渐成为业主进行自我管理、自我服务的有效平台和载体。业主委员会和物业公司是不可阻挡的发展趋势，将会发挥越来越重要的作用，我们要在完善政策、健全法律制度的基础上，进一步加强业主之间以及业主委员会与物业公司、房产管理部门、社区居委

会之间的沟通交流与合作，理顺关系，营造浓厚的合作氛围，共同形成合力，建立物业服务管理多元主体合作治理的新体制机制。

作为社区共同体建设的志愿军——社区志愿者，他们一方面需要政府和社区居委会的大力培育和支持，另一方面也要避免一种趋势，即社区志愿者队伍的发展“行政化”。作为自治组织，从招募人才，到志愿者队伍的各项管理，以及组织开展各种服务活动，都要立足社区志愿者队伍的实际情况，从满足社区居民群众特别是弱势群体的需要作为出发点和落脚点。要注重志愿者队伍的能力建设，提高自身的资源整合能力，提升服务水平和质量，在慈善公益、低保社保、优抚助残、敬老扶幼、法律援助等重点服务领域发挥重要作用。

社区公共服务协会是近几年的新生事物，同样不可忽视。它们是由社区居委会发起的民间社团组织，一般由居委会主任兼任协会会长，并根据自愿原则，吸收社区单位和社区居民为团体和个人成员，吸纳社区内所有享受低保人员和下岗失业人员为个人会员，为所在社区提供相关服务。作为民政部门登记的社团法人，它们具有法人资格，有独立的银行账户，承担捐赠和开展社区服务的主要职能。从资金来源上看，主要是辖区单位的赞助以及会员会费。从组成人员来看，协会吸收低保人员和下岗失业人员为个人会员，最终的目的也是为他们提供更优质的服务。有的地方社区公共服务协会已在社区共同体建设中发挥了越来越重要的作用。

（三）进一步建立新型邻里关系，形成普遍信任、互惠合作的良好人际关系

“远亲不如近邻”是我们常说的一句话，也说明邻里关系是传统社区中的一个重要关系。虽然当今已处于网络时代，我们的生活、工作方式有了很大变化，但邻里关系对于今天的社区共同体建设来说，仍然十分重要。

当今，我国的社区开始由熟人社会走向陌生人社会，社区中不仅居住着具有本地户口的居民，随着城镇化的不断推进，流动人口的加大，有相当数量的非本地户口的居民也居住在社区，人口的异质性明显突出，他们的生活方式、价值观念也日趋多样化。在这样的情况下，社区居民之间更需要开展互动、增进互信合作。我们认为，一是要通过建立正式的、非正式的社区组织社群网络，促进社区居民之间的互动、了解和沟通，增进社区居民之间的

相互信任。二是要以社区居民的共同利益和需求为纽带，支持、引导和鼓励社区居民参与社区公共事务，关心社区公益事业发展，行使权利、履行义务，自觉维护社区公共秩序和公共利益，营造良好的社区共同体共享发展的公共精神。三是要在社区居民之间倡导并开展多形式、多层次的互惠合作，形成从帮扶济困到日常生活中的相互支持，直至精神层面上相互关心和理解，使社区这一地域性社会生活共同体有更多的温馨、温暖。

（四）充分调动各社区各单位团体参与社区共同体建设的积极性

资源共享、共驻共建是社区共同体建设的一项重要原则。充分调动辖区内的社会团体、机关企事业单位广泛参与社区建设，最大限度地实现社区共同体资源的共享，我们可以采取以下三个方面的措施：首先，要营造共享社区资源的良好氛围。树立“社区是我家、建设靠大家、服务你我他”的意识，驻社区的政府机关、企事业单位各有自身的资源优势和人才优势，既是社区建设的重要力量，也是社区建设的直接受益者。在社区建设的实践中，不仅要培养居民的社区共同体意识，而且要培养机关企事业等单位的社区共同体意识。机关企事业单位要破除单位体制下的门户心理和计划经济时期的行政级别心态，以更加平等、开放、共享的姿态参与社区建设，在共建中共享，在共享中共建，并逐渐形成良好的社会氛围。其次，调动大家的积极性，形成工作合力。基层党组织、基层政府、街道办、社区居委会要通过社区建设领导小组、社区建设工作委员会、社区党建联系会议、社区协商议事委员会等形式，动员社区单位参与社区共同体共享发展，政府也要积极协调辖区内企事业单位，与社区各类社区组织形成合力，通过多途径、利用各种手段，最优化地整合、利用现有资源设施，满足社区居民的不同需求。最后，要从制度入手，形成长效的体制机制，即健全社区资源共享、成本分摊的政策法规。政府应考虑制定支持社区资源整合的具体政策法规，明确各类社区组织及其驻区机构企事业单位的责任与义务，对它们提供资源、分摊成本做出规定，充分调动各单位参与社区共同体建设的积极性。同时，要加大政策和法规调整的力度，形成制度化的激励和约束机制，鼓励社区单位无偿或低偿开放各种文体活动等设施和资源。

三、深化社区共同体共享发展体制机制建设

社区承担着政府管理的基础层次、公共服务的基层平台、群众自治的直接途径、居民生活的共同家园等各种功能。在建立共享发展体制机制上，我们认为，要从以下几个方面进行努力：

（一）要对社区共同体共享发展的制度进行创新

共享发展要想让社区共同体成为居民生活的共同家园和精神归属地，需要增强社区成员横向的联系和互动，而不是单纯接受来自国家行政权力的指令，要切实改变目前部分社区成为“二级政府”的现状，恢复居民自治组织的真正地位。我们首先要将行政与社区的关系由原先科层式的纵向管理和控制关系转化为二者之间的平等合作关系，建立政府部门同社区之间的合作关系，调动居民自主性和积极性，自发地投身到社区共同体共享发展建设中来。同时，在我国处于社会主义初级阶段这个基本国情下，社区共同体的成长与运转需要一定的资源支持，政府应该和社区合作，共同健全社会保障和社会服务体系。从更高层面来说，我国应制定相关法律法规，因为社区共同体建设需要以法律和制度保障的形式存在，要为居民群体的自我管理和自我规范提供法律制度保障。

（二）在社区共同体公共文化的培育中提升凝聚力

个人存在感、尊严感、成就感、幸福感和精神归属感是社区共同体中每一个成员自我确认、自我认同以及与社会良性互动的重要体验。归属感是社区得以存在的根本纽带，每个社区共同体成员都需要体验到归属感、安全感，否则就不是真正的共同体。社区共同体建设的实质就是重建在现代化过程中被侵蚀了的亲密感、归属感，以维系现代社会中人与人之间的情感联系与团结。因此，要在社区共同体公共文化的培育中提升凝聚力，要让社区共同体中每一个成员都感受到存在感、尊严感、成就感、幸福感和精神归宿属感，构筑精神共同体是必不可少的。

（三）增强社区居民的共同生活体验感

20 世纪 90 年代以来，参与式治理作为一种新的治理理念被提出来。引起

了较大的影响，衍生出了很多实践经验，被运用到各种工作中，促进与政策有利害关系的公民个人、团体和政府一起参与公共决策、分配资源、合作治理。在社区中，参与式治理就是强调公众对社区公共事务的讨论和参与，共同解决社区问题，从而使社区居民产生共同的生活体验，达到改善邻里关系，重建居民及团体间紧密的联系，推动社区共同体共享发展的目的。

四、促进社区居民在共同体共享发展中实现获得感

习近平总书记在中央全面深化改革领导小组第十次会议上的讲话指出，要让群众在发展改革中有更多的获得感。在社区共同体的共享发展中，我们不仅是经济的发展，更是共享发展，要坚持以人民为中心的发展思想，坚持把增进人民福祉、促进人的全面发展、朝着共同富裕方向稳步前进作为经济发展的出发点和落脚点，真正实现“物质财富、民主政治、知识体系、安全环境、生态环境、大数据”六重共享发展圈，不断开创社区共同体发展的新天地、新局面。

（一）构建社区共同体共享发展平台

为基层办好事，为群众办实事，为驻社区单位办有意义的事，是共享发展成果的有效路径。社区共同体要通过政府、街道办以及社会资本，加大资金投入，改善社区自然环境和形态，扎实开展实事工程。实施美化、靓化工程，加大社区事务受理中心和社区活动中心建设，关心流动人口和外来务工人员的工作和生活，让他们共享发展成果。

（二）丰富社区共同体共享发展方法

广大党员和社区居民的参与，是实现社区共同体共享发展建设的根本基础和源动力。要积极扩大社区居民和驻区单位的参与度，在积极参与中共享工作，在共享工作中积极参与。以读书会、健身日、爱老日等公益品牌活动为平台，通过组织多层面、多角度、多形式、全方位的活动，以共同的兴趣爱好吸引广大社区居民积极参与公共事务。同时，要重视志愿者的积极作用，形成良好的社区志愿服务事业运作体系，在居民区、商务楼宇、机关企事业单位中招募社区志愿者，鼓励社区共同体中的各级党员、人大代表、政协委

员积极参与到社区志愿者服务行动中来。

（三）疏通社区共同体共享发展渠道

回报驻区企业是共享发展成果的重要渠道之一。社区要积极为辖区企业做好各项服务工作，支持社区企业做大做强，为企业职工解决实际困难和问题，促进企业健康发展。只有这样，才能为社区共同体共享发展成果提供强大的物质基础，呈现出社区共同体与驻区企业双赢共享发展的浓厚氛围。

共享发展在社区共同体建设中发挥中越来越重要的作用，我们要紧紧围绕统筹推进“五位一体”总体布局和协调推进“四个全面”战略布局，在共享中共建，在共建中共享，构建居民更自治、管理更有序、环境更优美、服务更完善、人际关系更和谐的社区共同体，为实现中华民族伟大复兴的中国梦而努力奋斗。

第三章

培育社区公共精神的不同范式视角

本章试图从耗散结构理论、经济学的俱乐部规则理论、公共选择理论、群论多角度进行尝试性分析和讨论社区公共精神是如何培育、如何耗散、如何聚集的。

第一节　耗散结构理论

重视对公共精神的培育有利于提高公民意识，实现公民社会，有利于国家的健康可持续发展。一个国家公民的公共精神在一定程度上反映出这个国家的文明情况，因此，我们必须加大力度切实培育我国公民的公共精神。耗散结构理论是研究耗散结构的性质、形成、稳定与演变规律的科学。开放性、非平衡性、非线性相互作用和“涨落”是耗散结构形成的重要条件。耗散结构理论为公共精神的构建与发展提供了新的研究视角，具有方法论指导的意义。

一、耗散结构理论概述

（一）耗散结构的含义

比利时化学家普利高津于1969年从热力学第二定律出发，创立了一种非平衡态开放系统的自组织理论——耗散结构理论。耗散结构理论是探讨一个系统在何种条件下才能够从无序走向有序，并出现一种新的、稳定的、内部充满活力的结构。它具体是指一个远离平衡的开放系统通过不断地与外界交换物质和能量，在外界条件的变化达到一定的阈值时，可能从原有的混沌无序的状态转变为一种在时间上、空间上或功能上的有序状态。由于维持这种结构需要消耗物质和能量，所以叫做耗散结构。耗散结构理论打破了以往认为只有在能量低时系统才稳定，否则就会消耗能量产生熵使系统不稳定的看法。它认为系统的稳定性与能量没有关系。

（二）耗散结构的形成条件

首先，必须是开放的系统，它是产生自组织现象的首要必备条件。耗散结构理论表明，只有从外部（环境）吸入物质、能量和信息的“负熵”（从无序到有序）流不断进行新陈代谢，才能保持有序的结构状态，形成“耗散”。即只有在开放条件下“耗散”才有可能形成。其次，必须远离平衡态。有序的结构趋向于平衡态就会打破原有的结构并遭瓦解。因此，只有远离平衡态，产生足够大的“负熵”流，才有可能使原有状态失稳并形成新的有序结构。[①] 可以说，远离平衡态是有序之源。再次，要有“涨落”的触发。当一个系统或体系远离平衡态时，“涨落”不再是一般的干扰因素，而是对整个动态的系统起到触发作用，推动系统发生质的变化而跳跃到新的稳定有序的耗散结构状态。最后，在系统内必须存在非线性的相互作用。系统要形成新结构，并不是在孤立的、线性的系统下，而是在系统非线性的条件下，使它们之间相互干扰、相互影响、相互协调，产生新的区别于原系统的有序结构。

① 冯瑞，冯步云：《熵》，科学出版社1992年版，第82页。

二、公共精神耗散结构理论分析

公共精神是社会公共生活的产物，它集中体现在世界公平性，是社会成员之间相互关爱及对发生在公共领域的社会事务表现的态度行为。公共精神强调公民对自身的纪律性要求，它要求公民在公共理性的指导下，按照社会共同的公共生活准则，正确地处理个体与个体、个体与社会的利益关系。公共精神主要包括三大特点：第一，社会人是公共精神的主体，而不是自然人；第二，公共精神的本质特征在与它的“公共性”，“公共性”是公共精神的灵魂；第三，公共精神是一种社会精神文明。社会的发展进步与公众的公共精神提升密不可分，随着公民生活的丰富多彩，社会生活领域不断扩大，人们越发地迫切需要一种行之有效的公共生活准则，以协调人与人之间的社会交往和行为习惯方式，形成良好的社会秩序和人际交往关系。

一般意义上讲，公共精神具体有两个方面的含义：一个是社会层面的公共精神，另一个是政治层面的公共精神。社会层面的公共精神主要体现为社会公德，即公民在处理社会公共事务时其行为必须符合一定的社会道德。它首先强调的是公民对于他人及社会公共利益的不触犯性，公民把这看成是一种社会责任，社会就不会陷入诚信缺失、尚行拜金主义的混乱状态。[①] 其次强调公民在社会生活中相互帮助，形成人人为我、我为人人的和谐画面。公民自觉坚守这一点，大众就不会形成社会人情冷漠的看法。从而使公民在公共生活领域中角色清晰，社会生活幸福感提升。政治层面的公共精神，即政治品德。它是公民在政治生活中自我约束的行为方式。首先强调的是公民个体对整个社会的认同感及维护责任意识感，公民拥有这样的一种精神，国家才能形成一种和谐有序、健康发展的状态。其次强调公民对国家事务和国际所处地位及状况的关心程度，如果公民具备了这样一种公众精神就会形成强大的凝聚力，国家的综合实力就会大大增强，在国际中的话语权更加有底气，更好地实现中国梦。

公共精神的演变发展要求我们从新的视角对公共精神进行思考，而新的

① 刘鑫淼：《当代中国公共精神的培育研究》，人民出版社 2010 年版，第 53 页。

视角来自方法论的变革。可以大致从以下四个方面运用耗散结构理论分析公共精神的培育与发展的可行性。

（一）公共精神是一个全面开放的系统

公共精神是以有利于他人的方式关心公共利益的态度和行为，并落实在开放的公共生活与公共利益当中。在传统的社会建设和社会管理模式中，由于缺乏真实的公共性，社会中的“公共事务”往往具有“隐秘性”“私密性”，并不具备开放性的特点。社会管理的权利运作仅仅局限于某些特定领域和特定的获利群体，表现为公共权力职位是世袭的；公共政务是保密的、独断的；公共舆论是非法的、有害的；公民参与是有限的、不对称的；等等。民众几乎无法参与社会建设和社会管理，只能将希望寄于高高在上的王权、军权和神权。而在当今社会，则强调社会建设和社会管理的开放性，充分尊重民意，激发广大民众的积极性，让公共事务真正成为公众的事务，使任何有利于社会发展进步的理念和措施能够真正得到落实。随着我国现代化进程的加快，社会越来越开放，人们的日常生活频繁地与公共事务联系到一起。在不断扩大的社会公共生活中，如何使民众以更加积极的态度关心、参与公共事务，更好地维护公共利益，就必然涉及公共精神的培育和发展。我国现在正处于社会转型时期，公共生活领域的发展急需共同的价值导向和人们的自觉、自律。在这种情况下，民众的公共精神的培育就成了时代的迫切需要。因此，只要我国民众能够参与公共事务，我国的公共精神培育系统就一定是一个全面开放的系统。

（二）公共精神是一个远离平衡状态的系统

目前，我国公共精神的发展存在相当严重的失衡现象。首先，从政府部门来看。现阶段，我国政府的公共精神失衡主要体现在政府部门的某些行为与公共利益相违背，这种行为在一定程度上弱化了我国民众对社会整体价值的追求。党中央和国家所制定的相关政策难以落实到各个地方、各级部门，导致政策目标难以实现。一旦政府在行政管理中丧失了公共精神，公共权力就会被滥用，政府的服务职能就会被削弱。其次，从企业来看。随着市场经济的发展，我国企业也频繁出现公共精神问题。部分企业为了追求利益，唯利是图，导致市场恶性竞争频发。不仅如此，少数不良企业为了生存和发展更是不惜损害整个行业的利益。这些公共精神问题的产生，严重影响了我国企业的健康、可持续发展。最后，我国民众公共精神缺失已经成为一种现象。例如，民众的公共意识淡薄、主体意识不强等。民众公共精神的缺失一方面不利于民众自身幸福感的产生与满足，另一方面也不利于民众参与政治生活和公共生活。从本质上来说，公共精神的缺失是公共精神内部机制失衡的外在表现，而机制失衡就决定了公共精神目前是一个远离平衡态的系统。

（三）公共精神是一个存在大量非线性相互作用的系统

系统能够形成有序结构的重要内在原因就是存在大量的非线性相互作用。公共精神内部的相互作用是线性还是非线性，是能否形成耗散结构机理的关键。在数学表达式当中，如果自变量和因变量之间不呈现比例关系，不能利用常规逻辑来解释其变化结果，则称之为非线性作用。非线性作用一般包括如下特征：滞后效应、指数放大效应、共振效应、多值响应效应等。我国公共精神内部存在许多非线性作用。例如，滞后效应——公共精神对来自公众的要求存在大量的回应迟滞现象，不能及时作出反应；共振效应——随着社会的发展进步，公众的公共精神在不断地进步，人们的公共意识越来越强，同时对公共事务的管理也日益优化，形成一种社会进步、公共精神发展、公共事务优化管理的良好共振效应（反之亦然）。

（四）公共精神是一个存在着明显“涨落”的系统

“涨落”是指系统的参量在某个数值上下震荡的现象，系统从无序走向有序，必须通过涨落来实现。但涨落不一定会产生有序的耗散结构。一方面，当系统获取的能量不能维持系统随机涨落之后的需要，那么系统仍会恢复涨落以前的状态；当系统获取的能量可以维持系统随机涨落之后的需要，系统又正好处在临界点附近，则涨落将使系统进入一种新的稳定有序的状态。另一方面，当环境的现状距离公共精神的要求差距过大时，只要满足涨落条件，系统就会随即发生涨落。例如，在新媒体广泛应用的今天，任何一个网络事件，都有可能成为公共精神培育与发展得以被识别、被激活、被生产和被传播的有效切入点。

三、耗散结构理论视域下社区公共精神的离合分析

(一) 公共精神培育必须拓展公共领域，开放公共生活，促进公民参与社会建设和管理

一个耗散结构理论的系统，首先必须使自身充分开放。只有如此，系统才能持续地从外部吸收“负熵”流，抵消系统内部的熵增①，强化系统自组织功能，使系统趋向有序。因此，要培育好公共精神就必须拓展公共领域，开放公共生活，让公民积极主动投身公共事务，参与社会建设和管理。

首先，要拓宽政府和民众交流渠道，不断完善论坛、微信、微博等网络交流平台参与公共事务等机制，形成开放、自由、平等的公共领域，吸引民众参与公共事务。

其次，要落实好在线访谈、线下听证、讲堂宣传等常态化机制，通过邀请专家学者开展在线访谈解读教育、经济、医疗等政策，线下邀请网民参与跟公民生活息息相关的听证会，社区开展道德及文化大讲坛等形式组织公众参与公共事务交流。比如，高考前后教育部门等政府网站可以邀请高校校长对本校的招生政策进行解读，开放网友匿名交流权限，可以邀请专家和网友共同探讨热点话题；税制改革、水费改革前邀请民众参与听证，了解老百姓的真实诉求，激发大家对公共生活的热情，从而鼓励更多的人参与。

最后，要加大对公共事务程序的监督，落实好公民的知情权、参与权、选择权和监督权，提供相关意见收集渠道以及举报路径，积极推进公共领域公共事务程序的公开度和透明度。

(二) 社区公共精神培育需要打破静止平衡，建立健全法律体系，使系统从自身激活而走向新的有序

公共精神的培育只有打破原有环境的平衡，在非平衡状态下发生自组织作用，才能激活自身走向新的有序。当前，社会中的各种不良的道德意识和道德行为及扭曲的价值取向和价值观念时常影响和左右着人们的观念和行为。

---

① 冯瑞，冯步云：《熵》，科学出版社1992年版，第86页。

人们在一种公共精神缺失的环境中生存，而且每一个人在这种消极的道德面前，都显得非常渺小而又无能为力，必须建立健全相关法律体系，保障公共精神的推广。

一方面，在立法上要进一步完善关于公民权利和义务的体系，只有把道德精神上的要求上升为惩戒性的法律和制度约束，才能保护大多数社会成员免受不道德行为造成的侵害。只有通过有力的制度约束，才能引导人们自觉遵守公共道德准则，从而在实践中受到教育。

另一方面，在执法上要坚决惩罚并及时曝光社会中不讲公共秩序、损害公共利益的行为，给人们以警示，从而在整个社会范围内，营造一种大力发扬公共精神的氛围，形成一种良性的社会惯性运动，使公共精神深入人心。

（三）公共精神培育必须强化系统非线性机制，发挥家庭、学校、社会教育作用，全面提升公民素质

系统内部各要素的作用关系是不具叠加性质的非线性关系，公共精神系统内各要素共同作用的结果，也不等于各要素单独作用的累加。而公共精神培育实践则表明，在公共精神培育当中，教育发挥着基础性作用，在不同的成长阶段，个人通过接受不同的教育内容和方式，使公共精神逐步内化为个体固定的价值观念，使公共精神系统内部产生非线性的正向作用，促进每个公民公共精神的培育与发展。具体而言，这需要家庭、学校、社会共同的努力。

一是要发挥家庭作为公共精神培育的启蒙作用。父母是孩子成长的第一任老师，孩子认识社会的观念与行为都受到家庭的影响。因此，父母在承担起孩子公共精神培育的首要责任时，首先要教会孩子自制和独立。其次，人们在公共领域中的不文明行为，往往都是在幼年时期就形成的，因此，家长应该以身作则，言传身教，积极参与社会公共事务，给孩子树立良好榜样，这样才能真正发挥家庭对于公共精神培育的启蒙作用。

二是要发挥学校作为公共精神培育的主阵地作用。一方面，要改变传统的“填鸭式教育”为“启发式教育”，在教育方法上加强师生互动，平等交流，在教育内容上更加贴近生活，通过活动课程综合课程，激发学生对参与公共事务和公共生活的兴趣等。另一方面，要拓展思想政治教育课程的引导

作用。思想政治教育课程作为一门传统有效的教育科目，一直承担着公民教育的社会功能，很好地向学生传输了公民教育理念，但是在实践上还有很大的发展空间，应积极开发。

三是要发挥社会作为公共精神培育的推进器作用。做好公民公共精神的宣传工作，创造社会各界践行公共精神的氛围。比如，可以召开公民道德论坛，鼓励和宣扬“崇德向善，见贤思齐”行为和模范，为他人积极践行公共精神提供榜样。

（四）社区公共精神培育需要利用突发事件汲取负熵，加强公职人员公共精神培养

涨落具有偶然性、随机性的特点，在远离平衡态的阈值附近，随机因素对最后的结果影响很大。系统中一个微小的变动或涨落，通过系统内部的非线性作用被迅速放大，就可以形成整体的、宏观的“巨涨落”，导致系统发生突变，形成新的有序状态。这种非线性作用中的指数放大效应决定了社会中任何一个微小的变化和任何一个突发事件的出现，都有可能对公共精神的培育和发展产生巨大而深刻的影响。

一方面，要充分利用社会上的各种突发事件，对其进行正确引导，汲取社会的“负熵”，为广大民众创造良好的社会环境与舆论导向。近年来，小悦悦事件、是否该扶摔倒老人、公益慈善危机等，显示出社会层面公共精神混乱的一面。但是，最美妈妈、爱心免费午餐、熄灯一小时公益行动等又显出社会层面公共精神的强大的一面。因此，我们要充分利用社会上的各种突发事件，并进行正确引导，汲取社会“负熵”，尽量扩大各项公共事件中有序的公民参与，缓和各种深层次社会矛盾。

另一方面，应加强对政府公职人员公共精神的培养，强化公仆意识，使其发挥模范带头作用。[①] 施行公平的培训制度，选派服务意识好、办事效率高的人员外出培训或出国进修；推行轮岗制度，提高公职人员的综合素质；建立公平的晋升渠道，为人民服务、为群众谋利者得到提拔，贪污腐败、道德败坏者坚决惩处。政府在注重经济文化等各项建设的同时，把更多的注意力

① 谭莉莉：《公共精神：塑造公共行政的基本理念》，《探索》2002年第4期。

集中到公共精神的培育上来，将我国公众的公共精神提高到一个新的水平。

可以看出，公共精神系统具有明显的耗散结构系统的特性，应用耗散结构理论可以有效地理解和分析公共精神问题。将自然科学中的耗散结构理论与社会科学中的公共精神相结合，更是为后续的研究提供了新的思路与新的方法，启发我们要采取多种方式、多策并举，共筑公共精神。

第二节　俱乐部规则理论

经济学的俱乐部规则理论用于研究非纯公共品的供给、需求和均衡，与公共精神涨落研究有着异曲同工之妙。对于经济学的俱乐部规则理论中的私人物品消费量、公共物品的供给、俱乐部拥挤程度等方面的变化研究，能够直接或间接地探寻到对公共精神的汇聚和发散的影响。

一、什么是俱乐部规则理论

（一）俱乐部规则理论的内容

桑德拉和谢哈特在考察俱乐部规则理论时，是这样给俱乐部规则理论下定义的："一个群体自愿共享或共担以下一种或多种因素以取得共同利益：生产成本、成员特点或具有排他利益的产品。"俱乐部规则理论最早可追溯到20世纪20年代初期阿瑟·塞西尔·庇古与富兰克·奈特有关对拥挤的道路征收通行费的论述。现代俱乐部规则理论的真正奠基人是布坎南与蒂布特。俱乐部规则理论的基本目的是研究非纯公共产品的分配效率。俱乐部规则理论是指对非纯公共产品的供给、需求和均衡数量的研究。

在一个社会组织里，俱乐部成员的效用受三个因素的影响：私人物品的消费量、俱乐部物品的消费量、俱乐部的拥挤程度。社会成员都希望自己利益最大化。因为这个原因，他必须首先决定是否加入俱乐部。在俱乐部里，俱乐部的利用率就是非常重要的。如何使用俱乐部也取决于会员人数、会费和项目的数量。这些俱乐部分析问题解决问题的一般理论可指导每一个社会成员实现最大的个人效用时，如何实现俱乐部的平衡。

（二）俱乐部规则理论的两种模型

一是布坎南模型。詹姆斯·布坎南是使用模型研究自愿俱乐部的第一人。他认为：俱乐部排除非会员无需成本，俱乐部会员相互之间不受歧视，会员共享收益共付成本。

关于俱乐部人数规模最佳。产品的规模和俱乐部的成本，对于某一个成员 P 而言，随着成员数量的增加，给他带来的边际成本是负的，因为成员的数量的增加，降低了共享的成本。另一方面，随着成员数量的增加，成员的边际效用最初是正的或零，然后逐渐变成负的。因此，每个成员为了获得最大的利益，必须保证成员的总人数，使自己的边际收入和边际成本相等。成员的最大效用是指所有成员得到的最大效用，它可以满足条件的成员数量是最好的俱乐部的数量的输出集。

二是蒂布特模型。个人在提供地方公共物品的社区之间移居具有许多重要的含义。个人选择居住地的过程把人口从空间上划分为相同爱好的“俱乐部”，这种情况不需要投票，所有偏好都通过人们无声息的以足投票——退出或进入某个社区来进行显示。如果存在着足够多的社区，每个人都能满足自己对地方公共物品的真实偏好，并且不存在对相冲突的偏好进行协调的问题。因此，可以断定这样一种地方公共物品的均衡将会是帕累托有效的。帕累托最优（Pareto Optimality），也称为帕累托效率（Pareto Efficiency），是指资源分配的一种理想状态，假定固有的一群人和可分配的资源，从一种分配状态到另一种状态的变化中，在没有使任何人境况变坏的前提下，使得至少一个人变得更好。帕累托最优状态就是不可能再有更多的帕累托改进的余地；换句话说，帕累托改进是达到帕累托最优的路径和方法。帕累托最优是公平与效率的“理想王国”。关于地方公共物品的用足投票的理论是查尔斯·蒂布特首先提出的。这主要建立在与私人物品的相似性上：正如我们可以将消费者看作是走到一个私人市场地点上购买其物品一样……我们将他置于走向一个社区的位置上，社区服务的价格（税收）是在这种社区中确定的。这两种途径都将消费者带到市场上。消费者不可能回避显示其在一个空间经济中的偏好。

为了保证公共产品的独家供应的全局最优性，蒂布特认为，以下条件可以使其完美地运行机制：第一，迁移是无成本的；第二，居民对社区服务的差异之间的税收组成完整的信息；第三，有足够的成员不同的社会偏好；第四，没有对公共产品生产的规模经济；第五，对社会成员收入不存在地域限制；第六，司法管辖权之间没有外部性。

二、俱乐部规则理论视野中的公共精神

（一）俱乐部规则理论和公共精神都约束公共领域

古希腊的先哲们最早探求公共精神。在柏拉图那里是“公共的善”，在亚里士多德那里是“至善”。亚里士多德认为人是一种“趋向于城邦生活的动物”。人必须过城邦的社会生活，为社会服务以此完善人的本性。这是亚里士多德对公共精神的原始阐述。

学界曾有过对公共精神不同的探讨。李萍认为公共精神是指以利他方式关心公共利益的态度和行为方式。袁祖社认为公共精神是社会成员在公共生活中对人们共同生活及其行为的准则、规范的主观认可和体现于客观行动上的遵守、执行。① 张国华和王华认为公共精神是“孕育于公民社会之中的位于最深的基本道德和政治价值层面的以公民和社会为皈依的价值取向，它包含民主、平等、自由、秩序、公共利益和负责任等一系列最基本的价值命题”②。这些观点虽然都指出了公共精神的一些基本要旨，但基本停留在道德评价或道德批判的立场和层面上，缺乏对公共精神的历史根源和本质内涵的揭示。因此，有必要把公共精神置于现代性的历史语境中来理解和解读。我们认为，公共精神是孕育于现代公民社会，以公共领域为载体，具有主体意识的公民个人，积极融入社会公共生活，关心和参与公共事务，维护和增进公共利益的观点、态度和行为取向。

（二）俱乐部规则理论和公共精神都强调公共责任

从一个理想的层面上来说，公民是社会治理的主体。在公共生活领域中

---

① 袁祖社：《“公共精神”：培育当代民族精神的核心理论维度》，《北京师范大学学报（人文社科版）》2006 年第 1 期。

② 张国华，王华：《公共精神与公共利益：新时期中国构建服务型政府的价值依归》，《天津社会科学》2010 年第 1 期。

的公众参与，大多数人与人之间的关系是一种奇怪的关系，角色认知程度低、高匿名性。公众参与不是强制性的，而是基于公民的自由意志和理性判断。社区好比俱乐部，俱乐部是社区居民的归属，居民参与是俱乐部发展的基本前提。

三、基于俱乐部规则理论的社区公共精神聚散机理

俱乐部规则理论的会员个人效用影响因素，即私人物品消费量、俱乐部物品消费量和俱乐部拥挤程度，三种因素的不同状态，能分析社区是如何影响社区居民的凝聚力，能集中解释公共精神的聚散机理。

（一）私人物品消费量与公共精神聚散

在布坎南的俱乐部理论中，私人物品的消费量是俱乐部会员个人效用的影响因素之一，任何一个俱乐部成员都会考虑到自己如何实现个人效用的最大化。私人物品的消费量就是指俱乐部准公共物品消费之外的个人自愿选择型消费。例如健身俱乐部的会员在入会时缴纳了相应的会费，因此能享用到俱乐部的公共健身设施，假设健身俱乐部中的浴室和澡巾是需要额外花费资金购买的，那么这一部分消费我们则称之为私人物品消费。一个俱乐部的私人物品消费量不多，程度适中，那么人们对这个俱乐部的好感度为正值，无形中形成对该俱乐部的认同。反之，如果一个俱乐部的私人物品消费量过大，会员在俱乐部活动中，除了缴纳昂贵的会费之外，还要额外的支付大笔费用来消费私人物品，那么大多数人都不会选择这样一个俱乐部。

因此，我们能从布坎南俱乐部规则理论中的私人物品消费量得出，居民与社区之间同此理，社区所产生的私人需要支付的费用项目数量适中，在人们的接受程度之内，人们对于该社区将会是有认同感的。一旦居民对社区形成认同和归属感，那么社区居民会自愿参与社区活动和工作，为社区做出贡献，从而自发地汇聚公共精神。会员既是俱乐部的出资者，同样也是俱乐部的受益者，同样的，社区居民参与到社区文化经济建设中，如果有过多的私人消费，而得到的收益仍然没有增加的话，人们之前对社区的认同感将会从正值或者零直接降为负值，产生对社区的排斥感。居民一旦对社区产生排斥，对于现代一族来说，就更加不愿意参与社区建设，也渐渐地和邻里之间疏远，

人们会更多地关心个人小家庭圈子的生活，因此导致公共精神的离散。

（二）俱乐部公共物品供给与公共精神聚散的氛围

布坎南公共物品理论最深刻的洞见便是，公共物品的需求将受到供给的影响。数量（需求）将受到税费分担安排（供给）的影响，这是公共物品与私人物品最根本的区别。就私人物品而言，不论其市场结构是完全竞争或是不完全竞争，供给和需求是分立的，供需双方通过价格纽带联系起来，影响消费者需求的只是产品的价格绝对值，消费者本人支付的价格与其他人支付的价格无关。而公共物品的供给主体和需求主体是同一的，社区居民既是需求者，也是供给者。公共物品的消费者不仅关心自己所支付的价格（税费），也关心其他人所支付的价格。这才是公共物品“公共性”的关键所在。如果公共物品的供给与需求不均衡，供小于求，人们能分配到的公共物品资源有多有少，缺乏公平性，人们在这些公共物品的享用问题上将会对社区甚至是其他居民产生不满和意见分歧，长此以往，社区与居民之间、邻里之间的和睦性将受到冲击，可能会产生投诉、争吵等行为，严重影响社区的和谐文化建设。社区氛围如果不良，公共精神必将开始下滑，最终导致离散。

因此，在考虑公共物品的供给和需求时，不能只是单方面地考虑公共物品的供给或需求，社区居民是出资者也是受益者，要保持过程的完整性和均衡性，不能割裂开来分别加以考虑。公共物品供给与社区居民需求达到均衡，居民的投入和收益能够不至于下滑，那么居民的利益将能获得最优，有利于引导居民积极主动地投身社区活动，鼓舞民心，促成公共精神的高涨。

（三）俱乐部拥挤程度影响社区资源配置均衡，导致公共精神聚散

公共精神的特质告诉我们，公共精神最大的特点在于它的公共性，作为社会公民，行为人注定要适应群体公共生活。而俱乐部规则理论中的拥挤程度恰恰能够很好地说明公共精神的聚散问题。俱乐部的会员越多，能够享受到的资源次数可能会越少。在社区问题上，如果一个社区的群体规模太大，并不是每一个居民都能得到社区资源的合理配置，那么居民将无法更好地增进公共利益，从而导致公共精神的缺失。

（四）俱乐部规则理论中的“一致同意”规则与公共精神聚散

“一致同意”（Unaminity）是布坎南著作中反复出现的一个术语，并且在

其整个理论体系中占有极其重要的地位。从定义上来看，一致同意规则就是一种每个人都表示同意的集体决策规则，如果用投票来表达个人意愿，就意味着全票赞成。布坎南指出，如果私人物品是自愿交易的，那么由此发展出的竞争性市场制度，正是体现了一种“隐性一致同意”（Implicit Unaminity）规则。因为私人物品交易通常表现为双边交易，交易达成，首先意味着买卖双方都同意这一交易；而该交易与其他人无关（因为私人物品没有外部性），因此其他人对此交易也默认“同意”（否则其他人可以开出更有吸引力的交易条件来表示“不同意”），从而在私人物品自愿交易中，也体现了一种“隐性一致同意”。

由于公共物品的不可分性，利益相关者可以隐瞒自己的真实需求，期望他人承担公共物品的提供成本，而自己并不承担也可以参与分享，这种行为叫作“搭便车”（Free - ride）。布坎南认为，如果采用一致同意规则，将能够消除大规模群体下的“搭便车”行为。原因在于，采用一致同意规则也就意味着实行一票否决制，此时每个人都意识到自己的重要性，如果公共物品给他带来的收益大于他所分担的成本，那么他将不再有隐瞒自己真实需求的激励，否则只要有一个人的“搭便车”行为就足以导致公共物品无法提供。一致同意规则之下，每个人不再把其他人当作“自然”的存在，而是把“其他所有人”当作一个人格化的行动者。也就是说，在个人行动的意义上，一致同意规则将大规模群体转化成了小规模群体，甚至是两人情形。在社区公共物品选择上，运用“一致同意”能最大限度地使居民们参与公共物品的决策，不再是想着“依靠”别人的投票去实现自己的想法，能够使公共物品的公平性实现最大化。因此，“一致同意”能够更好地促成公共精神的汇聚，反之，则走向另一个对立面即公共精神的离散。

第三节　公共选择理论

公共选择理论已经成为新自由主义经济学的主要流派，被列为当代十大经济学之一。它的独特之处在于应用经济学的基本方法、原理探讨、研究西方政治过程，并使用应用经济学的术语来解释西方政治过程。美国著名经济学家布坎南是公共选择理论的创始人之一，他认为在20世纪80年代的政治经济学研究应该不囿于约翰·梅纳德·凯恩斯（John Maynard Keynes）的研究，应该有一条研究的新道路。于是，他将政治决策的分析与经济理论相结合，将经济分析应用于社会、政治、法律、法规的选择过程。

一、什么是公共选择理论

（一）公共选择理论产生的时代背景

学界普遍认为公共选择理论产生于20世纪中叶。产生在这一时期，与其时代背景是密切相关的。"萧条"的西方市场经济，让人们对市场经济体制普遍存在不满情绪，福利经济学的兴起和凯恩斯主义提出国家对经济的干预，美国等一些国家逐步加强政府干预的市场经济。由于第二次世界大战的爆发，大约三分之一的产品和服务是由政府分配，而不是通过市场来分配。多数经济学家都把注意力放在对市场的解释与说明，而关注政治——集体决策（Political - collective Decision Making）的几乎没有。在政治科学的领域中也出现了这种情况。因此，迫切需要一种理论来解释日渐重要的政治集体决定。公共选择理论就在这样的时代背景下应运而生。

（二）公共选择理论的理论来源：维克塞尔的公共财政学

公共选择理论源于维克塞尔（Knut Wicksell）的公共财政理论。在公共选择理论中，绝大多数的理论围绕金融学进行研究，研究的重心放在凯恩斯主义财政政策实施以来政府巨额财政赤字产生的原因探索。在经济理论中公共选择理论有着十分重要的地位，布坎南认为公共选择理论弥补了传统经济理论独立政治决策分析不足的缺陷，这将有助于解释政府预算赤字难以消除的原因。

公共选择理论在政治决策过程中使用经济人假设和个人主义的分析方法。在维克塞尔看来，社会各界成员汇聚在一起的有效性组成社会总效用。政府官员在思考问题时，优先考虑自己的利益，不到必要时刻，不会考虑增加公共福利，制定有关员工福利的政策法规；政府官员在经济活动中获得私利，因此并没有所谓的仁慈君主。布坎南认为，政府官员也都是理性的和自私的，往往注重追求个人效用的最大化。凯恩斯主义的经济政策认为财政支出大幅增加，财政赤字持续增长，其中财政支出的很大一部分落入了政府官员私人的口袋里。

维克塞尔强调，在公共选择理论中，交换关系也在政治决策过程中适用。政治决策的过程中，个人是基于成本——收益原则的决定。布坎南拿选票类比货币，选民为了自身利益最大化，用选票“购买”优惠政策，官员为了获取长久的政治地位和更多的支持，采用优惠政策吸引选民为自身投票。通过选举，将选民与政府官员形成有效链接，如同货币将消费者与制造商联系在一起。经济交换与政治交易有异曲同工之处，但是也存在不少差异。从交换结构上看，经济交换比较单一，只要满足条件，一种私人物品的所有权可以直接与另一种私人物品的所有权进行交换，没有其他多余环节。但是，政治交易涉及的行为主体更为复杂。首先只有当个人与其他民众选择一致并且获得一定多数的选票才能得到某种政策优惠，不能保证个人在投票后立即满足约定效用。

（三）公共选择理论的理论贡献

公共选择理论是现代政治科学、经济学、公共管理等研究领域的一大贡献。从经济理论的维度，它使用经济学的逻辑和方法；从政治学的角度来看，它分析的是在现实生活中与我们密切相关的政治个人的行为特征（包括选民和政治家），同时包括由此产生的政治团体的行为特征（特别是政府），因此，学术界通常称公共选择理论为“新政治经济学”“政治经济学”；同时，由于公共选择理论用经济学的“经济人”的假设来分析政治市场官僚行为动机，并在此基础上，对经济人的官僚性质及其危害和治理进行了系统分析，从而形成了特有的官僚经济理论，撕开了传统政治理论覆盖在政府官员理想化上的面纱，触及了官僚密切关注自身利益的动机本质，有助于理性地看清政府机构及其工作人员，所以有时也被称为“官僚主义经济学”。

公共选择理论理所当然重点研究公共选择。公共选择是一种利用非市场决策的资源配置方式，不是通过市场方式，而是通过民主政治的过程，来确定公共产品的需求、供应和生产，是一种将个人选择转化为集体选择的过程

（或者说是一种机制）。概括地说，公共选择实质上是一个政治过程。作为政治过程，包含三个不同的阶段：即立宪、立法、行政和司法。第一阶段首先是立宪阶段，预判人们在公共选择的过程会出现的行为习惯，提前制定出相应的法律法规来约束公众的行为；第二阶段，立法阶段，强调司法权威，要求公众在当前的规则与法律的范围内进行集体活动；第三阶段，行政和司法赋能的阶段，如果由公众出现违背法律的情况，由特定的立法机关根据立法规定付诸实践，并实施裁决。在三个阶段中，最重要的是行政和司法阶段，这一阶段的操作困难性也最大，因此，这一阶段通常被认为是公共选择理论的核心阶段。

二、公共选择理论对公共精神的审视

公共选择理论是一种用经济学方法研究政治问题并得出政治理论的结论，主要是决策理论和公共选择理论，直接民主和代议制民主的公共选择理论，搭便车、选择的宪法理论和相关理论。其研究的核心问题是厘清社会决定的机制是根据个人喜好或程序的选择。在研究对象而言，就是研究公共选择政治学、国家理论、投票规则、选民行为、官僚主义等。公共精神是指公民作为一个独立的主体，有意识地关注公共利益和价值，以利他的方式关心和参与公共事务，提高公共生活和秩序的意识和行动，这是在现代社会中大力弘扬的社会道德，是对公民提出的最基本、最重要的美德。使用公共选择理论的决策理论，使公民参与政治生活，提高公民的权利选择，可以让公民选出支持和满意的领导，实现公共决策。只有这样才能做好公共精神的培养，才能达到公共利益的最大化，公共服务人民共享，公共物品人民共同拥有，人们生活和谐有序，社会和经济持续发展。

（一）直接民主中的公共选择与公共精神

公共选择理论起初关注的是直接民主的公共选择问题。肯尼斯·约瑟夫·阿罗（Kenneth J Arrow）和邓肯·布莱克（Duncan Black）是公共选择理论的开创性代表人物。

阿罗认为社会选择是社区成员（社会）的偏好。它本质上是寻找来自社区的成员（或定义）的个人偏好设置为社会偏好设置映射。

结构的社会选择问题转化为探索映射，并分析出映射的本质。因为个人的选择是理性的，所以符合社会规范的选择应该是理性。阿罗在其著作中阐明了对社会选择规则或社会福利函数应满足定义的合理条件。在此基础上，通过一系列的逻辑推理，得出“阿罗不可能定理”：任何一种社会选择方法可能会在同一时间见到它的规范定义社会选择的条件；公共精神是一种具有自由、民主、平等、秩序、公共等特质的利息和本金，是公民最起码最基本的价值取向，如果每个人都进行理性分析，有意识地维护公认的道德原则，自觉维护公共利益和他人的利益，自觉遵循社会发展的一系列决策，那么公民便可以形成统一的思想，共同努力，促进公共精神的聚合。

通过直接民主，公共选择理论可以使公众拥有主人翁意识，激发公众的民主参与的热情，使人民的公共财产得到维护。

（二）代议民主制中的公共选择与公共精神

现代社会是一种代议制民主。公共选择的代议制民主的基本元素形成在漫长的中世纪。它的主要特点是：由公民选举的形式选择立法机构的成员，并代表其在议会行使权力，寻求群体利益最大化。社会群体的基本内容是政治权力的最终来源从人民主权权力转移，但人们仍然保留了它的所有权和最终控制；公共权力的使用应该基于社群的同意，“关于所有的事情需要大家同意”应该立法，通过政府和政治决策的基本原则来实现。这一系列思想，代表人民的意志，体现了公共精神。

（三）搭便车理论与公共精神

著名的“搭便车”理论是由曼瑟尔·奥尔森（Mancur Lloyd Olson，Jr）在1965年提出。他在《集体行动的逻辑》中从不同利益集体的角度出发，认为理性的经济人认为一旦成本超过收益，容易催生不理智的行为，理性的做法就是自己不付诸行动，而期待集体中的其他成员做出行动。别人行动，自己在不行动的同时还可以无条件地享受到集体行动劳动成果的“一杯羹”，这就是所谓“搭便车困境”。在一个偌大的群体中，虽然每个人都想获取一定的公共物品，但都不想因此而付出代价。他以“理性经济人”为假设，认为参与私人经济部门和公共部门活动的人均希望自己行为最大化，不存在无行为主体的公共利益。作为个体，公共物品或公共服务的非贡献使用者总是把其他人的决策作为既定的，不用付出也能够获得较大的利益，因为集体目标体量过于庞大，某几个个体的缺席对于集体的作用微乎其微，所以个体主动选择坐享其成。一旦个体搭便车想法蕴蓄堆积，集体目标就难以实现，容易产生成员减少自己的成本支出而坐享他人劳动成果的机会主义倾向。在集体行动或公共领域，克服搭便车思想才可能培育具有参与、奉献品质的公共精神。

（四）立宪选择理论与公共精神

宪法的选择是一个重要的公共选择理论的研究领域，形成了一个相对独立的分支——宪政经济学。在这个领域，布坎南是最重要的代表人物。布坎南和戈登·塔洛克（Gordon Tullock）1962 年出版了《同意的计算——立宪民主的逻辑基础》，这本著作揭示了宪政民主下政治运作的逻辑。宪政经济学认为，社会选择可以分为规则下的选择和对规则的选择两个层次。宪法是“制定规则的规则”，是一个国家政治决策的最高规则。公民的选择实际上是社会制度的选择，宪法的选择应该获得公民的共同同意，一个国家的宪法应该保护公民的基本权利，限制政府权力。公共精神的内涵体现在社会系统、现实社会和公共活动中，作为道德伦理和政治价值标准的公共精神变成了一个系统的规则和行为模式，最基本的性能是民主政治的实现系统。培育公共精神就是要扩大公众参与。

三、公共选择理论下的公共精神聚散机理

在公共选择理论中，由公民个人的喜好来选择社会决策机制和公共决策是否正确是公共精神的关键。

（一）在直接民主中要界分公共领域与私人领域

在市场经济社会，宣传个人权利，在私人利益和公共利益之间，更偏向于保护私人利益，所以会出现这种情况下的直接民主。公民的选择只根据喜好，没有分析，不考虑是否有利于社会发展和国家的稳定。在私营部门，大量的“经济人”追求个人利益的最大化，全凭个人喜好，在这个过程中，还会与他人发生各种联系，但主要是为了自己的利益。但在公共领域，个人作

为“公共人”，要关心他人，洞察社会趋势，明辨善恶美丑，谨言慎行，相互尊重，求同存异，抛开分歧。

（二）要分辨运用公共精神的合理成分

公共选择理论最重要的是根据科学民主的决策来决定公共物品供应和分配的内容，在某种程度上，这也反映了公民的公共精神。公共精神的本质是以合作方式有效地解决集体行动的困境，但某些公共精神的行为可能违反道德。因此培养合理的公共精神是非常重要的。合理的公共精神有两种形式：一是和善地对待别人或集体，二是服从普遍原则。

（三）在公共活动中培育公共精神

培养公共精神最好的方法是在公共活动中形成关心、爱和公共环境。公共领域是精神和文化发展的社会空间。公共精神不纯粹是知识的结果，而是在日常生活的各个方面进行训练，逐渐得以集聚。公共精神已经成为一种自然的思维方式、态度和行为。这些过程包括参与公共事务讨论、决策、请愿和其他民事权利等。

公共精神是一种共识，闪耀着民主与平等的理性光环。应当积极鼓励与引导大众参与公共生活实践，例如公共事务的管理，尤其是社区，让公民自由自主平等参与其中的方方面面，不仅可以让公民了解其运作过程，使公共责任感油然而生，还可以为公民提供一定的条件与机遇，获得大众认可与社会信任。当公民参与民主决策的能力可以用一个理性的方式来确定公共产品需求、供应和生产，就能形成合理的公共精神。

第四节　群论

公共精神是促进国家富强的软实力，是实现民族振兴的凝聚力，是增强人民幸福的号召力。培育公共精神需要公共生活的群体参与。培育民众公共精神是一种社会治理的有效方式。习近平总书记曾经强调要“创新组织群众、发动群众的机制”。马克思把人的本质看作“类本质”，把人的存在看作“类存在”。马克思对类存在和类本质的建构蕴含着对公共精神的一种崭新理解，认为公共精神就蕴含在社会化的现实的个人之中。尝试运用数学的群论思维培育民众公共精神，其根本在于要树立群存在或类存在的群意识，不断强化对公共事务、公共事业和公共利益的关怀并参与其中，以此建立起一种社会参与、志愿服务和社团组织的一系列长效机制。

一、公共精神培育的群论视角透视

群论是大数学家埃瓦里斯特·伽罗瓦（Variste Galois）创立的，最早起源于对代数方程的研究，是一种具有划时代意义、影响重大的数学分支，被视为19世纪最伟大的成就之一。这种理论不仅对近代数学、物理和化学等学科研究的发展产生了重要的影响，还为20世纪结构主义哲学、数理经济学等人文社科的产生与发展奠定了基础。在科学理论层面，群论的典型形态是在系统论、信息论、控制论、协同论等软科学理论基础上形成和发展的一体化。总之，群论强调对整体的研究，主张独立的局部研究受整体研究的影响。

群论主要具有以下三个特征：

一是群论强调社群、公共关系等整体性的研究，反对独立的局部性的研究。群论主张任何现象都是由许多部分和元素组成的。各部分并不是孤立的，而是互相联系的。整体的思想、精神、性质规定或影响着各个部分之间的联系和性质，而各个部分如离开整体的联系就没有自身的独立性质。群论认为，考察事物必须首先从整体性出发，着重分析由群构成的复杂网络，其次才是把整体分解为独立的各个部分而进行研究。

二是群论讲求整体的内在统一。总体的思想、精神、性质规定或影响着各个部分之间的联系和性质，而各个部分倘若与整体相分割，就会丧失自身的独特性，变得黯然失色。与此同时，群论还强调应当先认识社群组织的内部整体结构，进而辅助地研究其外部现象与影响。有时社群内现象看起来杂乱无章、毫无头绪，实际上，其内容、结构呈现整体趋势，受到主脉络的统一支配和规定。

三是群论在一定程度上忽视、超越个体作用。群论强调不以单个个体意志为转移的整个群体的客观作用。单个的个体现象与行为毫无章法，无迹可寻。一切社会现象有性质的变化，都被结构预先预定，整体结构支配人的一切行为，人们只能体现整体的影响和作用。因此，群论主张社会历史的主体不是个人，而是结构，即整个社群。

群论思维为公共精神的培育提供了新的视角。公共精神涉及人类政治、经济、文化等领域，公共领域是人认识自我、从而走向自我本真的活动领域。公共精神产生于公共领域，同时也服务于人们的公共生活实践，二者相辅相成，互相促进。在当今社会，各种各样的群应运而生，涉及人们的交往交流与社会实践，若无整体的规范约束，整个公共生活将无法正常运作，社会也会处于混乱无序状态，公共精神无法获得持久生存的动力。群论主张运用数学思维方式着重分析由群构成的整体复杂网络。通过把握事物、社群的内在整体结构，对一个群体的各个方面做出正确的理解、判断和说明。探寻内部结构的主体脉络趋势，把握事物、社群的内在整体结构，把握发展的主基调，把握事物发展的主旋律，达到制约生活秩序、整合社会资源的目的，从而促进公共精神的发展。

二、公共精神培育的群论思维启示

公共领域是精神和文明发展的社会空间，公共精神则是一种公共领域内自然的思维方式、态度和行为，其本质是个体需要以合作方式有效解决集体行动的困境。由此，应从人的类存在出发，从社群整体出发，促进公共精神培育。

（一）公共精神是公共领域的“群”存在的需要

由于多元化价值观念的碰撞，容易出现价值观混乱，失去规范。个别人过度主张个人本位主义，过分强调个人发展，忽视社会和集体利益，集体责任意识弱化。同时，功利性倾向增强，竞争导致了人们逐渐漠视公共利益，更加注重实际收获，只为自身利益，而不是服务社会。这种现象严重阻碍了公共精神的培育，大大弱化了人们的集体责任感。在公共领域当中，人们作为群体集结为类体，不同的价值取向、思想观念融合碰撞，推动了过往的社会机构、交往方式与思维方式的改变，影响了人们的价值变迁。

公共精神在每个不同的时期有着不同的价值意蕴，目前我国正处在新的历史交汇的重要时期，现代化建设正是公共精神复归的动力源泉。群论视角下公共精神培育主要呈现三个方面特点：

第一是从群范围看，类存在的公共空间不断扩展。在现代社会当中，存在着各式各样的独立团体与社会运动，公共领域是存在于国家和社会之间的公共空间，在这个广阔的空间中，公众的言论一定程度上是不受限制的，人们可以讨论公共事务和参政。其基本特征是：非强制性地参与，在体制化的保障之下自由、公开、理性地讨论普遍利益问题，促使公共权力的合理化。

公共领域是个体的人出于共同的需要和原则并超越其私人性而进入的领域，是公共精神的诞生地。公共领域的扩大对于公共精神的培育起着重要作用。尤其在现代传媒、网络等互动媒体的发酵促进下，公共空间进一步扩大发展，人们可以通过这些交流平台畅所欲言、各抒己见，从一定程度上来说，网络已经成为虚拟公共领域。

第二是从群主体看，守望相助的社会建设不断发展。在我国学术界，公民社会通常被定义为市民社会和民间社会，随着现代化进程的逐步推进，市场化和民主化也在进一步完善，国家和社会的间隔不断扩大，公民社会也随之蓬勃发展。与封建社会的差异在于，公民社会的基本单位缩小至公民个人，而不再是宗族，这种改变不仅解除了人伦亲情的束缚，还从根本上改变了人们在公共交往中的狭隘价值观，促使公民个体的自我选择和自我负责的意识和能力的增强，在保证他人利益及公共利益一致的基础上合理地诉求自己的正当利益，人人享有平等的权利和承担平等的义务，团结合作，守望相助，推动公民社会的进步繁荣。

第三是从群目标看，价值体系的多元包容。价值体系较之社会文化体系，犹如鸟之双翼，价值观念体现的是社会倡导的风向标，社会通过各种有形无形手段将观念传递给个人，个人则按照社会倡导由内自省，审视、规范自己的言行举止。价值观念也不是一成不变的，它会随着社会的变迁而变化发展，尤其在改革开放以后，全球化浪潮的席卷深入，多元化思潮传入我国，冲击着本土价值观念，人们的价值观念也随之发生了变化。多元化的价值取向倡导人们互相尊重、互相宽容，为人们的公共精神培育提供了一定的动力。

（二）公共精神的公共理性通过群体影响个体

公共精神是群存在或类存在的一种需要，是公民超越个人狭隘眼界和个人直接功利目的，以利他方式关怀公共事务、事业和利益的思想境界和行为态度，也是公民应当具备的一项最基本、最重要的美德要求，它有助于社会公德、文明风尚的养成。但是值得一提的是，人类的自然属性并不能衍生出公共精神，因此它不可能建立在私人生活经验和自然情感的基础之上，只能从公共生活经验和公共理性中找到突破口。公民在日常的劳动中积累生活经验，发现个人与共同体的关联，进而形成有关公共利益和公共责任的公共认知、公共理念和公共智慧（即公共理性）。公共生活通过公共理性，继而产生稳定的公共情怀，从而形成公共精神。由此可以发现，公共精神是一种对群或类的存在认识的公共理性。公共精神本质上是群或类的理性化的道德态度与道德情怀，是一种群或类的理性精神，包含独立的人格精神、社会公德意识、自律自制的行为规范、善待生命的慈悲胸怀和仁爱精神等。

有学者指出，基于改革、开放和社会发展的时代与价值特征，“群”视域的公共精神应从公共伦理、公共参与、公共责任三个方面来深刻把握。

类存在的公共伦理。公共精神不仅包含大众主动投身、奉献公共生活，还包含人们对整个社会群体基本价值观念、道德伦理的认同和对公共规范的尊重、维护，其中重点是社会群体的成员在公共生活中对人们共同生活及其行为的准则、规范的主观认可并体现于客观行动上的遵守、执行和维护。

类存在的公共参与。公共参与不仅体现在公民个体实现自我价值，还包含公共利益与个人利益的联动，通过这种双向互动，促使公民积极主动投身公共领域，参与公共事务。

类存在的公共责任。公共责任是公共精神的本质，包含对自然、对社会、对人类自身的责任。因此，公共精神不分国籍人种、不分民族地域、不分行业类别、不分性别职业，甚至跨越年龄。公共精神能使人们超越其国籍、归属单位而为社会付出，其贡献在于“享受过程，贡献社会”。

总之，把握住公共精神的内涵，从社群整体来考虑进行公共精神的培育是一种有效的方式，它能通过整体影响个体，宏观把控整个群体的社会精神文明建设。

三、公共精神培育的群论思维制度借鉴

首先，培育社团组织。以集体活动为实践基础的社会群体，是公共精神赖以生存的现实载体。社会是“国家—社会”结构的产物，社会应该与国家进行良性互动，加强公民社会构建，培养社团组织。社团组织是公民社会的重要载体和组成部分，对公民社会的形成发展有重要作用。增强社团组织的自治性，需要国家从法律政策方面为社团的发展创造更多的自治空间，规范社团组织的自律机制，实现社团内部成员的自我管理。

其次，建立和完善公民参与积极性制度保障。公民作为主人翁，主动投身社会事务，一方面能体验到政治生活的意义和价值，证实自身的主体性和创造性；另一方面能将自己的地位、意志、愿望等输入政治参与，内化为民主政治结构的一部分，进而提升民主政治的发展。

再次，培育网络群体的公共精神，培养“意见领袖”。在网络群体中有一些“意见领袖”，他们掌控着一定的话语和舆论导向，对树立健康向上的价值观十分重要。故而要培养“意见领袖”的“群”人文价值关怀，关注公共话题，形成一定的网络知名度与影响力。

最后，建立群体决策的过程公平机制。决策是指全体成员为了实现共同的目标，通过一系列的逻辑分析和比较判断，最终获得可行方案的行为和过程。群体决策则是研究群体决策的过程与结果。忽略个体之间的利益冲突是公共精神的政治价值观的反映。每个人都能公平、平等地做出决定，将形成一个公平的群体决策的机制。

四、公共精神培育的群论思维路径探索

个体本位主义的本质是个人主义的无边界、无秩序扩张。个体本位主义存在种种弊端，若不采取行动将严重危害人类社会，公共精神则是最佳选择。在公共领域培植公共精神沃土，有利于突破个体本位主义禁锢，推动社会文明达到新高度。

（一）个体本位主义的危害剖析

个体本位主义是指在整体利益面前，只考虑自己或者自己所在集体利益，

置整体利益而不顾的一种思维方式和行为作风。个人本位主义者没有大局意识，甚至可以说是有意忽略整体利益，更有甚者不惜损害集体利益而换取自我的私利，危害极大。

个体本位主义主要包括以下几个方面的内容：第一，主体目的强调个体本身，个体本位主义作为一种价值目标的理论，在个体同社会的关系上，社会、集体、国家和他人仅仅只是达到个体目的的手段。第二，过度强调个体自我的民主与自由，个体本位主义隶属于政治思想的分支，主张无原则地反对社会和国家对个体的合理干预。

个体本位主义的价值观随着资本主义的产生发展，已经发展成完整的思想体系，个体主义的存在是一把双刃剑，它在一定时期内曾对西方的资本主义发展起过积极的作用，经过一段时间的发展后，个体本位主义的危害逐渐显露出来，主要集中在以下几个方面：首先，在社会生活中，个体本位主义一味地宣扬个性自由，只强调个体的满足，忽略了集体利益，在现实中必然导致人际关系的冷漠，甚至导致享乐主义、拜金主义、利己主义等不良价值观甚嚣尘上。其次，在道德伦理生活中，个体本位主义的盛行导致社会大多数公民对于诚实守信、责任担当与遵纪守法等美好品德嗤之以鼻。再次，在政治生活中，个体本位主义张扬自我个性自由，过度追求自由与平等，进而导致对政府公权力的藐视，例如政治意识淡漠、极端自由主义横行等。最后，在经济生活中，个体本位主义给经济的发展也造成了一定危害。

个体本位主义产生的重要原因在于缺乏忧患意识，对自己取得的一点点成绩沾沾自喜，不再积极努力地学习。这样的后果就是故步自封，对个人利益斤斤计较，忘记了“大河有水小河满，大河无水小河干”的道理。在追求个人利益极大化的前提下，个体本位主义的负面影响将不断被强化，最终把自身和社会陷入被动和困难的境地。认识到个体本位主义的种种弊端，承认它的错误性，就要采取实际行动将其抛弃。而消除一种思想的最好方法就是让另外一种思想去取代它，即公共精神。

（二）突破个体本位主义的禁锢，树立“群”公共意识

公共精神，意味着对民主、平等、自由、秩序、公共利益和责任使命等基本目标的价值认同与目标追求，表现为广泛建立在尊重个性自由、独立人

格、个人权利基础之上的自主参与、严格自律、积极自治、仁慈宽容、民主人道、责任担当、守望互助等理性风范和道德风尚。具体地说，公共精神对外表现为在日常生活中文明礼貌、尊重他人、讲究公共卫生等基本公德，对内则表现为积极参与和承担公共事务的讨论、决策与管理建设，主动维护社会秩序，自觉守卫公共利益等公共精神。

当前，公共精神的形成和发展处在一个激荡期，面临一定程度的错位、缺位和缺失现象。第一，社会转型的阶段出现了一定程度的价值分裂的状况。当公民意识到应该拿起属于自己的权利武器，那么公民会在社会各个方面维护自己的合法权利，这正是社会公共精神发育成长的正向面。但是如果纵容权利意识无序肆意扩张，正向面也会转换成反向面，如急功近利、无谓争斗。这种后果的影响及其本身都是可怕的：过去植根于人们心中的公共利益神圣不可侵犯的思想受到动摇。一旦涉及公共物品便无以为然，更甚者会处心积虑占为己有，不为其他公众考虑，丝毫不顾忌舆论发酵和公共形象；当个体与集体利益受到冲突时，会千方百计不择手段只为实现自己的私欲，一旦自身利益达不到预期，他们会拼尽全力，不惜损害公共利益以谋求自身利益最大化。其他能够实现个人权益最大化的，不但不考虑实现的有效途径，而且也不在意社会其他群体的利益诉求，更没有一种民主平等、和平友好的处世态度。第二，对公共秩序不能一视同仁，存在双重标准。在传统伦理社会向现代法治社会过渡的阶段，公众对于法律还处在探索阶段，没有建立真实信仰，对外表现出的是对公众秩序心理上的困惑与不解，一方面严格规范的法律制度尚未完善，另一方面还存在许多游离在法律网络之外的潜规则，因此公众在处理问题时会视具体利益而定，如果法律符合自身利益就摆出法律武器，如果潜规则符合自身利益就无视法律，使用潜规则。这对于公共秩序的稳定和发展造成了强烈的冲击。第三，自私自利心理严重。传统文化中依然存在糟粕，当私利思想蔓延时，就会产生公共视域无法形容的丑恶现象。这些都是在社会转型时期存在的弊病，也是公共精神缺失的表现。

突破个体本位主义禁锢，必须培植公共精神的社会土壤，培育公民的公共意识。

第一，鼓励公民积极参与社会公共生活实践。只有实践才能获得认知，提高认知，开拓视野。公共精神植根于社会公共生活当中，社会生活具有开发性、互动性，相应地，公共精神也具有如此特征：首先是公共性，这是公共精神性质有效的主基调，也是公众的共识基础，每个公民都应当意识到自己有义务有责任去主动积极维护并践行社会道德原则，换位思考，关怀社会大众，想人之所想，真正以公民与社会为依归。其次是最低限度性，公共精神定义在合理边界，既不排斥、牺牲私人利益，也不否定贬低个性自由，它是一种最低限度的公共价值、标准和态度。最后是辐射性，这是公共精神最重要的特征，因为公共精神不仅作用于人的行为举止，还作用于人的情感思维，具有辐射强化作用。因此，政府组织应当积极响应，为公民参与社会事务创造条件与机会，鼓励和推动公民参与公共事务管理。一旦公共精神在日常生活中得到有效落实，形成稳定自发自觉自主的思维态度与行为模式，让公民感受到自身的重要性，感受到自身与社会的紧密相连，就会生长出理性的公共担当意识。

第二，营造风清气正、和谐美好、井然有序的社会氛围。社会环境对于个人道德行为有着重要的支撑、扶持的作用，如同一双无形的手，带领公众走向社会引导的一面。因此，要营造风清气正、和谐稳定、民主平等的社会氛围，并且动员全民参与，尤其抓好青少年的精神培育，引导社会各界人员严以律己，从身边的点滴小事做起，摒弃不合时代的思想、行为陋习，自觉遵守行为准则与道德规范，充分发扬公共精神的优越性。弘扬主流基调，传递主流价值，引导公众将公共精神内化于心，外化于行。

第三，发挥公职人员“群”的示范效用。公众人物对于公共精神的培育有着重要作用，公众人物长期处在万众瞩目的聚光灯下，享受着公众的追捧与景仰，其言行举止对于普通群众影响颇大，并且可以直接辐射大众心理。因此，发挥公职人员“群”的示范效用，让榜样精神蔚然成风，普通大众能够言有表率、行有参照。当然，对于公职人员的公共道德与公共精神应有更高的要求规范。在公共行政中，要提高行政人员的职业伦理道德底线，一方面，在选拔、任用、晋升等各准入环节上更加注重考察其公共德行；另一方面，通过法律制度的刚性来规范行政人员的公共利益价值取向，培育其公共精神，打造榜样、树立榜样。

第四，培养公民“群”的自制自律意识。大众的自制、自律意识应当来源于内心深处的合理认同，人们对于公共事务、公共规则一旦产生认可，就会一以贯之、彻底执行。那么公共关怀精神则会油然而生。

第五，建立健全法律法规长效约束机制。法律法规是建设公共精神的重要基石，也是国家治理能力与治理体系的重要内容。立法机关要完善公共精神相关法律条文与行为准则，做到有法必依。执法机关应当严格遵循法律规定，守护最后一道底线，加大惩戒力度，做到违法必究。这样，一方面，在宏观层面约束大众的行为举止，减少徇私舞弊、违法乱纪的现象。另一方面，拓宽民主渠道，让公众有权利自主、自愿地参与到公共事务的决策执行当中来，做到有效民主管理，引导人民群众公共精神的养成与公共素养的提升，促进公共精神现实力量的实现。

总之，人是一种类存在。通过借鉴群论思维，促进公共精神成为群体的自觉，让公共精神成为构建在一种内在精神动力之上，且能对整个社会产生影响的长期文明。实现中国梦需要全社会力量的共同担当，需要中华儿女对自身光荣、责任、使命保持一种高度自觉，破除个体本位主义危害，以类或群的方式参与公共事务，确证自我，在群体参与中成就自我，超越自我，实现自我。

第四章

社区公共精神的冲突与平衡

随着我国城市化进程的不断加快，公众权利意识的逐渐增强，各地邻避冲突事件频发。基于邻避设施自身的负外部性特征，会给附近居民的生命健康以及居住环境带来潜在风险，因此，本章主要探讨如何解决我国社区建设中邻避冲突问题。

学界对邻避冲突的研究逐渐从环境权话语体系的权利缺失转向利益平衡理念。大部分学者认为产生邻避冲突的根本原因在于公共利益和个人利益之间的利益失衡。本章通过对邻避冲突的相关概念、邻避冲突实质的分析、利益平衡的基本原则，以及利益相关者的利益剖析对其进行理论基础分析，为解决社区邻避冲突问题提供理论基础和实践指导。

我国邻避冲突中主要存在以下三个问题：政府和企业的信息公开制度不足、环境影响评价制度中公众参与存在问题以及邻避设施项目环评缺乏监管。

解决我国邻避冲突问题应当从完善多主体的信息公开法律制度、加强对公众环境参与权的充分保障、强化邻避设施项目的监管力度以及构建利益损害补偿机制四个方面来调节相关利益主体之间的利益冲突。

第一节　社区邻避冲突的内涵解读

一、邻避冲突及相关概念的界定

（一）邻避

“邻避”（not - in - my - backyard），简称为“NIMBY”，主要是用来描述一种反对情绪和行为，反对能提高社会整体利益但会给周边居民带来负面影响的设施的建设。① 早在20世纪70年代，美国学者迈克尔·奥黑尔（Michael O'Hare）首次提出“邻避”这一概念，为不要建在我家后院的意思。后来，国外学者在此概念的基础上，提出了不同的解读，比如“LULU”（Locally Unwanted Land Use，即地方上不期望的土地利用）、“BANANA”（Build Absolutely Nothingat All Near Anybody，即绝对不要靠近任何人建设）等。从概念分析，“邻避”主要包含了两层含义：一是该设施的建设与运营有利于比较广泛的公共利益，二是该设施的建设与运营引起周围区域居民的抵触情绪并表达为反对甚至抗争的行为。

关于学界对于“邻避”一词内涵界定问题，目前仍未形成统一的认识，原因在于邻避概念掺杂着各种理性与非理性相互矛盾的因素。以莱登为代表的学者认为“邻避”是一种自利的情绪性行为，难以通过理性说服周边居民②；而以崔晶为代表的学者认为“邻避”是可以协商的行为，是公众参与区域治理积极性的表现。③ 笔者认为，邻避概念没有正义与非正义之分，而是应该在具体情形下具体分析，避免使“邻避”一词贴上污名化的标签。

---

① O'Hare，M. Bacow and D. Sanderson. Facility Sitting and Public Opposition. New York：Nostrand Reinhold Company，1998：23—25.

② Hunter，Susan and Kevin M，Leyden. Beyond NIMBY：Explaining Opposition to Hazardous Waste Facilities. Policy Studies Journal，1995（4）.

③ 崔晶：《中国城市化进程中的邻避抗争：公民在区域治理中的集体行动与社会学习》，《经济社会体制比较》2013年第3期。

（二）邻避设施

邻避设施为引起邻避效应的设施。国内外学界对“邻避设施是一种什么设施”已形成许多共识。Bruno S. F. （1985）认为，邻避设施是一个公共善和个人恶的混合体，这也是社区强烈地反对将其建造在他们周边的根本原因。[①] 台湾学者李永展（1997）将邻避设施定义为服务广大地区民众，但可能威胁其周围区域居民的生活环境、居民健康和生命，以至于周边居民不愿意建在家附近的设施。王佃利（2017）认为，邻避设施是会带来区域整体效果但也会造成周边环境负外部性的设施。由以上定义，可以概括出邻避设施具有以下三个特征：一是邻避设施通常是一种具有社会公共利益的公共设施，被普遍认为是“增进整体利益”和“不可或缺”的。由于邻避设施为该区域居民提供均等化公共服务，在所属区域范围内具有广泛正外部性，因此其决策主体通常是当地政府。二是邻避设施的建设与运营会给环境、周围居民的日常生活和健康造成负面影响，但邻避设施的负外部性往往只会影响到毗邻居民，大部分居民不受影响。因此邻避设施的建设遭到邻避设施附近居民的集体抵触与反对，甚至激化为群体性事件。[②]

除了对邻避设施的内涵进行探讨外，针对邻避设施的类型许多学者展开了研究。陶鹏、童星从“预期损失—不确定性”维度，将邻避设施分为四类，不仅包括传统意义上的污染类邻避设施，例如垃圾焚烧场、磁悬浮、飞机场等，还包括以下三类：① 风险聚集类，例如核电厂、化工厂、加油站等；② 污名化类邻避设施，例如戒毒中心、监狱、传染病医院等；③ 心理不悦类邻避设施，例如殡仪馆、火葬场、墓地等。李永展、何纪芳通过对台北都市圈内服务设施的调查分析，根据邻避效果的大小，将都市服务设施分为四个等级（邻避指数在0—100之间，指数越大，邻避效果越大）。一级邻里小区公园、图书馆等，邻避指数为0或者接近0，此类设施不具有邻避效果；二级为文教设施、各级学校、车站、公园、医疗与卫生设施、购物中心、邮电设施，邻避指数为0—18，具有轻度邻避效果；三级为疗养院、性病防治中心、

① 陈宝胜：《公共政策过程中的邻避冲突及其治理》，《学海》2012年第5期。

② 王佃利等：《邻避困境》，北京大学出版社2017年版，第110页。

智障者之家、高速公路、市场、抽水站、自来水厂等，邻避指数为18—44，具有中度邻避效果；四级为丧葬设施、垃圾焚化炉、污水处理厂、飞机场、屠宰场、核能发电厂等，邻避指数为44—100，具有高度邻避效果。①

通过梳理现有研究对邻避设施外延的分析可以看出，大量的公共设施或多或少都会带有邻避属性，会对邻避设施附近居民产生影响。在实践中，邻避设施不仅仅指公共设施，其内涵已经扩展到了某些风险性较大的商业性项目。

（三）邻避冲突

邻避冲突是指公众聚集起来反对、抗拒邻避设施的建设②，用以概括“在现代化进程中，由于民众担心邻地的建设项目对自己的居住环境产生负面影响，从而产生抵触情绪，以致引起的群体抗议行为”③。学术界又称其为“邻避危机”“环境群体性事件”等。邻避冲突往往意味着公共危机的出现，即“由城市邻避设施的规划、建设、运行等所引发的群体性排斥，进而引起的社会冲突事件，一般表现为通过非法渠道或方向向政府机关或项目建设企业表达意愿、提出要求，对城市发展正常秩序造成一定负面影响”的邻避危机事件。可见，邻避冲突的概念与“邻避现象”“邻避效应”相比，其外延更小、程度更强，往往强调公众聚集之后采取的非制度化的群体性行为。

根据社会学的冲突学说，冲突是指不同的个体或群体双方或多方的行动方向、目标不一致，并且因此相互对抗的一种社会互动形式。利益冲突是所有冲突的实质。邻避效应产生的根源在于邻避设施在建设过程中利益相关者成本和收益的不均等性，这种不均等性引发了基于不同利益主体之间的利益博弈行为。各利益主体主要包括政府、邻避设施建设单位、邻避设施附近居民。其中，政府往往排斥公众参与，在三方利益相关者之间失去其中立的地

① 李永展，何纪芳：《台北地方生活圈都市服务设施之邻避效果》，《都市与计划》1996年第1期。

② 周亚越，周鹏飞，俞海山：《邻避设施选址决策中的供需分析》，《浙江社会科学》2016年第6期。

③ 刘莉，焦琰：《利益分析视角下解构与衡平环境利益的思索：以邻避冲突中的利益失衡分析为例》，《西安财经学院学报》2016年第1期。

位，并与建设单位利益勾结，损害周边居民的利益。在此博弈模式下，政府是利企业环境制度的供给方，企业是利企业环境制度的需求方，居民是利企业环境制度的反对方。为此，公众往往通过体制外非理性的方式，极端地表达自己的反对意见，从而爆发邻避冲突。

二、社区邻避冲突的现状分析

进入21世纪，尤其是2010年之后，我国进入邻避事件的高发阶段，主要表现为邻避事件的增多、爆发频率越发密集。邻避行动以及由此引发的邻避冲突越来越受到人们的关注。

我国政府希望通过兴建诸如垃圾焚烧厂等基础设施拉动内需。此为邻避冲突出现的客观原因。此外，网络媒体的发展，加快了社会事件的传播速度，使越来越多的公众了解到环境群体性事件在全国各地的动态，形成了社会舆论。

第二节　社区邻避冲突的理论消解

一、社区邻避冲突的实质是利益冲突

目前，社会利益需求趋于多元化发展，而社会多元利益的存在必然导致利益矛盾。多元利益主体的存在和多元利益意识的增长，使各种利益出现了分庭抗礼的格局，并愈发以公开博弈的方式呈现，这是一种常态。邻避冲突表现为不同的社会力量之间的对抗。邻避冲突产生的根本原因是由于存在利益失衡问题，主要表现为邻避设施负外部性带来的利益分配不均衡和环境风险在地域与社群中分配的不均衡。[①] 利益的不均衡导致利益之间存在冲突，因此，邻避冲突的实质是利益冲突。

利益是社会主体的需要在一定条件下的具体转化形式，它反映着社会主

① 陈晓勤：《邻避问题中的利益失衡及其治理》，《法学杂志》2016年第12期。

体与其周围世界中对其生存和发展有意义的各种事物和现象之间的一种积极主动关系。[①] 利益的基础和始因是人的需要，邻避设施的建设会给各利益主体带来收益，但邻避设施附近居民在获得同等收益的同时要付出更多的成本，出现收益分散而成本集中的局面。邻避设施附近居民对环境利益的需求无法得到相应的满足。公民作为社会环境权利的主体，享有环境知情权、环境参与权、环境侵害请求权。在邻避设施选址决策过程中，基本由政府、企业进行共同决策，忽视了邻避设施附近居民的利益诉求，使邻避设施附近居民最基础的环境知情权、参与权无法实现，其环境利益无法得到充分的实现，进而引发一系列的群体性事件。

根据利益相关者理论，在邻避冲突中，利益主体简单分为地方政府、企业和邻避设施附近居民三者。利益冲突的产生是由于三方利益主体追求不同的利益目标，从而处于自觉或不自觉的对立之中。利益主体基于利益差别和矛盾而产生的利益纠纷和利益争夺为利益冲突。[②] 庞德认为，人的本性中的欲望和扩张性与社会本性具有矛盾，这一矛盾就是利益冲突产生的根源所在。根据罗尔斯·科斯的“经济人”理论，人们的本能就是追求利益的最大化。于是，当邻避冲突中三方利益主体各自追求自己利益最大化时，邻避设施附近居民追求自身利益最大化、政府追求公共利益最大化、企业追求经济效益最大化，相互矛盾的利益之间会产生碰撞和冲突，从而形成一种对立关系。

然而，上述各利益主体的利益冲突可以简单概括为，不断增长的经济社会发展的利益需求与人民不断增长的环境保护的利益需求之间的冲突，即为发展和保护之间的冲突，而无论是发展还是保护都属于正当性需求。因此，从该角度而言，邻避冲突本质上是正当利益之间的冲突，属于非对抗性的，应当对此保持同等的保护立场。所以，在解决此种冲突时，不能用排除的方法，而应该以“统筹”“兼顾”“双赢”的平衡方式对两个正当利益进行优位性选择，从而实现公平正义。

---

① 朱力宇：《法理学原理与案例教程（第二版）》，中国人民大学出版社 2010 年版，第 228 页。

② 王伟光：《利益论》，中国社会科学出版社 2010 年版，第 165 页。

二、社区邻避冲突中利益相关者的利益分析

在社会关系中，核心问题就是利益关系问题。利益分析则是通过分析社会活动中的利益动因，找出利益关系背后的生产关系，进而对某一社会现象进行剖析。① 利益分析的关键在于对利益主体如何进行划分。根据美国学者弗里曼的“利益相关者”理论，利益相关者是指能够影响目标的实现或者能够被组织目标实现过程影响的人②，借鉴到邻避冲突中，其利益相关者的基本标准为：邻避设施能够直接或间接影响到的，或者能够通过各种方式对邻避设施的建设过程产生影响的利益主体。大致可以分为地方政府、邻避设施附近居民、企业三方主体。

（一）地方政府的利益

在邻避冲突中，地方政府的利益表现较为复杂。由于地方政府具有公共特性，因此，政府的主要目标是为了实现公共利益，对社会全体人员负责。但同时，政府作为一个特殊的利益主体，其本身也存在一定的利益倾向。据此，可以将政府利益分为政府正当利益以及政府非正当利益两种。正当利益主要包括政府追求地方的经济增长率、声誉等为了维持自身生存发展所需的利益；非正当利益主要为部门利益、地方利益和腐败问题等。

邻避设施主要是考虑到公共利益的需要而建设，是社会发展所需的必要公共设施。从根本上来讲，公共利益是绝大多数个体利益主体的利益需求的总和，比如垃圾焚烧厂、污水处理厂能够帮助解决城市的废弃物、废水处理问题，为人们提供舒适的生活环境，符合公共利益要求。同时，邻避设施的建设对政府本身而言，可以带动地方经济的增长，带来税收，提供更多的就业岗位，从而提升政府的政绩。然而，邻避设施的建设会让政府处于两难的局面。一方面，是因为政府积极的促进邻避设施的建设，对其自身、对公众是双赢；另一方面，邻避设施的建设通常会导致邻避冲突的产生，而综治维

① 王伟光：《利益论》，中国社会科学出版社2010年版，第126页。

② 〔美〕弗里曼：《战略管理：利益相关者方法》，王彦华，梁豪译，上海译文出版社2006年版，第34页。

稳工作是新时期政府的一项工作，因此地方政府希望尽快解决邻避冲突。

（二）邻避设施附近居民的利益

在邻避冲突中，可以将公众划分为两种，一类是邻避设施附近居民，另一类是受益居民。受益居民是指邻避设施的正外部效应所能惠及，同时不受其负外部效应影响区域内的居民。在邻避冲突中，影响最大的是邻避设施附近居民。

对于邻避设施附近居民而言，主要是体现在对个人利益的影响。法国社会学家庞德将利益分类为个人利益、公共利益和社会利益。其中，个人利益是以个人生活名义所提出的主张，包括人格利益、家庭关系利益、物质利益。而在邻避冲突中，对邻避设施附近居民的利益损害不仅包括人格利益，还包括物质利益。其中，人格利益主要涉及邻避设施附近居民的生命健康、舒适居住环境方面；物质利益则主要影响邻避设施附近居民不动产的保值和增值。利益的受损、分配不公正以及未得到适当的补偿会导致该部分群体的反抗。

（三）企业的利益

邻避设施的建设最终依靠建设企业。根据亚当·斯密的“经济人”假说，企业作为营利性经济组织，以完全追求物质利益为目的，追求在商业活动中达到自身利益的最大化，实现盈利目标。

在邻避项目招投标阶段，建设企业通过一系列程序最终承接邻避设施项目，虽然部分建设企业可能存在通过不正当途径获得邻避设施建设项目，但大部分企业是通过合法程序完成相关手续。企业在建设邻避设施项目中实现自身盈利目的具有正当性。在建设的前期准备之中，为积极推进项目的进行，建设企业付出了相应的成本。政府应当充分考虑建设企业的利益，并给予一定程度的保障。然而，在我国，一旦发生邻避冲突，政府出于维稳的目的，往往最终决定对邻避设施项目停建、迁址。从建设企业的角度而言，其利益在一定程度上遭到了损害。

但是，从另一方面而言，建设企业为了达到自身经济利益的最大化，减少邻避设施项目建设过程中的阻力，存在选择性忽视公众的利益需求。现代公司制度逐渐强调企业的社会责任，强调企业的信息披露，在邻避设施立项初期，企业需要对邻避设施项目的设计方案进行充分的准备说明，进行环境影响评价。但部分企业为了自身利益，甚至会恶意隐瞒关键信息，是缺乏企业社会责任意识的体现。在邻避冲突发生之后，大多数企业没有及时做到信息披露，而是躲在政府背后。并且企业也没有主动提出科学可行的补偿措施及相关解决措施。如果建设企业只一味地追求利益，无视社会公众的利益，只会激发公众的反抗情绪。

综上，邻避冲突包含了复杂的利益网络，一般而言，地方政府、建设企业属于促成邻避设施建设项目的利益群体；邻避设施附近居民则属于反对建设的利益群体。在各相关利益主体之间，围绕着邻避设施本身属性，形成了参差利益关系的差序格局。

三、社区邻避冲突消解的思路是利益平衡

（一）什么是利益平衡

利益平衡或利益衡平也称之为利益均衡，指的是“在一定的利益格局和体系之下出现的利益体系相对和平共处、相对均势的状态”。在任何社会或国家中，利益冲突是客观存在的。利益平衡是平衡各种利益冲突的手段，同时也是利益冲突得以消解的理想和目标。如何在利益冲突中获得发展和进步，关键在于通过对不同利益冲突进行协调，从而达到利益平衡的状态。

在邻避设施建设决策中，不仅要考虑其中的经济利益，还需要考虑到环境的可持续发展、公民的权利诉求等多元价值取向，这些标准往往相互之间存在矛盾、无法良好兼容，从而导致邻避冲突的产生。认识邻避冲突是为了消解邻避冲突各利益相关主体对立利益之间的紧张关系，使其达到一种和谐的状态，这需要平衡机制来分配和调和各种利益之间的冲突。

法律则是进行利益平衡的首选机制。因为从本质上而言，利益平衡是不同利益主体根据一定的原则和方式对利益进行选择、衡量的过程。利益冲突会与之相伴相随，而利益冲突难以通过利益主体自身进行调节，需要借助法律制度的安排。总之，从法律的角度而言，利益平衡是指通过法律的权威来协调各方面冲突因素，使相关各方的利益在共存和兼容的基础上达到合理的

优化状态。

（二）邻避冲突中利益平衡的基本原则

邻避冲突中涉及的公共利益与个人利益的冲突是正当利益之间的冲突，对其冲突的利益平衡的实质是利益优位性选择的问题，具体表现为通过考虑可行条件以及利益位次安排。在邻避冲突利益平衡的过程中可以考虑以下三个原则：

1. 一体化原则

邻避冲突主要体现为公共利益与个人利益之间的矛盾和冲突，实质上是正当利益之间的冲突。当二者之间发生冲突时，通过一般的价值判断，往往会出现维护公共利益而忽视个人利益的情况。然而，个人利益有时涉及个体生存的基本需求，法律也要充分体现个人利益。“公共利益并非一定优于个人利益，公共利益与个人利益并非完全对立的命题，保障个人利益也属于维护公共利益的一部分。”① 因此，在邻避冲突问题中，公共利益和个人利益之间的平衡是重点和关键。在平衡公共利益和个人利益时，“一体化”原则的内涵在于，不推崇对绝对的“优先”安排的追求，而是应该强调将公共利益与个人利益融为一体，避免对二者进行相互割裂。罗伯特·阿列克西认为，对于正当利益之间的冲突不能简单地通过采取排除的方式解决，而应该通过权衡的方法。这一原理可以视为化解邻避冲突的正当性前提和合理性基础。遵循一体化原则是两种利益所代表的价值一致性的必然要求。

2. 协商原则

由于与环境相关的问题和保护措施具有公共属性，因此，可以将邻避冲突问题列入具有公共政治性和社会性的公共事务。公众参与、沟通和协商是处理公共事务的有效方式，是民主的现代化发展。在环境法领域，公共参与、沟通和协商对促进利益识别和平衡具有重要意义。具体而言，包括环境法领域的利益独享、独惠、竞争转化为共享、普惠、竞合；环境责任的承担由各自承担转化为共同承担。

① 吴庚：《行政法之理论与实用》，台北三民书局 1995 年版，第 29 页。

在邻避冲突问题上，协商原则应体现在政府、企业、邻避设施附近居民等诸多利益相关方的充分沟通、理性协商，从而在此基础上达成相对满意的、可接受的解决方案，改变邻避设施“一建就闹、一闹就停”的局面。沟通和协商应当采取公平、公正、公开的方式充分讨论，而非暴力沟通方式，从而避免形成彼此对抗、无法消融的邻避冲突。

沟通和协商应当坚持“有效参与”原则。包括以下具体的要求：（1）政府应当充分保证和实现沟通和协商的有效平等。（2）提前为沟通和协商制定制度规则进行保证。（3）保证公众的知情权。（4）为公众表达利益诉求提供平等的渠道。（5）放宽公众参与的资格，充分考虑可能受到影响的人的利益表达。（6）保证辩论的公开性。（7）要保证其他当事人的合理要求和合法权益、保证法律的权威和公正、保证政府的公信力。（8）优先考虑具有迫切利益诉求的公众的意见，从而能提高相关决策的可操作性。

3. 损失最小化原则

损失最小化原则是环境法区别民商法的独特原则。损失最小化应包含两个要素：一是部分公众确实受到了不可避免的损失；二是部分公众存在损失而另一部分公众受益，既得利益者必须支付相应的代价。邻避冲突的利益平衡应当遵循损失最小化原则。

在损失最小化原则中，应当包含两项基本要求：首先是“最小侵害”，主要指的是对利益产生的损害是无法替代的，并且在损害时应当尽可能地采取最温和的方式。反映到邻避冲突的具体问题之中意味着需要综合考虑所采取的思路、手段、措施，在相应制度的设计和改良过程中要考虑各种关键要素，使邻避设施附近居民接受并可以负担邻避设施带来的负外部性。其次是“最大补偿”，主要指获得相关利益的收益公众必须支付代价，所收取的代价则用于给予利益受损者，即邻避设施附近居民的补偿。补偿大致可以分为以下三个层次：第一层次为对邻避设施附近居民进行“适当”补偿，此为最低层次，为不对等的欠额补偿；第二层次为对邻避设施附近居民的“合理”补偿，即对等的等额补偿；第三层次为对邻避设施附近居民的“充分”补偿，通过超额补偿来弥补损失。为了实现补偿的多样化、差异化，充分考虑不同受偿群体的不同诉求，这就要求政府在制定相关的补偿方案时应当遵循“实际有效”

的标准。

四、利益平衡的目标是实现公平正义

在相互冲突的利益之间，不能通过法律彻底否定一方利益而保护另一方的利益，有可能“被否定”的利益也是正当合法的利益。因此，解决邻避冲突问题的关键是通过对各利益进行平衡，最终实现公平正义。公平正义的实体是利益关系，公平正义的实质是使利益关系达到一定的平衡状态。

从邻避设施附近居民的角度而言，邻避设施的选址、建设会导致附近居民收益与成本的分配明显不均衡。根据环境分配正义理论，邻避冲突中所涉及的不同利益主体应当平等享受邻避设施的益处，也要平等承担环境污染的后果。而邻避设施附近居民要承受由邻避设施负外部性带来的一系列潜在风险，其他居民仅仅享受到邻避设施带来的收益而不需要承担相应的风险，则存在分配不正义的情形。罗尔斯认为，每个人都是平等的，公平和正义意味着不能牺牲少数人或者个体的利益来达到社会福利的最大化。因此，根据罗尔斯的理论，要解决邻避设施附近居民的利益失衡问题，形式正义固然重要，但更重要的是实现实质正义。一个正义的社会意味着使所有的成员在政治和经济方面都享有实质上平等的自由。在邻避设施选址、建设过程中，做到信息公开，保障公众参与是一种形式正义，要充分保障其知情权、参与权，征求其意见和建议。而在经济上和社会机会上给予邻避设施附近居民充分的补偿，是一种实质正义，缩小其与其他受益者之间的差距。

从政府的角度而言，由于一项公共决策会影响很多相关利益，不同利益之间相互冲突和对抗，需要行政机关遵循公平、公正的原则，进行利益衡量，综合考虑。不仅仅考虑决策的合法性，更要追求决策的合理性。在邻避冲突中，政府的行政决策主要考虑的是“公共利益”，并且从实践看，绝大部分的邻避设施项目从立项到环境影响评价到审批，各方面都依照法律法规的要求完成，手续合法，从形式上看符合法律的要求、符合政府公共管理职能。但是，某些邻避设施对周围环境污染较大、风险较高，规划时没有合理布局，忽视了附近居民的利益需求，缺乏合理性。根据罗尔斯的正义论，“每个人都拥有一种基于正义的不可侵犯性，这种不可侵犯性即使以社会整体利益之名也不能逾越。”① 因此，在解决邻避冲突的措施中，政府应当设身处地为权利受到侵犯的少数人着想，切实关注其利益诉求，从而实现社会的正义，改变其不平等地位。

对于企业而言，实现公平正义主要体现在企业实现其社会责任。倡导企业承担社会责任，是为了矫正目前市场经济中存在的利益失衡状态。企业社会责任的本质是通过对自身行为的道德约束和规范行动准则，尽最大可能地增进社会整体利益。传统的企业“经济人”假说往往忽视公平，一味强调效率。虽然效率和公平都是市场经济所追寻的基本价值，但是只有充分考虑公平的效率才具有真正价值。因此，需要企业进行利益平衡，充分协调好公平与效率。在邻避冲突中，企业是利益相关者之一，处在不同利益主体相互作用的“连接点”上，但没有起到缓解邻避问题的作用。强调企业社会责任，能够有效预防邻避冲突的产生。对企业而言，才能增强邻避设施建设的效率，减少不必要的经济利益损失，避免造成资源浪费。对其他利益主体而言，实现其公平正义，维护其相关的利益，兼顾社会各方利益平衡，使公共利益能够得到更好的实现。

第三节　社区邻避冲突的现实问题

一、信息公开制度不足

近年来，我国全国各地邻避冲突频发，公众对邻避设施的态度普遍以抗拒为主，其中信息公开制度存在不足是重要原因之一。不仅包括政府信息公开不足，同时包括企业对邻避设施建设项目的相关信息的公开没有起到积极的作用。

一是政府信息公开不足。根据《中华人民共和国政府信息公开条例》（以下简称《公开条例》）第十九条规定，对涉及公众利益调整、需要社会公众广

① 〔美〕约翰·罗尔斯：《正义论》，中国社会科学出版社 1988 年版，第 176 页。

泛知晓或者需要公众参与决策的政府信息，行政机关应当主动公开。对于邻避设施建设，《中华人民共和国环境保护法》（以下简称《环境保护法》）第五十三条规定了各级人民政府环境保护主管部门和其他负有环境保护监督管理职责的部门，应当依法公开环境信息。

我国政府信息公开制度是基于宪法规定的公民知情权、参与权而建立的。宪法赋予公民参与和管理国家公共事务的权利，其中，公民参与事务管理的前提是充分保障公民的知情权，即公民可以主动要求国家行政机关公开信息。在反对邻避设施建设过程中，公民环境权的侵害是最普遍的利益表达诉求。目前环境法学领域部分学者认为环境权不仅包括诸如清洁空气权、清洁水权等生态性权利，还包括资源开发利用权、排污权等经济性权利以及环境知情权、参与权和救济权等程序性权利。从程序性环境权角度而言，关键在于公众知悉政府环境决策并参与其中。在实践中，政府信息公开制度存在明显的不足。政府出于自身正当利益或不正当利益的考量，对自身负面信息以及政府决策过程方面的信息进行部分公开或者选择性公开。

目前，在邻避冲突中，政府的信息公开也存在一定的问题：

第一，列举式的政府信息公开范围。《公开条例》第十九条对政府应当主动公开的信息做了原则性规定。紧接着在《公开条例》第二十条对政府应当主动公开的信息进行了更加具体详细的规定。在《环境信息公开办法（试行)》中，第十一条更是列举了环保部门应当主动公开的 17 类信息。这种列举式的、不完全式的立法可以理解为，没有列入法条的政府信息将归为不属于公开的范围[①]，会使政府在邻避设施建设过程中环境信息公开方面的主控权掌握在自己手里，具有很强的主观性。在以上提及的法规中，有关邻避设施建设方面的规定主要有两条：一是《公开条例》中涉及重大建设项目的批准和实施情况需要进行信息公开以及设区的市级、县级政府及其部门应当主动公开涉及市政建设、公共服务等方面的政府信息；二是《环境信息公开办法(试行)》规定环保部门对建设项目环评文件的受理、审批结果、竣工环境保护验收结果进行公开。但是，近年来，有诸多发生邻避冲突的项目并不仅仅

① 章剑生：《知情权及其保障——以〈政府信息公开条例〉为例》，《中国法学》2008 年第4 期。

只是公共设施或者提供公共服务的项目，更多的是带有风险的商业项目。个别邻避设施不属于重大建设项目，但对附近居民利益会产生一定影响，法规没有规定应当公开相关信息，不利于邻避设施附近居民的知情权、参与权的保障。

第二，政府环境信息公开的监督制度有待改善。根据《公开条例》第五十一条规定，公众认为行政机关在信息公开工作中侵犯到其合法权益的，可以向上一级机关或者主管部门进行投诉、举报；也可以申请行政复议或者行政诉讼。但由于缺乏有效的责任追究机制，该条款很难发挥其制裁的作用。在实践中，采取举报和行政复议的方式往往会由于部门间的整体利益难以发挥其效果，而行政诉讼作为最后的救济手段，耗时长、成本大。反映在邻避冲突问题上，公众更倾向于采取上访的形式，能够在短时间内表达自己的利益诉求，并且在大多数情况下能实现自己的利益诉求。从而形成了在邻避冲突中“一建就闹”“一闹就停”的怪圈。

二是企业信息公开不足。企业掌握着建设项目的所有信息，如果企业将自己掌握的信息选择性地披露会影响环境信息的真实客观性。根据《企业事业单位环境信息公开办法》的相关规定，企业事业单位应当按照强制公开和自愿公开相结合的原则，及时、如实地公开其环境信息。

在邻避冲突中，公众往往在环境权话语下看待建设单位的行为，认为企业是具有“原罪”的污染制造者，是损害公民权利的罪魁祸首。“环境维权”框架建立了一个固化体系：企业排放污染，损人利己，侵害公民权利；政府监管不力，官商勾结，不顾公民权益；公众权利遭到侵犯，求告无门，奋起抗争。这种贴标签的做法客观上形成了不容置疑的认知体系。因此，在这种态势下，建设单位的信息公开显得尤为重要。

《中华人民共和国环境影响评价法》（以下简称《环境影响评价法》）第十六条规定，对于可能造成重大环境影响的，应当编制环境影响报告书，对产生的环境影响进行全面评价。

信息透明度不高、公布不完善，甚至出现信息不实等问题都是引发邻避冲突的重要原因。公众对于自身无法获知的或者获知的错误信息会产生不利联想，认为是政府、企业将不利信息刻意隐瞒，信任度降低，以至于后期再进行公众参与、沟通协商就会困难重重。

二、公众环境知情权保障不充分

《环境保护法》第五十三条规定了环境保护中的公众参与原则。为了规范环境影响评价中的公众参与，充分保障公众的知情权、参与权，《环境影响评价公众参与办法》规定了公众参与的方式、时间等具体要求。公众参与模式所形成的共识有的时候并不必然形成公共理性。但是，公众参与不足是邻避冲突中亟待解决的问题。

《环境影响评价公众参与办法》于 2019 年 1 月 1 日开始施行，相较于《环境影响评价公众参与暂行办法》而言，对公众参与的形式和程序进行了比较详细的规定，但实践中仍然存在不少问题。

一是公众参与的范围问题。《环境影响评价公众参与办法》第五条规定，建设单位应当听取环境影响评价范围内公民、法人和其他组织的意见，鼓励建设单位听取环境影响评价范围之外的公民、法人和其他组织的意见。对于如何界定环境影响评价中公众参与的范围，并没有相关的技术导则予以说明。对建设项目进行环境影响评价是为了对该项目建成后可能带来的环境问题进行分析、预测以及评估，最终目的在于提出应对不良环境影响的策略。如果在参与过程中，公众的主体范围没有相对具体的标准，这会使建设单位在进行公众意见咨询时具有很强的主观选择性，最终会导致所获得的公众参与说明带有局限性，公众参与结果不能全面反映问题，使该规定达不到其应有的价值和意义。

二是公众参与的效力问题。相关法律法规规定，建设项目环评阶段的公众参与可以分为两个阶段：首先是建设单位将环评报告书报批前应当听取公众意见，即在建设单位编制环评报告书阶段；接下来是生态环境主管部门环评审批阶段。环评中的公众参与的目的是为了让公众对可能影响到自身利益的行政决策产生影响。从保证公众参与的效果而言，前期建设单位的资料准备环节的公众参与效力远远不及行政决策阶段。但目前从我国法律法规规定来看，行政决策中的公众参与没有达到应有的效果。

从环评报告书报批前期阶段的公众参与而言，参与邻避设施建设项目环评的附近居民与建设单位存在潜在的利益冲突和矛盾。由于邻避设施附近居民群体基于自利的本性，必然会反对设施的建设。并且在建设单位或环评机构组织的环评中，附近居民的利益诉求难以得到全面的体现。甚至为了尽快通过环评审批，建设单位或环评机构会将公众关心的阻碍审批的因素进行技术性处理。如此一来，公众参与的真实性和有效性无法得到良好的保证。

《环境影响评价公众参与办法》第十四条增加了深度公众参与制度，规定对环境影响方面公众质疑性意见多的建设项目，建设单位应当开展深度公众参与。这项规定无疑是一种进步，但是该规定仍然存在一定的问题。首先，如何界定公众质疑意见的“多”？这个比例应该如何确定？文件中并没有给出具体的参考。其次，该规定对于公众质疑意见需要召开公众座谈会、听证会以及专家论证会的，由建设单位组织，并由建设单位邀请相关的公众代表出席。由建设单位来考虑、选择公众代表这项设计极容易被其他被代表公众质疑其公正性，并且被邀请的专家存在“站台专家”的嫌疑，公众偏向于认为是形式主义。

从环评审批的角度而言，生态环境主管部门在此阶段有较大的自由裁量权。《环境影响评价公众参与办法》第二十二条、第二十三条规定，生态环境主管部门受理建设项目环境影响报告书后以及作出审批决定前，应当向社会公开环境影响报告书全文等相关的信息。第二十四条规定，在此期间公众可以向生态环境主管部门提出意见和建议。由此可以看出，在环评审批阶段，在我国的规定中，只有信息公开和意见反馈是强制必要条件。对于公众提出的意见和建议，生态环境主管部门参考即可，没有规定必须要听取公众的意见。

在环评过程中公众参与的形式审查反映在行政救济方面也存在同样的问题，法院主要是通过对形式要件的审查做出最后的判决，实质性审查的标准难以界定。

三是公众参与的形式选择问题。根据 2018 年 12 月 29 日修改的《环境影响评价法》以及 2019 年 1 月 1 日施行的《环境影响评价公众参与办法》的规定，没有规定建设单位应当具体采用何种形式征求公众的意见，“举行论证会、听证会或者其他形式”即可。并且技术专家的参与和普通公众的参与都被视为公众参与。

在实践生活中，建设单位经常为了节约时间和成本，采取问卷调查的形式进行征集公众意见，这种形式并不能达到公众参与的实际效果。比如，有些建设单位在随机抽取被调查对象时，通常在自己的熟人圈内进行抽选，这会导致被调查人员与该邻避设施建设项目并不存在实际的利害关系，不能真实有效地反映邻避设施附近居民的意见。有些建设单位甚至有伪造调查问卷的行为。在实际发生的一部分环评造假案件中，还存在某些建设单位所调查的公众对象在调查时已经离世的情形。

另外，建设单位也通常偏向于采用专家论证会和座谈会的形式，较少采用听证会。采用专家论证会是因为专家在评估邻避设施时往往采用的是基于成本效益的经济分析方法。这样的评估方法下，以专业知识为支撑，能够科学高效的得出相关的意见，能提高邻避设施建设项目环评决策的效率。但是，这种方法有可能漠视邻避设施附近居民的价值选择，排除了附近居民的利益，比如人的健康、良好的环境以及舒适的心情等，有反民主的倾向。采取座谈会的形式是因为其非正式性的信息供给型方式。此种方式虽然能在一定程度上反馈邻避设施附近居民的意见，但能不能得到采纳，目前我国对此没有明确的法律规定。以上两种方式在一定程度上都忽视了邻避设施建设过程中公众参与的利益协调功能。听证会与座谈会、专家论证会之间存在区别。听证会属于利益博弈型的公众参与方式。听证会的根本目的在于实现程序的正当性，其本质是一种对正当法律程序的保证。① 通过听证会公众所提出的意见和建议，都会形成正式的反馈意见，但最终行政机关在审批时是否参考就另当别论了。

三、邻避项目缺乏监管

2013 年原环境保护部办公厅出台《关于切实加强环境影响评价监督管理工作的通知》，旨在通过加强对环评的宏观监管，规范环评行为。各地方生态环境部门相继出台规范性文件，例如，湖南省原环境保护厅于 2014 年出台了

① 贾西津：《听证制度的民主限度和正当程序》，《开放时代》2007 年第 1 期。

《关于进一步加强环境影响评价监督管理工作的通知》；山东省原环境保护厅于2018年出台《建设项目环境影响评价审批监管办法》，从环评受理到公示批复公告都进行了详细的规定。但是以上文件都存在共同的问题，即缺乏相应的法律责任对违反监管的行为进行规制。在全面深化“放管服”改革的形势下，2018年12月29日修订的《环境影响评价法》取消了环评机构资质管理，放开事前准入条件，将监管力度着重放在事中事后。

第四节　社区邻避冲突的法律应对

邻避冲突产生的根本原因在于各利益主体之间的利益失衡，因此，解决邻避冲突的关键在于平衡利益。法律的最高任务就在于平衡利益。通过法律的规范指引，社会关系主体根据法律自觉对利益进行协调，或者通过法定程序解决争端，从而使利益得到协调。因此，为预防和治理我国邻避冲突应该具有可行的应对策略。

一、完善多主体的信息公开法律制度

在邻避冲突中，信息公开力度不足是导致邻避冲突愈演愈烈的重要原因之一。信息公开的主体主要是指各级相应行政机关以及企事业单位。由于我国传统的管制型政府管理模式以及我国相关法律规定不足，在邻避设施的规划选址决策中，政府对于信息的公开没有注重与邻避设施附近居民的沟通交流。同时，大部分企业没有足够的环境信息公开意识以及完善的信息公开制度。

（一）健全政府信息公开法律制度

信息公开是信息交流的前提。2018年2月9日国务院办公厅发布了《关于推进社会公益事业建设领域政府信息公开的意见》，明确了环保领域重点公开建设项目的环评审批，要求健全环保信息强制性披露制度。2019年4月15日，国务院办公厅发布了修订后的《政府信息公开条例》，确立“公开为常态、不公开为例外”的信息公开原则，这表明未来对于邻避设施相关信息会

更加强调政府和企业的信息公开、公众参与。

完善《公开条例》中政府对于邻避设施应当公开的内容和范围。如前所述，对于政府应当公开的信息范围采取的是列举式的方式，但是在实践中，政府掌握的信息量之多，列举的方式并不能得到很好的公开效果。所以，通过反面例外情况的列举规定政府应该公开的信息会更有利于信息公开。

（二）强化企业环境信息公开制度

在实践中，建设单位的活动是影响邻避设施附近居民权益的主要因素。因此，公众除了要了解政府所拥有的信息以外，更需要企业主动公开邻避设施相关信息。可以采取以下几种措施：

第一，在邻避设施选址确定之后，告知选址附近居民邻避设施项目的名称、项目设计的蓝本、相关环保信息以及对人身损害的程度等信息，并配合政府邀请相关专家和附近小区的居民开展公益讲座。让附近居民尽早地了解该邻避设施的相关环境风险知识，并且对于公众的疑问及时明确地给予回馈意见和信息发布。

第二，建设单位可以借鉴日本企业的经验，主动加入信息公开的队伍。日本企业主动通过各种平台诸如互联网、报纸等向公众披露企业的信息，增加企业相关信息的公开度，为公众提供了解渠道，从而树立良好的企业社会形象。同时，日本企业会邀请附近居民参观企业的污染排放情况以及相关生产流程，必要时进行公开的解释说明，接受公众的监督。

第三，明确《企业事业单位环境信息公开办法》中生态环境主管部门监督企业关于邻避设施信息公开的职责和相关法律责任。明确规定企业环境信息强制公开中生态环境主管部门在监督管理中享有的职权、采取的方式和法定程序，从而确保行政部门积极有效的监督。

二、加强对公众环境参与权的充分保障

（一）搭建政府与公众交流的沟通平台

在邻避冲突问题治理过程中必须强化政府的沟通意识，转变沟通的方式，形成政府与公众之间主动沟通、双向沟通的良好沟通局面。让不同利益主体

有表达的正常渠道是利益表达机制的目的，而通过正常的渠道进行表达才能真正地解决邻避冲突问题。可以采用政府主导下的环境影响评价圆桌会议形式。通过组织政府部门、建设单位、环评机构、邻避设施附近居民代表以及相关专家代表等共同参加圆桌会议，能够实现平等的对话、有效的沟通。圆桌会议形式主要是强调前期的损害及相应风险的预防。通过为邻避冲突中利益相关者提供良好的利益表达、协调、疏导渠道，增进邻避设施信息的交流和沟通，使利益相关者由被动地接受转为主动为保障自身利益而努力，引导其理性对待。由于平等的对话机制可以营造相互尊重、相互认同的感觉，从而在邻避设施建设过程中建立起共同的价值认同。

（二）完善环境影响评价制度公众参与机制

健全环境影响评价的公众参与机制，是提高环评工作高效性的关键。公众参与的有效性对环境影响评价报告书的准确性与认可度有着重要的影响。不仅要保证建设单位环评报告书编制阶段公共参与的有效性，还要加强邻避设施环评审批阶段的公众参与。因此，应当对公众参与环评制度规定更严格、更制度化，从而保障公众利益表达。

1. 明确公众参与的组织形式

在环境影响评价两个阶段即建设单位编制环评报告书阶段和生态环境主管部门环评审批阶段中，公众参与要注重形式的选择。

首先在编制环评报告书阶段，建议对不同类型的邻避设施采取不同的公众参与形式。对于污染类、风险聚集类邻避设施，建议采取论证会、座谈会、听证会等多种形式，在报批之前充分听取公众意见的同时可以进行必要的科学知识普及。对于污名化类、心理不悦类邻避设施，可以采取传统的派发传单、张贴海报等形式，也可以利用网络媒体诸如微信、微博等网络社交平台公开信息，收集附近居民的意见，实现沟通的有效性。

其次在环评审批阶段，充分利用听证会的方式实现公众的参与。听证会制度可以纠正、限制行政机关自由裁量的随意决策，从而实现决策的科学性和公正性。对参加邻避设施环评审批听证会的代表采取合理的方式、标准进行遴选，对代表的职业、受邻避设施影响的程度、专业知识背景等因素进行综合考虑。具体可以采取以下几种方式：一是附近居民代表提供名单，二是由支持邻避设施建设计划有关行政部门的官员提供名单，三是参考建设单位提供的代表名单，四是通过附近地方团体确认代表名单。另外，可以考虑在邻避设施环评审批听证阶段允许利益相关者自行提出决策草案，给予其程序上一定程度的主动权。

2. 保证公众参与的效力

对于邻避设施中公众参与环评的效力主要反映在生态环境主管部门如何回应利益相关者提出的利益诉求。意见的反馈与参与机会的重要性是一致的。如果公众参与仅仅满足形式要件，这样的参与毫无实质意义。因此，应当完善我国环境影响评价中的公众参与回应机制。比如，对公众提出的意见和建议规范统计筛选，同时保证统计过程的透明度；规定生态环境主管部门、建设单位向利益相关者回应的相关程序、时间等义务。

三、强化邻避设施项目的监管力度

（一）构建邻避设施决策社会稳定风险评估机制

我国的环评制度包括规划环评（即规划环境影响评价）和项目环评（即建设项目环境影响评价），但没有政策环评（即政策战略环境影响评价），对政策开展环评，既可以对政府的政策文件进行预断性评价，也可以对政策实施过程进行跟踪评价，还可以对政策实施结果开展总结性评价。邻避设施的社会稳定风险评估是在作出邻避设施建设的决策之前，评价该项决策可能对社会稳定产生的不利影响。

国家最初制定稳评制度是为了对公共设施项目从源头把握风险，加强管控。对邻避设施决策进行“稳评”的依据是国家发展改革委 2012 年第 2492 号文件《重大固定资产投资项目社会稳定风险评估暂行办法》，属于中央部委的部门规范性文件。与《环境影响评价法》相比，稳评的法律位阶明显低于环评。而较低的法律位阶无法有效达到源头风险控制的效果。所以，应当尽早展开稳评立法的可行性研究。可以考虑先由国务院根据宪法和法律制定稳评的行政法规，等制定法律的条件成熟时，将中央和地方的稳评经验汇总，及时提请全国人大及其常委会制定稳评法律。如果能将稳评法提升至与环评法同位阶上，能极大地夯实稳评工作的法理依据。

从近几年的邻避冲突事件中可以看出，目前各地在“环评”和“稳评”的工作上存在诸多模糊地带。由于邻避设施项目的环境影响评价与社会稳定风险评估的责任主体都是项目建设单位，且环评与稳评在范围上有很大的重合部分，为两者的衔接和融合提供了政策上的可能性。根据近些年地方的实践，2012 年之后出台的多个省市自治区《重大固定资产投资项目社会稳定风险评估办法》中已经明确指出“项目规划、土地、环评等已完成社会稳定风险专项评估的，在社会稳定情况未发生较大变化的前提下，其结论可以直接引用”。江苏省环保厅在 2012 年年底出台了《关于切实加强建设项目环保公众参与的意见》，专门细化了公众参与实施细则，要求对直接关系人民群众切身利益且涉及面广、容易引发社会稳定问题的重大敏感项目，应由所在地环保部门报请同级人民政府按照《江苏省社会稳定风险评估办法（试行）》进行社会稳定风险评估，对于那些公众反对意见强烈的环评文件环保厅不再受理和审批。诸多经验为在更高层级上整合邻避设施项目的“环评”和“稳评”提供了思路。

首先，要理顺不同政府职能部门在风险评估中的体制关联。尽可能避免出现环保部为了强调稳评就要求报批单位在环评中增加稳评，而发改委为突出稳评的重要性就要求报批单位在项目可行性报告添加稳评篇章等各自为政的局面。建议由邻避设施项目报检单位作为环评和稳评责任主体，由他们通过公开的方式招标项目工程咨询机构开展环评和稳评，有效地将二者在具体实施阶段统筹起来。其次，建立邻避决策的长效风险沟通机制将更有益于环评和稳评的衔接。建议在项目“规划环境影响评价阶段”就与社会稳定风险评估相结合。邻避设施项目从规划到开工建设中间有时间缓冲区间，其间通过规划环境影响评价获得项目对环境负面影响的基本状况和制定相应的环保措施，然后针对公众关心的一系列问题进行沟通交流。等到公众对邻避设施项目有了深入了解之后再进行项目的社会稳定风险评估，将征求到的公众意见确定项目的社会风险等级，提出风险防范措施。

（二）建立多元化环境影响评价监督机制

目前，我国《环境影响评价法》取消了环评机构的资质许可，加强了对建设单位以及环评机构的监管。为了保证环评文件质量，应当尽快制定建设项目环评文件编制监督管理办法、能力建设，落实编制单位及人员信息公开管理制度等，进一步规范环评文件编制行为，保证环评文件的质量。同时，可以具体完善相关行政部门及其工作人员在审批时玩忽职守、滥用职权的法律责任，加入公众监督体制，使行政过程更加阳光。可以考虑将公众监督由分散化转为组织化，形成相应的公众代表团体对其进行监督。这样的组织化能够加大监督的力度，同时具有与行政机关及建设单位平等对话的可能。

四、建立利益损害补偿机制

在邻避设施的建设中，不可能完全达到各层次环境利益绝对的平衡状态。在邻避冲突中，利益选择是需要付出一定代价的，因此，可以通过采取利益填补原则，对邻避冲突中各方利益进行平衡。利益填补原则强调在各方利益主体之间建立有效的补偿机制，使利益受到损害的一方主体能够得到有效的补偿，从而达到分配的公平状态①。同时，基于正义原则，邻避设施附近居民利益受到了实际侵害，为了尽量达到利益分配的平等，要求对其利益进行填补，即补偿其受损害的利益。

目前，在我国邻避冲突事件中，政府最常用的补偿方式是直接给邻避设施附近居民发放现金，但是很容易造成“要糖效应”的扩大。由于邻避设施有不同的类型，不同邻避设施附近居民所要求的补偿方式不同，而且单一的物质补偿方式会使政府的财政压力增大，分摊到每个邻避设施的补偿力度会与居民的期望值存在差距，不利于邻避冲突的解决。因此，建立合理的利益损害补偿机制非常重要。

首先，对邻避设施的利益归属进行具体的区分。可以采取“谁受益、谁补偿；谁受损、谁受偿”的原则。根据邻避设施的投资主体、受益主体，以及该项目所追求的目标，区分该项目的建设是否符合公共利益。大部分的邻

① 周杰：《环境影响评价制度中的利益衡量研究》，博士论文，武汉大学2012年。

避设施符合公共利益需求，比如国防、社会公共基础设施等的建设给附近居民带来人身或者财产损失的，对其进行行政补偿，即由国家进行适当补偿。而对于其他符合企业私人利益需求的邻避设施，由受益企业对附近居民进行利益补偿。通过制定相关法律法规文件，对标准、程序进行具体规定。

其次，在补偿方式的选择上，货币补偿仍然是邻避冲突治理中进行利益补偿重要的方式之一，比如采取金钱回馈、税负减免等措施。由于邻避设施附近居民所受的负外部效应不均衡，所以可以采取“差异化”标准发放，即对邻避设施对其附近居民的不良影响进行核算并划分不同等级，根据不良影响等级核定对应的生态补偿标准，实施差异化补偿标准。还可以采用非货币补偿手段，比如医疗保健服务以及不动产保值等政策性手段；通过在设施周边规划绿化带、围墙等空间景观，将邻避设施与周边环境进行空间隔离；或者采取空间补偿方式，即在邻避设施建设规划中，同时在周边规划具有显著正外部效应的邻利设施，为设施周边居民提供所需的高质量公共服务。

邻避冲突的治理是我国目前重要问题之一，以往的邻避冲突的治理主要围绕邻避冲突的成因、邻避冲突的应对措施、环境正义理论、治理机制等问题进行研究，忽视了邻避冲突中利益冲突的根本原因。对邻避冲突利益平衡的原则、相关利益者的利益诉求进行分析，能为治理我国邻避冲突问题提供理论依据。

我国邻避冲突的问题主要有：政府方和企业方的信息公开制度存在不足，是邻避冲突最源头的问题；公众参与机制从范围、效力到组织形式存在模糊的界限，以至于在邻避冲突中最核心的公众参与机制没有得到有效的落实；环境影响评价制度缺乏监管，使环评制度无法得到切实监督。

因此，基于对以上邻避冲突产生的问题的分析，主要从以下几个方面提出治理邻避冲突问题的对策：首先，开放有效的邻避信息交流制度，落实政府与企业的信息公开制度，并与公众形成双向互动沟通；其次，完善我国环境影响评价制度，主要从完善公众参与机制和落实环评监督方面着手，使环评制度发挥其应有的功能；再次，完善邻避设施决策社会稳定风险评估机制，使环评制度与稳评机制有机联系起来；最后，建立利益损害补偿制度，对利益受损居民实行从货币到非货币形式的补偿。

笔者尝试对邻避冲突的研究提出一些看法，虽然还存在不少理论和实践问题没有涉及，但从利益平衡方面作为切入点研究环境邻避冲突的治理是一种新的方法，能够为走出邻避困境提供一个新的思路。

第五章

社区公共精神的文化源泉

党的十八大以来，社区治理话题越来越被社会各界人士关注。社区是社会治理的基本单元，要健全完善社区治理体系，不断提升社区治理水平，着力补齐社区治理短板，强化组织保障。中国传统文化中诚信、礼仪、和谐、忠孝等优秀文化在维护社区经济秩序、调节社区主体关系、营造社区公共环境等方面发挥了重大作用，推动着社区共同体建设朝着更加健康、安全、和谐的方向发展。

首先，笔者凝练出的“信”“孝”“礼”“福”“和”等中华优秀传统文化是社区共同体建设进程中的具体内容，并在此基础上阐释其与社区共同体建设的内在逻辑关联。其次，着重论述了中华优秀传统文化在推进当前社区共同体建设进程中面临的一系列的困境，主要表现在：社区诚信文化中交往诚信的缺失、基层单位公信力缺失、个人道德素养及信仰缺失；社区孝道文化中传统孝道意识弱化、家庭生活风气失范、节俭美德渐渐流失；社区传统礼仪文化中功利性交往下社区人际关系异化，社区舆论失效下公共精神扩散；传统福文化中社区公共服务体系有待拓展，居民参与意识比较淡薄，资金的匮乏及人才队伍的流失；传统和文化中等级观念强烈、民主意识匮乏、人际关系淡薄等问题。最后，应对这种种困境，在结合国内以忠孝为理念的义门陈氏家族管理模式、坚持天下为公理念的华西村共建模式、突出和谐共生的枫桥治理模式、注重多元参与的现代社区治理模式以及国外注重吸收儒家文化的新加坡社区治理模式、注重民主意识的美国社区自治型模式、突出亲和文化的日本政社合作型模式等的社区治理经验总结的基础上，进一步提出倡导传统“信”文化、构建社区诚信监督体系，传承传统“孝”文化、构建新型孝道教育，重整传统“礼”文化、提升社区文明礼仪建设，提倡传统“福”文化、提高社区居民幸福指数以及弘扬传统“和”文化、构建和谐社区环境五个方面的实践路径。

第一节　中华优秀传统文化与社区治理

培育现代社区居民的共同体意识，中国传统文化不仅成为人们发自心底的呼唤和追求，也成为构建和谐社区的重要表征。尤其是在当下日趋复杂的社会关系中，“信”“孝”“礼”“福”“和”等中华优秀传统文化是当前社区共同体建设的具体内容，与其有着内在的逻辑关联，并在社区共同体建设中发挥应有的价值。

一、社区共同体建设与中华优秀传统文化的概念界定

纵观学术史，伴随着人类社会共同体形态的不断演进，思想家们对“共同体”的理解也不尽相同。中国传统五千年的历史文化也随着社会的发展而不断地推陈出新，在新时代更深刻体现出其创新性发展。因而，要准确把握好社区共同体与中华优秀传统文化的相关概念。

（一）社区和社区共同体

以吴文藻、费孝通先生为代表的青年学生认为“社区”是中国社会基于地缘关系，在特定“地域”范围内活动形成的人类结合体。而“共同体”最早的概念源于古希腊城邦，它表示的是一种具有共同利益需求和价值取向的

人类聚集在同一社会群体的生活方式①。在西方，亚里士多德、滕尼斯、马克思、恩格斯等都对共同体做过重要的阐述。亚里士多德所描述的社会共同体是一种至善、至高的社会共同体②。滕尼斯所认为的共同体是一种基于自然意识（如情感、习惯等）形成的一种血缘、地缘和精神上的共同体。马克思认为的社会共同体是一种自然形成的“部落共同体”，经过不断地发展最后得出自由人联合体是人类社会“真正的共同体”。

本书所论述的社区共同体主要是指：其一，它是社会中存在的基于主观上或客观上的共同利益特征而组成的各种团体或组织。它体现的不是个体，而是基于包括身份、种族、地位、观念等共同特征所形成的利益团体。其二，社区成员对社区公共事务广泛而主动的讨论和参与。通过在社区中增加居民互动交往，鼓励居民广泛参与社区事务，产生共同的生活体验，改善邻里、组织间关系，推动现代社区的成长③。其三，基于共同的价值取向而对社区产生认同感和归属感。从某种程度上讲，社区共同体建设就是要重建在现代化过程中基于价值取向和思想观念的不同而被侵蚀了的亲密感和归属感。

（二）中华优秀传统文化

中华文明有五千多年的历史，其内容包罗万象。独一无二的中华文化给人们带来高度的自信和自豪感。正确认识中华优秀传统文化，要基于对各历史时期的发展状况、特征等方面有全面的了解和分析的基础上。一方面，中华优秀传统文化融于中华传统美德中。中华优秀传统文化蕴含着丰富的道德理念和规范，如振兴中华的爱国主义传统文化。几千年来，中华儿女以自身实践表达着对祖国深沉的爱，并在实践中实现自己的人生价值。爱国主义传统文化始终激励着中华儿女为民族振兴不懈努力，成为我们的精神支柱④。自强不息传统文化，崇德向善的社会风尚，孝悌忠信、礼义廉耻的荣辱观以及扶危济困、孝老爱亲等中华传统美德都是中华优秀传统文化因子。另一方面，

---

① 高亚芹：《“共同体”概念的学术演进与社区共同体的重构》，《文化学刊》2013 年第 3 期。

② 陈宗章：《城市社区“共同体意识”的现代性解构及其重建》，《理论导刊》2010 年第 3 期。

③ 王霞：《构建家、园、社区教育共同体的实践研究》，硕士论文，四川师范大学 2016 年。

④ 赵东海，梁伟：《中国传统文化精髓述略》，《内蒙古大学学报（哲学社会科学版）》2011 年第 1 期。

中华优秀传统文化深刻体现出中华人文精神。中华优秀传统文化积淀着多样、珍贵的精神财富，如以和为贵、崇德重义、讲仁爱等优秀传统文化。中国古代以“和”为最高的价值[①]。“和”的观念注重于在肯定多样性统一的同时主张容纳不同的意见。以和为贵的传统文化具有促进民族团结，加强民族凝聚力的积极作用。这些优秀传统文化是中国人民思想观念、风俗习惯、生活方式等的集中表达，至今仍然具有深刻影响。

二、在社区共同体建设中中华优秀传统文化的具体内容

五千多年的中华优秀传统文化蕴含着诸如孝悌、忠信、礼义、廉耻等文化精髓，大力弘扬讲仁爱、重民本、尚和合等核心文化理念，是当前社区共同体建设的重要宝贵资源。

（一）传统“信”文化

中华民族五千多年的历史文化中蕴藏着丰富的诚信道德思想[②]。孔子曾讲“自古皆有死，民无信不立”，一个人没有诚信根本就无法在社会上立足，这也正强调了诚信的重要性。孟子讲过“君子行忠信，可以保一国”。作为国君只有坚守诚信理念才能保护国家的安宁。荀子也指出“养心莫善于诚”，要想陶冶情操、提高自身道德修养，最重要的就在于真心实意。汉朝时的董仲舒将“信”列为五常之一。在宋朝，北宋时的周敦颐指出，“诚者，圣人之本”，在他看来，诚信是人之根本。南宋时的朱熹用“诚者，真实无妄之谓，天理之本然也”来强调诚信的重要性。明清时期，诚实守信更是成为商人经商的根本原则[③]。由此可见，诚信作为中华优秀传统文化之一，不仅是个人修身立命的基础，也是实现国家长治久安的根本所在，亦是当前社区共同体建设的必然因素。社区诚信建设应是一个多方力量共同参与的过程，在当前社区治理中把诚信文化作为其着力点，不仅必要，而且迫在眉睫。

---

① 姜明明：《中国传统文化中的诚信资源及其当代价值研究》，硕士论文，天津商业大学2015年。

② 张道理：《小康社会，诚信为本：发挥社区优势，搞好公民诚信道德建设》，《西南民族大学学报（人文社会科学版）》2005年第12期。

③ 诚信社区建设课题组：《城市治理中引入诚信社区建设的可行性研究——上海市浦东新区洋泾街道的调研与思考》，《宁夏社会科学》2015年第5期。

（二）传统“孝”文化

忠孝文化是调节社会人伦关系的基本行为规范，源于儒家所倡导的“亲亲”思想，并将其视为伦理道德的规范。以“孝”为中心的家族主义价值取向最大特点是对“孝”的张扬，认为忠孝是中国伦理文化最基本的精神，根植于人们内心，影响人们的行为规范。“孝”有其消极与积极两方面，消极面即它是封建统治的基础[①]。积极的一面在于“孝”文化中强调尊老、敬老、养老等思想，有利于营造和睦的家庭人际关系以及稳定的社会风气。同时“孝”文化也蕴含克勤克俭、待人宽厚、严于律己等优秀传统品德，是当前社区共同体建设的宝贵资源所在。社区共同体建设需要“德”和“孝”的优秀文化因子，注重的是“崇德”之下温良的人际交往关系，要在人际中力争完美、追求稳妥，在和谐环境中实现自身价值。只有借助中国传统尊老爱幼、互帮互助等优秀品德，才能在精神层面开辟出社区共同体建设的新天地。

（三）传统“礼”文化

在漫长的封建专制统治期间，儒家思想在我国一直占据着重要的指导地位。儒家思想中秉承道德礼仪的修养，是当前在社区共同体建设进程中重要的思想理论基础。中国自古就有“礼仪之邦”之称，形成了完整的伦理道德和生活行为规范的礼仪文化。礼仪文化涵盖了人们在社会交往中的语言、衣着、举止、交谈、公共生活等方方面面，并要求人们在社会活动的交往中按照礼仪文化的标准来规范行为。中国传统礼仪文化在现代人的社交活动中仍然有着重要的影响，且很多内容和形式至今仍然被有效地沿用。在今天我们建设社区共同体进程中，礼仪文化仍然发挥着重大作用，在日常的社区交往中，居民的礼仪代表的不仅是个人，而且是社区的形象，是维护社区共同体秩序的重要因素。

（四）传统“福”文化

“福”文化作为中华优秀传统文化之一，古来有之且始终贯穿于中国五千多年文明中。中国自古就有祈福的传统，“福”文化是民族文化的基因和根

① 张春伟：《当代中国社区孝德教育研究》，硕士学位论文，太原科技大学2016年。

脉，渗透于我们生活各个方面。中国传统“福”文化包含多层内涵，人民对其有着高度的认同感。尽管每个人对福有着不同的理解，但大致可将“福”文化概括为衣食、平安、健康长寿、多子多孙、修德等几个方面。其中，衣食是人们维持生活的基本追求，平安代表人们追求和谐稳定的生活状态，健康长寿体现人们对生命价值的重视度，多子多孙则是人们重视后代子孙的繁衍和传承的体现，修德反映出个人德行的修养。良好的道德品质是传统“福”文化的重要内涵。和谐是人们对“福”文化的最高精神追求，在当前社区建设中居民强调“和为贵”思想就是期望个人与家庭、个人与社区等和谐相处。传统“福”文化是塑造个体居民积极健康品格、形成崇德社区风尚的重要文化资源，对于当前构建社区共同体具有重要的意义，有利于打造舒适、和谐的幸福社区。

（五）传统“和”文化

“和”文化是中国传统文化中的魅力所在，它体现出当前社区建设所推崇的人文、道德以及人格追求的精神。传统和谐思想中强调“天人合一”的人生追求、求同存异的价值追求、“以和为贵”的处世之态以及“仁者爱人”“自强不息”的民族精神，这些思想内容为我们打开了和谐文化这座精神宝库，是当前社区共同体建设的核心因素所在。如今的社区建设的发展更需要我们协调个人与社区、个人与个人之间的利益关系，把各自之间的利益都融入社区这个大家庭里，以便谋求共同的发展。社区作为大家共同生活的地方，因而从整体上去把握社区共同的利益是我们应该秉持的最基本的原则。在这方面，传统“和”文化给我们提供了一定的思维模式和最为有效的方法。当我们自身利益与社区利益相互冲突时，要使自身利益服从于社区整体利益，增强社区之间的亲和力和凝聚力。中国“和”文化中朴素的整体系统观念就体现了在社区建设过程中要从社区这个整体出发，在不损害个人利益的前提下，促进个人与社区建设的共同发展。

三、中华优秀传统文化与社区共同体建设的逻辑关联

社区共同体建设与中华优秀传统文化有着密切的联系，在新时代，历经数千年传承下来的中华优秀传统文化更是推动社区共同体建设的重要力量。

（一）“信”——维护社区秩序的载体

诚实守信作为中华民族的传统美德，一直以来都受到历届统治者及人们的关注，强调诚实守信的重要性，并视诚信为最基本的道德规范。习近平总书记指出要“推进诚信建设和志愿服务制度化，强化社会责任意识、规则意识、奉献意识”①。在社区共同体建设中少不了传统诚信文化的融入，社区经济的发展遵循的最基本的原则就是诚信原则，良好诚信是维持社区经济平稳发展的关键。社区经济发展一旦出现信用的失衡，就会导致恶性竞争、市场经济秩序紊乱，甚至会阻碍社区共同体建设发展前进的步伐。因此，倡导传统诚信文化，营造诚信健康的社区环境是社区经济平稳运行的基础所在。将传统诚信理念融入社区市场经济的建设中可以有效抑制市场经济的负面效应，维护社区经济秩序。

（二）“孝”——社区主体间关系的调节器

中国传统“孝”文化认为，孝道的产生和发展是维系一切社会关系的基石，在人们所有的关系当中，父母与子女之间的关系是最基本也是最重要的，没有父代就没有子代的发生，甚至长久婚姻关系的产生也是为父代与子代关系的发生而做的准备。而父母与子女之间维持和谐关系存在的基础就在于孝道的维系。孔子曾说，“不爱其亲而爱他人者谓之悖德，不敬其亲而敬他人者谓之悖礼”。他把关爱和尊敬看做处理一切人际关系的前提。当前，在人们所居住的社区里，我们常常会看到这样一种现象，行走在社区里的人见面几乎不打招呼，似乎每个人都生活在自己的个人世界里，甚至是居住在同一楼层的住户，有的一年见不到几次面，更有的居然连自己对面或者隔壁住的是谁都不知道或者说漠不关心。面对这种日益淡漠、疏远的人际关系，升华传统“孝”文化精神，从关爱家人开始关心、爱护邻居、社区组织，养成互相尊重、互帮互助的和睦人际关系。因而，倡导传统“孝”文化，是促进家庭和谐发展、维持和谐社区主体间人际关系的调节器。

（三）“礼”——规范社区居民行为的标准

中华民族被誉为“礼仪之邦”。荀子曾用“人无礼而不生，事无礼则不

① 王艳波：《儒家诚信思想及其当代价值研究》，硕士论文，北方工业大学2018年。

成，国无礼则不宁”强调传统礼仪文化的重要性。在新时代，衡量一个社区文明的标准不仅是看基础设施建设方面，更看重的是居民的素质、社区管理的水平、文化生活的丰富程度等，而传统礼仪文化是这一切的外化表现。改革开放40多年以来，我国经济快速发展，人们在基本需求满足以后对尊重和自我实现的需求提升了，越来越多的人希望实现自己的人生价值，希望得到别人的尊重和理解，而传统礼仪文化刚好可以满足人的这种需求，通过形式、表情和言语动作等外在表现展现出对人的尊重。一个拥有良好风气的社区，居民间必定互相尊重、待人诚恳，这是由居民内心所具备的高尚道德反映出来的。中国传统礼仪文化是构成社区精神文明的基本要素，在陶冶内心的同时规范社区居民的行为，培养高尚的审美情趣。因而，倡导传统礼仪文化有利于营造良好的社区风气，提升文明社区形象，促进文明社区发展，规范社区居民行为。

（四）“福”——社区幸福生活追求的向导

传统“福”文化作为中华民族优秀传统文化之一，充分展现出其在促进社区发展中的文化魅力，是社区共同体建设的宝贵资源。在当前社会物质财富丰富且人民生活水平普遍提高的情况下，很多人的幸福感却在慢慢地下降。这其中缘由在于物质欲望太过强烈。传统“福”文化让我们在调节自身欲望、满足合理的欲望的同时，能够从“塞翁失马，安知非福”和“塞翁得马，安知非祸”中认识到祸福转化的道理，给当前社区共同体建设提供了一定的指引。在经济飞速发展的今天，社区共同体的发展面临诸如社区经济发展不平衡、社区居民的贫富差距大、社区法治监管缺失等各种问题，严重影响着居民的幸福指数。传统“福”文化在指引居民保持居安思危清醒意识的同时将幸福生活建立在德性之上，讲求造福，只有造福才能享福。幸福不应只满足于自我，更应该凭借自身才能和努力为他人谋幸福。这种为他人谋幸福的中国传统福文化是社区幸福生活形成的内在基础。

（五）“和”——维系和谐社区环境的纽带

社区是我们共同生活的一个大家庭，社区共同体建设离不开和谐环境的支撑。中国传统文化提倡“以和为贵”的理念，在强调“人和”的基础上，主张要保护大自然，不能破坏大自然，在尊重自然规律的基础上强调人们要规范自己的行为，营造积极健康的社区环境。当前在社区中乱扔垃圾、随地吐痰的现象时常发生，社区公共建筑、公共基础设施遭到破坏的现象也时有出现，这些对我们所居住的环境带来不好的影响。中国传统“和”文化在构建和谐的社区环境时注重对社区自然环境的保护，良好的社区公共环境会给居民带来身心的愉悦，健全的社区基础设施会让居民更加愿意在社区活动。当然，中国传统文化中也有一些腐朽、落后的文化侵蚀社区居民的思想，严重影响社区共同体建设前进的步伐，用积极健康的传统“和”文化来营造和谐社区环境有利于社区朝着更加正确、健康的方向发展①。此外，中国传统“和”文化是个体居民身心和谐、居民与社区基层工作人员关系和谐的内在基础，以中国传统“和”文化为引领，无论是管理过程中的个体居民还是社区工作团体，都能够发挥出其最大的潜能，“和”文化是维系和谐社区环境的纽带。

四、中华优秀传统文化在社区共同体建设中的价值体现

中华优秀传统文化以其丰富多彩的形式极大地丰富了人们的社区生活，在促进社区精神文明建设、提升社区凝聚力和向心力、整合社区资源、引领社区文化建设及促进社区治理体系的构建等方面充分发挥出其应有的价值。

（一）传统文化促进社区精神文明建设

中华优秀传统文化极大地丰富了人们的社区生活，在社区精神文明建设方面有着重要价值。其一，有利于改善社区人文环境。社区的人文环境集中体现了社区居民共同的思想观念，是协调社区成员间关系的调节器。优秀传统文化在共同的生产生活中形成社区精神，在精神层面为社区居民进行指引，是精神文明建设的助推器②；其二，有利于培育社区公共精神。公共精神作为一种文化，且古来有之，只是说法的不同罢了。社区是一个开放的空间，中

① 张承安，钟泽平：《以网格化治理完善社区公共服务——以长沙市芙蓉区为例》，《长沙理工大学学报（社会科学版）》2016年第4期。

② 王春，王毅杰：《新邻里视域下城市新建社区共同体复归及其可能》，《新疆大学学报（哲学·人文社会科学版）》2016年第3期。

国传统文化提倡的团结友爱、友善待人、勤俭节约等思想有利于培养居民的公共责任精神和公共道德精神，提升社区居民的公共道德水准，培育社区公共精神[①]；其三，传统文化有利于居民素质的提高。中国传统文化提倡父慈子孝、夫义妇贤、兄友弟恭等思想，这些思想在客观上起到了协调各种人际关系的功能，也是当前社区共同体建设中尊老爱幼良好氛围的根源。正如孙中山所说，讲伦理道德，敬老人是道德教育的起点，也是道德修养的起点，它既能展现出一个人的道德品质，又能反映出一个社会的道德风貌。传统“孝”文化让孩子由爱自己的父母延伸至爱社区内的人，让居民潜移默化地把这种对亲人的爱转换为对他人的爱、对所属社区的爱，甚至是对社会和国家的爱，使得居民养成强烈的家庭责任感，有利于社区居民个人素养的提高。

（二）传统文化提升社区凝聚力和向心力

要提高社区居民对社区的凝聚力和向心力，就需要社区内部有着一定的纽带能够将社区与居民间的共同利益紧密联系起来[②]。中国传统文化具有向心力与黏合剂的作用，小到形成良好的道德素质，大到邻里互助，都需要塑造社区精神，增强社区凝聚力。传统文化强调“家国同构”，“爱国”就是“爱家”，“爱家”就是“爱国”，“爱国”“爱家”是正当的行为和理念。社区作为社区居民共同生活的场所，社区发展的好坏和每一个居民的切身利益息息相关[③]。因而，就要求社区居民都要关心、参与社区公共事务。而中华优秀传统文化中强调尊老爱幼、孝敬父母，礼貌待人等礼仪规范，有利于提高社区居民的自我教育、自我约束等能力，潜移默化地培育社区居民“宽容”“诚信”等理念，进一步增强社区居民的凝聚力。

（三）传统文化整合社区资源

社区资源是社区赖以存在和发展的一切资源，有效整合和利用社区资源是推动社区共同体建设的重要保障。然而，现代化小区由于职业、受教育背

---

① 王冬梅：《从小区到社区——社区“精神共同体”的意义重塑》，《学术月刊》2013 年第7 期。

② 孙雷雷：《社区共同体建设是社会治理的转型性创新》，《中共济南市委党校学报》2015 年第 5 期。

③ 王春：《城市新建社区共同体营造的路径分析》，《浙江工商大学学报》2016 年第 1 期。

景等方面的不同，每个人有不一样的社会需求和利益。因而，如何让其相互了解信任，将分散的社区资源进行整合是社区共同体建设的重要问题。中国传统文化强调“公平正义”，以公平合理的社区资源让社区居民参与到社区公共活动与公共事务中来①。传统文化的“公平”不仅仅体现在个人利益的公平，还体现在社区公共利益的公平。只有公平地拥有社区文化资源，才能实现社区健康良性的发展。此外，社区资源还包括基于社区个人或团体组织良性互动中形成的信任、合作等人际网络关系资源。信任是人际关系网络中最重要的资本之一。在当前社区共同体建设进程中，经济利益的多元化发展已成为必然的事实，提倡相互关爱、相互尊重的传统“信”文化精神，在居民中有目的地提高居民意识，使其在相互沟通和了解的基础上，形式互惠合作、相互关爱、相互尊重、相互信任的社区。

（四）传统文化引领社区文化的建设

社区文化是以本社区居民为主的反映其生活方式、习俗以及价值观念等的一种群众性文化②。当前，我国社区文化建设水平较低且面临的问题诸多。源远流长的优秀传统文化以其丰富的内涵扎根大地，推动社区文化繁荣发展。社区共同体建设离不开中华优秀传统文化，中华优秀传统文化也潜移默化地影响着社区的文化建设。用传统文化引导社区文化建设不仅可以使社区共同体建设工作扎根土地、归本溯源，而且能够提升社区居民的整体素养和生活水平。社区共同体建设需要中华优秀传统文化来支撑。

（五）传统文化促进社区治理体系的构建

中华传统“以人为本”“德法兼重”理念为社区法治建设奠定基础。全面推进国家治理体系与治理能力现代化是理论界的重大课题。当前社区发展面临人际关系疏离、社区共同意识丧失等一系列的问题。“以人为本”“德法兼重”思想作为中华优秀传统文化之一，在长期的历史进程中备受国家和人

① 杨贵华：《社区共同体的资源整合及其能力建设——社区自组织能力建设路径研究》，《社会科学》2010年第1期。

② 段建军：《培育社区社群共同体：社区治理的基础条件》，《生产力研究》2011年第6期。

民的关注。我国法律的有效实施离不开传统道德的支撑①，在坚持依法治国和以德治国相结合的基础上，就要重视发挥道德的教化作用。社区建设作为推进国家治理体系的基础性工作，在当前社区共同体建设进程中，“德法兼重”的思想一直是居民、社区基层组织、政府秉持的治理之道。但在我国现阶段的社区治理中，市场和社会形成了依赖政府、服从政府的习惯。这种基于政府中心主义的社区管理忽视了居民及社会组织对公共事务的参与、监督，难以满足当前社区共同体发展的需要，传统“德法兼重”思想在充分发挥其最大价值的同时，有利于促进社区治理体系的构建。

第二节 中华优秀传统文化融入社区治理的现实瓶颈

在构建社区共同体的进程中，“信”“孝”“礼”“福”“和”等中华优秀传统文化在促进社区共同体建设发展的同时也反映出其消极的一面，使得其在社区共同体建设中的作用发挥程度不一，阻碍了我国社会主义精神文明健康的发展。

一、社区诚信文化的缺失

“信”文化是中华传统优秀文化之一，当下致力于推进社区共同体的构建，传统“信”文化应适应社区共同体建设的道德行为准则。但纵观当前社区建设的现状，不难发现构建社区共同体进程中传统诚信文化的缺失现象较为严重。

（一）社区交往诚信的缺失

社区交往诚信的缺失是社区生活中的个体居民和社区的诚信及政府公信的缺失，主要表现在“宰熟”现象严重。“宰熟”是指欺诈熟人。中国社会的人际交往中熟悉和信任有着紧密的联系，与人愈亲近，对这人的信任度就越大。但当前随着社会上“宰熟”现象出现得越来越频繁，无疑是对人与人

① 刘祖云，孔德斌：《共同体视角下的新农村社区建设》，《学习与探索》2013年第8期。

之间的信任关系的亵渎。信任进化的分析模式中存在着两端，其中一端不仅在熟人中建立了信任，而且靠着熟人信任在陌生的环境中也建立了信任；另一端则不仅在陌生人中缺乏信任，而且在熟人中的信任也日益丧失。“杀熟”现象的出现正是后一者的表现，将人际关系中的信任降到冰点。但就是这种“杀熟”现象反映在了当前社区共同体建设的大环境中。当今社区居民之间信任感的产生往往是基于熟人关系上的，“杀熟”现象的出现恰恰就是对于人与人信任缺乏的警示。在社区交往的过程中也往往存在欺瞒、对人有所保留、提防的现象，使得居民与居民之间最基本的信任问题受到质疑。

（二）社区基层单位公信力缺失

社区基层单位作为社区管理的直接领导者，其公信力的作用不言而喻。当下，社区基层单位出现缺失现象一是表现在基层单位的弄虚作假。诚实守信作为优秀传统文化之一传承至今，本应是社区基层单位一种负责的施政理念。但诸如利益和“面子”等问题的出现，有些社区重量不重质现象频频出现，且弄虚作假、片面强调速度和指标，在面对考核时有些社区基层单位不察实情、欺上瞒下，工作人员失信的现象频繁出现，使得社区基层单位公信力受到很大的影响。二是社区基层单位透明度不够。社区基层单位在参与和实施社区管理活动时，本应秉持单位本身职能，为社区公共事务服务。但在实际参与和实施社区管理工作时，部分社区单位出现了滥用职权现象①。在考核时，有些社区工作人员刻意篡改或假造调查数据，甚至在缺乏调查论证的前提下引入或推出一些政策，最后既不能促进社区公共事业的发展，又极大地浪费了宝贵的资源。由于社区基层单位的不透明化，导致某些工作人员滥用职权，使得社区单位公信力下降。三是出现腐败现象。随着社会主义市场经济快速发展，一些行贿、受贿、公款吃喝等腐败现象出现，严重地污染了社区的诚信环境，给社区建设的发展带来了不可估量的损失。

（三）个人道德素养及信仰缺失

居民个人道德素养的缺失主要表现在道德上的不完善亦或个人价值观的

① 李乖琼：《中国社会信用体系建设研究》，硕士论文，中共中央党校2016年。

错乱。近些年来，随着市场经济快速的发展，在建设社区共同体的进程中，居民的物质需求加大，很有可能会导致一些人形成错误的理想信念，淡忘构建社区共同体的目标，把追求物质利益作为人生主要目标，对自身定位不够清晰，对自己的责任不闻不问。同时，伴随着信仰缺失现象的出现，信仰的功利性显得尤为严重。在当前我国经济、文化等各个方面都在不断发生变化之际，竞争压力、物价飞涨、就业困难等问题时刻困扰着社区居民，加之外来文化的多元渗透，居民对利益的追求，使得他们更注重于如何解决自己的现实问题。

二、社区孝道文化的弱化

孝道文化是传统文化中的一块瑰宝，其对构建社区共同体的历史意义和现实影响不言而喻。但孝道文化在日趋利益化的社区建设中也变得越来越淡薄，主要表现在如下几个方面：

第一，传统孝道意识弱化。在传统社会里，长幼有序，孝敬老人是传统文化的法则。家庭中父代的一言一行具有模范性和主导性，长辈的权威就此而来，子女孝顺父母成为传统文化中最基本也是核心的内容①。随着老年人能力的逐渐衰退，其在子女面前的权威下降，子辈对他们的敬畏也逐渐弱化。对老人的物质供养渐渐怠慢，孝道衰弱成为传统文化的主要表象之一。此外，随着大量中青年外出务工，子女大都不能经常陪伴在老人身边，仅仅是在物质层面上的赡养。由精神关怀的缺失而引发一系列的老人抑郁、自杀等问题成为社区共同体建设进程中的阻碍因素②。

第二，家庭生活风气失范。有的父母关注孩子生活的方方面面，容易造就子女过分任性、自私的性格，不利于孩子形成正确的人生观念。有的家庭条件好，父母从小不让孩子做任何家务劳动，很容易养成好吃懒做的不良品性。当前，社会上具有攀比、骄纵等性格的年轻人大有人在，“啃老”现象常有发生。同时，在家庭中过分溺爱孩子也有可能减少对老年人的关注。老人

① 卢明霞：《中国孝德教育的历史与变革》，硕士论文，东北师范大学2010年。

② 祁福雪：《以“孝道教育”推动“中国梦”教育刍议》，《湖北经济学院学报（人文社会科学版）》2016年第2期。

也是家庭的重要成员，但在现代家庭中也时常会出现无人赡养老人的现象，甚至在赡养问题上兄弟姐妹争相推脱，对老人的身体和精神带来伤害。有的尽管家庭条件好、能力强，但却更愿意把钱花在自己身上，长此以往会影响到家庭的和睦，影响社区的风气，不利于社区共同体建设的发展。此外，由于社区内中青年居民外出打工，把孩子养在老人身边的情况比比皆是，对孩子的教育以及亲情的维系产生很大的影响。

第三，节俭美德渐渐消失。千百年来，勤俭节约是中华民族传统美德，更是当前社区共同体建设倡导的优秀传统文化之一。然而近年来随着市场经济的发展，一些新思想、新观念逐渐被带入社区，社区里逐渐升起一股奢靡享乐之风，中华传统勤俭节约的美德渐渐消失。

三、社区传统礼仪文化失调

传统礼仪文化习得于教化之内，蕴含在社区建设之中。然而在构建社区共同体建设进程中，传统礼仪文化逐渐出现失调现象，无法发挥引导社区居民在思想观念与行动逻辑上的统一，阻碍了文明社区的建设[①]。

（一）功利性交往下社区人际关系异化

社区居民的人际交往以情为上，往往将其提前设定在居民与居民间心理互通之上，追求的是彼此间长期的往来。在此期间，小到交谈时的言语，大到赠礼的轻重，传统礼仪文化起到了重要的规范作用，以一种标准的方式让人们在交往过程中不由自主地依据自身需求去行动，从而达到一种恰到好处的相处态度。在此状态下，居民能够进一步拓展人际关系，建构适合自己生活需要的人际关系网络[②]。但随着我国城市化的发展，当代社区逐渐转为一种基于交换和契约关系的“半熟人社会”。社区内年龄稍大的居民，其交往方式变化不大，且大多与邻里相处融洽。反观年轻一代的社区居民，有的通过理性的算计来决定交往对象，通过预估其能给自己带来的利益来决定彼此间人情交往的程度。这突出的一个问题就是在原有的社区人际关系网难以维持的

---

① 傅琼，吴其佑：《乡村振兴战略中传统礼仪文化的重构》，《重庆社会科学》2018 年第 10 期。

② 杨磊：《优秀传统礼仪文化的传承与创新的基本路径》，《管理观察》2018 年第 13 期。

情况下，居民间的交往是以利益为前提的。这种功利性交往凸显出传统礼仪文化的日渐衰弱。

（二）社区舆论失效下公共精神扩散

费孝通先生曾提出过“双轨政治”理论。其原则是：一个健全的、能持久的政治必须是上通下达，来往自如的双轨形式[①]。一方面，中央发布任何政令要通过层层级别的传递到达基层社区，在这一传递过程中或多或少会受到影响，如此传递到社区基层单位时的成效甚微。同时，有的社区工作人员或多或少对外依靠宗亲关系，基于自身利益的考量弱化国家对于社区基层的把控力量，从而获得对社区治理的实际影响。在此基础上，他们根据自身的知识储备，在学礼、知礼、行礼下，逐渐在社区产生一定的声望，这种威望可能最终就会产生巨大的向心力，使得社区的其他居民竞相效仿。于是，社区工作人员便占据了社区舆论的主动权，舆论监督约束的作用也就弱化了。然而，当前在市场经济的影响下，社区居民大部分的需求市场一应俱全，居民不用担心失去在社区的立足之地后无法生存。传统道德受到利己主义的冲击，公共生活舆论缺失了重要的存在基础。再加上现代化网络信息的快速传播，物质上的相对宽裕使得居民了解到的信息更加多元化，且消费主义思潮涌现，居民自我意识的觉醒使得彼此间难以达成共识，就更加减少了舆论的影响力[②]。

四、社区居民幸福感的降低

中国传统“福”文化作为民族基因文化，以其知福、惜福、造福理念融入当前社区共同体建设进程中，与社区居民共享福，使幸福成为一种能力[③]。但同时，在社区建设中出现的一些突出问题也制约着社区居民幸福感的提升。

（一）社区公共服务体系有待拓展

党的十八大以来，习近平总书记针对我国民生问题发表了系列讲话。我

---

① 伊刚：《从费孝通的双轨政治理论看我国社会管理的困境》，《学术探索》2014年第12期。

② 张承安，师晓倩：《现代性扩张对公共精神的背离与复归》，《湖南社会科学》2017年第2期。

③ 李庚香，刘承：《“福”说——中华传统福文化及其新时代价值》，《河南社会科学》2018年第10期。

国民生问题也在稳步中发展，且随着民生的快速发展，居民对幸福生活的追求目标也在不断提升，原来传统的社区公共服务体系已不能满足居民现有的需求，且居民对公共服务体系建设的要求朝着更加专业化和多样化方向发展。我们看到，在现有的社区公共服务体系中主要针对的还是社区的绿化、社区公共卫生环境以及社区对老人、儿童等的基础性物质的服务，但针对诸如老年人的心理辅导、单亲家庭成员的特殊辅导等专门服务，以及社区工作者的岗前培训等专业化服务没有或很少开展起来，从而影响到社区居民的幸福感。

（二）居民的参与意识比较淡薄

当前社区居民参与社区建设的意识淡薄，积极性不高。社区建设的渠道单一，在人、财、物等方面主要是依赖于政府的支持，社区居民的参与意识并没有真正树立起来，且对于社区公共事务主动参与的很少，几乎都是被动式的参与。社区居民参与意识薄弱的主要原因之一在于社区利益机制的缺失。社区利益切实关乎每一个社区居民，大多数的居民都是基于利益的驱使下而参与到社区管理中。此外，社区居民参与的渠道不健全，这也是导致居民参与意识薄弱的原因。

（三）资金的匮乏及人才队伍的流失

在当前社区共同体建设中多元化的资金投入主体并未完全形成，社区资金来源大部分还是依赖于政府的投资。社区居委会作为最基层的单位组织，社区服务经费远远不足且没有独立的财经核算权。一旦社区开展活动，经费往往受到限制，资金不到位，大多数时候要通过拉赞助的形式筹措资金以维持活动的顺利开展。由于社区提供服务时的经费受到限制，很大程度上影响了社区服务的质量。此外，虽然社区工作人员的总体文化素质有了较大提高，但多数社区工作者未经过社区工作的专门培训，在实际的社区工作中欠缺工作方法和技巧，创新意识不强。社区工作人员的工资待遇整体不高，难以吸纳青年人才，也容易造成人才流失。

五、社区传统和谐文化影响

中国传统“和”文化是构建社区共同体建设的重要因素，然而在当前社区共同体建设中，传统“和”文化的一些消极因素影响着社区共同体的建设。

（一）等级观念强烈

传统“和”文化的诸如君臣之间、官民之间、长幼之间、男女之间等诸多人际关系有着强烈的等级意识，与现代提倡的公平、平等意识是对立的，并在一定程度上也影响着当前社区共同体的建设。工作好、收入高的往往觉得高人一等，在与其他居民交往过程中表现出高傲、蔑视甚至伴随言语上的侮辱。有的社区出现业主与租户的区别对待问题，但凡业主的问题、要求都高效率地去解决，而租户的问题却一再推脱，应付了事。社区共同体建设强调的就是家庭间、居民间、居民与社区工作者之间、居民与社区团体间等能够相互尊重、平等对待、和睦相处，而这些不公平现象的出现在一定程度上阻碍了社区共同体的建设发展①。

（二）民主意识匮乏

传统“和”文化的民本思想与当前我们强调的人本思想不可同日而语。尽管传统“和”文化也有“民贵君轻”“以民为本”等思想，其与当前社区共同体建设中提倡的民主思想有着相似的内容，但传统“和”文化强调的民本往往带有“制民”的意思，且其所强调的选贤举才也是为维护当时的封建统治的，真正要实践起来困难诸多②。同时，传统“和”文化注重人的道德修养，反映在社区管理理念上注重坚持以德治为主，德法兼治。在当前社区共同体建设中德治固然重要，但法治也是维护社区管理秩序的重要载体，社区没有法治保障的结果是使德治的理想基本上形同空想，不仅没有使德治理念深入人心，反而或多或少地融入虚伪的成分，也有可能让社区因没有一定的制度维系而使得社区管理和治理一片混乱。

（三）人际关系的淡薄

中国传统“和”文化注重“以和为贵”“和气生财”等思想，其在社区共同体建设进程中扮演者不可或缺的角色。由于受到现代建筑运动和片面强

① 张瑞涛：《评价中华优秀传统文化应正确认识的六大关系》，《思想理论教育》2019 年第 3 期。
② 聂立申：《传统文化传承的历史书写与当代思考——评〈评弹艺术的轻骑兵之路：十七年书目传承研究（1949—1966）〉》，《中国社会科学报》2019 年 2 月 28 日第 7 版。

调功能分区的城市规划思想的影响，社区的规模有大有小，过大的社区规模缺乏界域性，且居住人口多，信息量过多使得居民难以控制其生活的社区环境。由于缺乏安全感，居民往往会通过减少与外界接触来保护自己，结果导致社区交往的减少。

第三节　国内外社区文化治理的经验借鉴

拥有五千多年的中华传统文化以其丰富内涵根植于人们心中，潜移默化地影响着人们的行为。我国基于自身独特的传统文化历史和人文环境，几千年来形成各具特色的文化治理模式和经验，为当前社区共同体建设提供指导。与此同时，国外的地方自治主义传统，以及社区文化治理模式也有了多年的发展。西方诸多国家社区治理经验能为当前社区共同体建设能提供有益借鉴。

一、国内社区文化治理的典型模式

纵观古今，在历史发展长河中，中华优秀传统文化以其博大精深的内容贯穿于各个历史时期的管理中，形成多样化的文化治理模式，有力地推动了当前社区共同体建设。

（一）以忠孝为理念的义门陈氏家族管理模式

义门陈氏，是江西省德安县车桥镇的一个江右民系家族。其推行的忠孝理念在维护封建统治、促进社会发展、维系文化传承方面发挥重大作用①。

义门陈氏家族管理强调“德法兼治”，注重传统“忠义”，极力发挥自身作用效忠君王，在培养忠义型人才的同时发挥表率作用，拉动其他家族一起效忠朝廷，以进一步促进国家的教育和社会发展②。以“忠义”理念管理家族能在稳定家族内部秩序的同时起到了模范带头的作用。义门陈氏还注重“孝义”理念管理家族，由家开始奉行孝义，感染身边的人，起到教化民众的

① 黄宝权：《江州“义门陈氏”家族的教育活动》，《教育评论》2012 年第 5 期。
② 陈世林：《家国情怀与江州义门陈氏之聚散》，《江汉论坛》2017 年第 9 期。

作用。通过制定家法、家训、家规等规范族人的言行，让族人感受到孝义精神，形成重孝尚义的良好风尚。其中，最著名的是《家法三十三条》。用“均等”“和同”的原则治理家族，让族人自觉遵守和维护孝义家风，有效地维护家族秩序。同时，义门陈氏《家范》《家训》[①] 等家族法规的制定，不断固化着义门陈氏对于国与家的责任意识。此外，由于人口众多，家族管理者认识到单靠君主的支持来发展家族远远不够，关键还要靠家族内部的力量。因而家族通过设立教育机构，培养人才，达到实现家族科举做官的愿望。在注重儿童的启蒙教育的同时选拔家族中优秀人才进行着重培养以博取功名，且教学机构由专门人员管理，并定期添置书籍以满足书堂教学的需要。

义门陈氏的《家法》《家范》《家训》等家族法规在维持其长期义居的同时，也对当前社区共同体建设产生了一定的影响。尤其是其注重“忠”“孝”“义”以及以人为本的传统文化理念为当前社区建设提供了一定的指导作用。

（二）坚持天下为公理念的华西村共建模式

华西村隶属于江苏省江阴市东区的华士镇，被誉为“天下第一村”，其文化治理理念对今天社区共同体建设仍有重要借鉴意义。

其一，弘扬传统“天下为公”大同文化，走共同致富道路。一直以来华西村在走共同致富道路上始终坚持效率优先、机会均等、财富平抑以及合作股份制四项原则，并把扶贫帮困看成是历史赋予的一种责任，通过先富到帮扶邻里再到实现全国富。其二，以仁爱和谐传统文化理念促进精神文明建设。老书记一直提倡以“仁”“和”思想做人和做事，以“六爱”的思想执政为民，以“家庭教育”发现自身不足。对于“黄、赌、毒”行为是坚决抵制且处罚相当严厉。青少年决不能沾染带有这种性质的活动，但针对没什么娱乐活动的老年人，特许他们可以打小麻将。因而，在华西村的一些传统的娱乐性、健身性的活动一直被推崇。其三，坚持以人为本的公共服务体系。一方面，华西村把民主政治建设作为经济社会发展的第一保证[②]，做到民主管理、

① 陈世林，余冬林：《唐宋宗族文化的缩影——江州义门陈氏》，《光明日报》2013 年 12 月 12 日第 11 版。

② 毛敏康，叶松，张小斌：《农村股份合作制的探索与反思——基于华西村发展历史与现状的研究》，《农村经济与科技》2018 年第 1 期。

民主决策、民主监督。另一方面，华西村的社会保障覆盖了医疗、教育、养老等各个方面，通过补贴政策来保障老人基本养老，增强弱势群体的归属感，为老年人开设各项老年培训班，建立老年人活动中心。此外，华西村注重对孩子的教育培养。华西村建立了华西实验学校，其中，实验小学是为了教育和培养小孩，高职部主要是为华西企业培育技术型的人才。从而形成了华西村老有所依、小有所靠的稳定的社会生活状态。

华西村弘扬“天下为公”大同文化，走共同富裕道路，倡导“仁”“爱”“和”文化思想促进精神文明建设以及坚持以人为本的公共服务体系来提升华西村弱势群体的归属感等充分反映了以中华优秀传统文化融入华西村文化管理和治理的优势，为当前社区共同体建设提供了有益借鉴。

（三）突出和谐共生的枫桥文化治理模式

浙江省诸暨市枫桥镇“枫桥经验”在历经50余年的演变发展，至今仍然保持着勃勃生机，成为具有标杆意义的基层社会治理的“中国方案”。该镇在镇党委领导下，依靠村民有序参与，对农村社区文化建设进行了一系列的实践。

其一，对我国人本精神、和谐安定、互助合作等优秀传统文化进行创新性挖掘。倡导“德法兼治”，以德治激励居民对共同体的责任。通过举办红枫读书会等各类活动传承尊老爱幼、关爱他人的家训家风，培育现代公民精神。同时，倡导传统互助合作文化理念在资源配置、利益主体协调、社区矛盾化解等方面为我国基层社区治理规范体系的建立提供了一定的借鉴。其二，把中华民族尊老爱幼、扶贫济困优秀传统文化摆上重要位置，增强居民的安全感、幸福感[①]。一方面，枫桥镇注重挖掘礼让宽容、爱国诚信的中华民族传统道德，并在坚持扶贫济困理念基础上进一步提高精准扶贫工作的实效性。另一方面，枫桥镇在弘扬传统仁爱思想基础上加强社会保障体系建设。其三，倡导传统公平正义理念，加快推进基层社会治理现代化，形成宽松、民主、

① 余钊飞：《新时代“枫桥经验”与宪法的基层实施》，《人民法院报》2018年12月21日第5版。

法治的氛围。同时，枫桥镇着力推进司法公正①。公检法司部门通过下乡立案、调解等方式来提升群众的满意度，维护民权。此外，针对当前枫桥镇普遍表现的心态浮躁、不满情绪加剧等现象，制定了较为公平的收入分配制度。

枫桥镇在弘扬传统“和”“仁爱”“公平正义”等文化基础上，引导公民增强其道德的自觉性和责任感，形成追求高尚、积极健康的良好社会风气，为当前营造和谐稳定的社区提供有益借鉴。

（四）注重和谐互助的青岛社区文化服务模式

青岛市早在1987年就开展了社区服务活动，主要是以社区文化服务为主线推进社区整体发展。

一方面，弘扬传统尊老爱幼、和谐互助传统文化理念，建立社区服务中心，成立社区服务专职队伍和社区服务志愿者队伍。同时，成立了社区服务管理体系、服务求助体系和设施服务体系三个体系，使得社区共同体建设得到各方面同步发展。另一方面，社区秉承传统“和”文化基调来调解社区矛盾。青岛社区调解注重全方位了解居民所需，调解方式以讲情说理为主。居民都秉持着和谐、平等、包容的心理意识，不伤居民之间的和气，一般都是些小的琐碎事，没有较大的利益纠纷。因而，社区调解员一般采用说服教育的方式来调解。同时，社区调解注重调防结合，以防为主。青岛大多数社区是根据每个社区的情况进行不定期的社区矛盾排查，对潜在的社区矛盾问题进行防范，以促进社区的和谐。此外，以传统公平正义原则提供社区法律服务。青岛社区开展“法官进社区”已有十多年的历史经验。一直以来，青岛市在各法院中选拔精英人士进社区，针对社区发生的邻里纠纷、赡养义务问题、财产继承纠纷等进行调解，严重者可在社区开庭审理。

（五）强调宽容礼待的上海政府推进模式

上海模式是我国社区建设中出现的一种创新模式，其注重在管理社区公共文化事务的同时吸纳社会力量共同参与。

---

① 汪世荣：《“枫桥经验”视野下的基层社会治理制度供给研究》，《中国法学》2018年第6期。

一方面，以相互尊重、相互宽容方式处理社区人际关系。随着上海城市大规模改造和建设，许多传统社区逐渐被瓦解，而新的现代化的社区居住设计却让社区居民间的孤独感倍增。这种现象在上海的现代社区中比较普遍。但大多数的上海居民具有一种维护良好人际关系的道德自觉。在社区生活中，当居民发生矛盾时往往选择用宽容礼待的方式调解矛盾、消除误会，并且上海居民在处理人际关系问题时往往秉持相互尊重、相互宽容的原则。当邻居有困难时，无论交往深浅，都愿意施以援手，尽自身能力去帮忙。另一方面，社区居民非常重视传统礼仪文化的熏陶，社区居民在公共场所的传统礼仪道德意识较为自觉。像在社区公共场所大声聊天、打电话，在商店门口乱停乱放等现象少有发生。大部分社区居民注重于公共场所的礼仪文化，且在对待违背公共场所道德行为时有着比较一致的批评态度。因而，上海的社区环境现状总体较好，地面都较为干净、整洁，尤其是社区主要商业区的道路上很少见到废物垃圾，且保持得也较好，使得上海社区公共场所环境得到有效改善。

二、国外社区文化治理的典型模式

国外社区文化治理已有很多年的发展，其中新加坡社区建设十分注重吸收儒家优秀文化对社区居民的教育，美国社区文化治理注重以传统文化构建社会资本、培育居民公共意识，日本积极吸收传统亲和文化以促进社区文化治理，这些都在一定程度上为我国社区共同体建设提供了借鉴。

（一）注重吸收儒家文化的新加坡社区治理模式

新加坡是典型的政府主导模式国家之一，其社区治理十分注重挖掘中华优秀传统文化尤其是吸收儒家文化来对其居民进行教育①。在坚持和弘扬中华优秀传统文化的基础上，力争在新时代的社区舞台上找到新定位。

一是以廉洁文化倡导社区公职人员廉洁奉公。新加坡社区治理特别注重传统廉洁文化的融入，要求社区公职人员树立为众人服务的思想，不得滥取

① 桂敏，白新睿：《新加坡社区教育公共服务体系助推社区融合的实践探析》，《中国成人教育》2018 年第 12 期。

非分之财，且要求社区公职人员树立廉洁公正的道德形象，把公职人员廉洁这一道德规范法律化、制度化。为此，新加坡社区建立一系列法律规章制度，坚决倡导公职人员廉洁奉公。二是传承传统礼仪文化，开展常年“礼貌运动”。新加坡的“礼貌运动”始于1979年，且保留至今[①]。其开展“礼貌运动”的目的就是让社区居民养成以礼相待的良好习惯，培养居民间团结友爱的良好社区风气，把新加坡社区建设成礼仪社区。除开展常年“礼貌运动”外，新加坡社区还会举办一些类似的运动，进一步提升居民对社区的认同感。三是以忠孝文化维系家庭和睦和社区和谐。新加坡政府注重发挥家庭作为社区细胞的作用，努力从各方面维护家庭的稳定。通过立法来规定子女必须照顾或供养年老的父母，且把儒家道德和古老的风俗制度化。同时，在新加坡社区文化建设中，注重通过各种方法，培养居民间浓厚的集体意识，使得居民在考虑问题时，自发考虑到社区集体利益。四是以仁爱思想培养青少年的道德教育。新加坡社区十分重视青少年的道德教育，强调在教育方面树立从小培养的目标。教师的选择注重以高科学文化知识与高道德修养为一体。在加强对青少年的礼仪、仁爱等基本道德教育的培养过程中注重融入“孔融让梨”“愚公移山”等著名典故。此外，社区教育强调理论与实践相结合的方式。学校要求学生自己动手打扫卫生，且积极组织学生开展“礼貌周”“敬老周”等实践活动，进一步加强青少年的道德实践。

（二）注重民主意识的美国社区文化治理模式

美国政府非常注重民主意识，满足社区居民和社区文化建设长远发展的需要[②]。通过推动社区居民积极参与社区公共事务以及社区文化活动来培育积极健康的社区文化环境。

美国社区文化治理关键之一在于注重传统文化，积极构建社会资本。美国社区作为最基层的社会组织，注重传统“信”文化以增强社区成员对自身社区的认同，并将传统礼仪文化作为规范社区居民行为的标准，制定相应的

① 陈宇：《空间重构与认同再造：新加坡互嵌社区中的族际整合及其启示》，《宁夏社会科学》2018年第3期。

② 唐桂娟：《美国应急管理全社区模式的实施及对中国的启示》，《中国行政管理》2017年第6期。

规则，通过合作，有效率地解决社区存在的种种问题。同时，以传统和谐、包容文化因子，培育社区文化资源，鼓励多种文化之间的相互融入，为社区内居民创造一个良好的文化氛围，逐渐建立彼此间的信任感，以增加居民对社区的归属感①。美国社区治理关键之二在于美国政府注重以人为本、尊重民意，政府倡导和支持志愿服务文化，特别是支持青少年服务于社区，通过社区听证会、志愿者服务等活动满足居民的现实生活及精神需求。同时，注重民意，事关社区建设的诸如社区规划和设计等都是在广泛听取居民意见的基础上开展起来的。突出和而不同的社区文化是社区治理关键之三。美国社区注重文化民主，强调对文化多样性的支持。坚持人人平等、互相尊重，创造一种平等和谐、丰富多彩的社区生活，鼓励人人都有参与社区文化生活的权利，保证居民能够公平接触到社区文化设施和资源。这种对社区文化民主的发展又进一步增强了对社区弱势群体的保护。社区治理关键之四在于通过营造积极健康的和谐社区环境促进居民对社区的认同感和归属感。主动参与社区文化活动是美国社区的一大特色，社区居民认为通过参与多种文化活动能更好地认识自我，并通过活动减少居民彼此间的隔阂，培育良好的社区环境。

（三）突出亲和文化的日本社区文化治理模式

日本社区管理注重传统亲和文化。中华民族一向倡导的“天下之和”文化被日本所吸纳，成为其民族文化传统的一部分，并在日本社区文化治理中得到广泛应用②。

日本社区文化治理崇尚传统“和”文化因子来构建社区组织。在日本社区，由于生活的优渥富足，许多青少年常常把闲暇时间消磨在网吧、KTV 等场所，精神生活得不到满足，社区的人际关系大大减弱。因而，日本社区专门成立一种 PTA 的社区组织，渗入社区的家庭和学校，在维持亲情、沟通人际关系中发挥着独特作用。该社区组织结合儿童的年龄以及社区组织特点，

① 潘军，陈春梅：《重振美国梦背景下美国社区学院新定位与发展战略——以加州社区学院为例》，《中国职业技术教育》2018 年第 33 期。

② 俞祖成：《战后日本社区政策的逻辑起点——基于政策文本的分析》，《社会科学》2019 年第 1 期。

开展许多“和”文化活动。父母是孩子的启蒙老师，是一支无形的强有力的家教力量，因而在举办讲座、组织座谈会的同时，还定期组织父母们到学校观察课堂教学，与孩子一起做游戏。日本社区组织中的“合家欢”活动从父母和孩子共同感兴趣的体育项目中培养彼此间亲密关系；“夸、夸、夸”活动是日本社区沟通亲情最有效的方式之一，在社区居民互夸中，增强彼此间沟通能力，构建温馨的家庭氛围。日本社区这种对儿童沟通情感联系的“亲和”教育是对中国传统“和”文化的有效发展。此外，日本社区文化治理还注重培养以人为本、居安思危的思想意识，注重对社区内的老人、儿童等弱势群体的关怀。

三、国内外社区文化治理之比较

在对比国内外社区文化治理典型模式的基础上，进一步凝练出两者之间的共性和差异，以期为我国社区共同体建设提供一定的借鉴。

（一）国内外社区文化治理的共性特征

其一，在社区文化环境治理中体现出传统和谐文化。国内外在社区文化环境治理方面注重以传统“和”文化为指导。在国外，鼓励多种文化之间的相互理解，以“和”文化为纽带的社区文化在发展过程中，为社区居民创造良好社区的氛围，使居民逐渐建立彼此之间的信任感，提升居民在社区的归属感。国内更是以弘扬传统“和”文化理念促进社区共同体建设，通过完善社区建设制度，落实居民共享的终极目标。同时，秉承中国传统“和”文化理念，协调社区居民矛盾，了解居民所需、所急，培养其和谐、平等、包容的心理意识，营造积极健康和谐的社区文化环境。

其二，在社区人际关系中倡导传统忠孝理念。在国内，忠孝文化作为儒家所推行的一种重要美德传统，历来受到人们的重视。居民受到传统忠孝文化影响潜移默化地遵从孝义精神，从而在社区内起到教化民众的作用，推动社区居民间良好人际关系的形成，营造重孝尚义的社区文化风尚。国外也注重忠孝文化在维系社区家庭关系方面的重大作用。认为孝道的实践要以孝顺父母为根本。家庭作为社区细胞的重要组成部分，应以传统忠孝文化维护家庭的稳定，培养居民浓厚的集体意识以及社区的归属感。

其三，在社区法治规范中注重公平正义。国内倡导传统公平正义加快推进基层社区治理现代化，形成宽松、民主、法治的氛围。在建立公平的法律体系中树立法治信仰，严格依法办事。同时，着力推进司法公正以及公平的收入分配制度，促进以公平正义为核心的法治价值体系的建立和完善。国外社区也倡导公平正义思想，鼓励居民人人都有参与社区文化生活的权利，保证居民公平接触到社区文化设施和资源，同时增强了其对社区弱势群体的保护①。

（二）国内外社区文化治理的主要差异

一是对从事社区服务工作人员礼仪要求程度不一。在国外，社区服务机构任职的社区工作者都要经过礼仪文化的专业训练，学习专门的礼仪学课程，因而，社区工作者无论是在社区礼仪文化理论知识方面还是礼仪行为上都体现出他们的职业化和专业化特点，其工作素养比较高。在国内，尽管我国也注意到传统礼仪文化在提高社区工作者能力方面的作用，但我国社区工作者的专业化程度比较低，缺少系统的礼仪文化专业职能训练，因而社区工作者的素质整体不高。这一方面源于我国社区工作者年龄、学历各不相同，且社区工作者的待遇低，难以引入高质量人才。另一方面，我国社区工作者的地位还是不够高。因而，在社区基层工作人员的整体素养上，我国还是与国外存在较大的差异。

二是居民主动参与社区公共文化建设的程度不同。在国外，居民作为社区文化建设重要的组成部分，其参与社区治理已经成为一种传统。国外社区居民参与社区管理的方式仅仅限于一般性的社团活动或者志愿活动，往往通过正式或非正式团体组织积极参与到社区共同事务当中，在社区文化建设中扮演着一定的角色。例如日本就崇尚利用传统“和”文化因子来构建社区组织，并积极参与其中。近些年来欧美城市的社区还更多地关注到整体建设层面。在国内，居民主动参与社区建设、管理的积极性整体不高，参与意识还比较薄弱。社区参与也主要是以老、小为主，参与的程度较浅，且大部分都

① 康越：《日本社区嵌入式养老发展历程及其经验》，《北京联合大学学报（人文社会科学版）》2017 年第 4 期。

是被动式参与，中华优秀传统文化在社区文化建设中的作用发挥效果不佳，总体上缺乏对社区的归属感和认同感。

第四节　中华优秀传统文化融入社区治理的实践之策

中华传统文化以丰富内容贯穿古今，给人们智慧的启迪。充分挖掘中华传统文化中的优秀因子融入社区共同体建设中，从倡导传统“信”文化、构建社区诚信监督体系，传承传统“孝”文化、构建社区新型孝道教育，重整传统“礼”文化、提升社区文明礼仪建设，提倡传统“福”文化、提升社区居民幸福指数以及弘扬传统“和”文化、构建和谐安定社区环境五个维度促进社区共同体建设的发展。

一、倡导传统“信”文化、构建社区诚信监督体系

在社区诚信交往关系中，个人及社区信用问题严重影响着社区健康有序的发展，倡导传统诚信文化，构建社区诚信监督体系是社区共同体建设的应然诉求。

（一）加强对社区居民的诚信文化建设

倡导社区居民间诚信交往对社区共同体建设的重要性不言而喻。加强对社区居民诚信建设的基础性工作，用优秀传统诚信文化来培养居民的信用观念，通过定期开展诚信文化大讲堂，使居民形成正确的诚信道德观念。同时，要加强舆论引导和监督作用，在全社区倡导良好诚信风尚，增强居民的诚信荣辱观教育。加强对居民的诚信文化建设，要增强其道德认知，使居民不仅有内化于心的诚信道德情感，还有外化于行的诚信道德行为规范。这不仅能促进社区文化建设，也是间接推动社区共同体建设的无形力量。此外，社区诚信文化建设关系到社区居民与居民、居民与社区工作人员等各个主体间的关系，一旦处理不好，对居民个人甚至是社区整体建设的发展都有很大的影响。因而，科学建立居民个人的诚信管理制度是必要之举。实施建立居民个人诚信档案，并由社区基层单位进行统一管理，建立全国范围内的网

络覆盖①。建立统一的居民诚信管理制度是塑造个人诚信道德的有效手段，能够有效地增加社区居民间的交往诚信。

（二）制定社区基层单位失信的惩罚机制

社区基层单位诚信建设必然要依靠法律制度的支撑。以传统诚信文化为基点，制定和完善社区基层单位失信的惩罚机制是必要之举。一是确立社区基层单位失信后的责任追究和经济补偿制度，建立全网络信息化的诚信工作制度。对于社区正在参与或直接指挥公共事务的工作人员进行记录监督，明确落实责任人员。一旦发生社区基层公职人员失信现象时，依法追究其责任，并将其失信行为记入个人诚信档案，必要时对参与并指挥公共事务的直接责任人采取法律手段。二是提倡传统诚信理念，加强对社区基层单位的诚信教育培训，建立诚信教育制度。规定一定时间对其进行教育培训，加强对单位失信的严重性及对自身的危害的教育培训，通过学习让社区公职人员及时预防失信现象的发生。三是加大行政公共事务监察机制，确立明确的失信惩罚标准。社区单位内部人员以及社区居民组成监察组织，不定期地对社区基层单位进行监察，杜绝内部腐败现象，一旦发现社区基层单位失信问题应立即根据惩罚标准对失信人员的失信行为进行惩罚，从严治理，情节严重者革除其公务身份，使其产生畏惧心理。

（三）社区基层单位工作的透明度

增强社区基层单位工作的透明度一方面表现在政务的公开。社区基层单位主动定期将有关社区建设的重大决策事项、社区组织人员调动情况、社区税收支出等事务信息全面公开②。社区居民作为社区建设主体，有权了解有关社区建设的相关决策决议，并参与到社区公共管理事务之中，这也是监督社区基层单位诚信与否的最好证明。另一方面是社区基层单位公职人员的财产公开。通过对社区基层单位公职人员财产收支的清查统计，并将其公开，能够有效地防止公职人员腐败现象的发生，同时间接地将其置于人民监督之下，

① 黄廓，姜飞：《传媒与社区发展的跨文化视角探索——基于传播基础结构的中澳韩国社区比较研究》，《西北师大学报（社会科学版）》2017 年第 6 期。

② 赵建波：《诚信建设制度化：内涵、困境及出路》，《求实》2018 年第 6 期。

在一定程度上给予公职人员警戒，使其务必遵守诚信，以此进一步提高社区基层单位的公信力。此外，要健全公开透明的社区基层单位信用考核制度，定期对其进行评选考核，并由大众、媒体等多方力量监督，考核结果记录在案。同时，通过设立公共事务办理大厅，提高社区工作的质量，并定期开展评价活动，让社区居民对社区基层单位公务人员的服务作出评价，并及时得到反馈和改善，以便更好地为居民服务，也在一定程度上提升社区工作的效率，提高社区基层单位工作人员的积极性，使社区共同体建设朝着更加健康公正的方向发展。

二、传承传统“孝”文化、构建社区新型孝道教育

所有的文化都源自人们生存活动的实际需要。传统孝道上承父母，下接子女，是最能体现社区居民的精神及现实生活需要的。习近平总书记在十九大报告中提出，要坚定文化自信，推动社会主义文化繁荣兴盛。而这都必须建立在人们相信中华文化、坚守中华文化、展现中华文化的基础之上。因此，结合新时代的特点，倡导传统忠孝文化，强化家庭德育、培育家庭成员责任感，是有效促进社区共同体建设最基本的出发点。

（一）社区基层工作人员坚持以身作则

养老问题是社区共同体建设进程中需要重点解决的问题之一。在社区养老问题上工作人员首先要主动为社区居民做好榜样示范，用自己的言行孝敬父母、爱护子女，积极引导、唤醒其他居民的忠孝意识。其次，社区工作人员要深入社区居民中，主动了解居民真正的需求和想法，并协助社区子女孝敬和赡养老人。当前社区中老人一般不跟子女住在一起，子女在外的工作也比较忙，疏于照顾父母的子女大有人在，许多子女想对父母尽孝有时也是有心无力，这就需要社区的工作人员发挥余热，在充分了解社区需要帮助的老年群体后，适时打电话慰问关心，将老人的需要及时告知子女，并主动积极帮助老人做些力所能及的事。最后，社区工作人员应主动与子女沟通、协商，督促其主动关心父母。虽然现在生活条件比以前好了很多，有些老人暂时可能不太需要子女的照顾，但是社区工作人员也可以适当提醒子女多回家探望、关心父母，满足父母精神上的需求。

（二）开展多样性的社区孝德教育

忠孝文化是中国五千多年传承的传统优秀文化之一，社区共同体的建设需要充分发挥出忠孝文化的精髓作用。一方面，利用中国重要的传统节日开展尊老敬老活动。例如，社区在重阳节那天可以组织社区居民参加登高望远的活动。也可以根据传统习俗，以“敬老爱老”为主题开展理论学习。在母亲节的时候，通过“为母亲倒水、洗脚”的活动，让母亲感受到子女的孝心，使孝道思想深入每个居民的心中。此外，定期在社区举办公益性孝道讲坛是传承“孝”文化的一种有效方式。另一方面，可以将现代科学技术与孝文化相结合，在社区设计孝文化主题建筑、播放孝文化相关影片。素材最好是从社区中搜寻孝道典型，用居民们身边的事迹才最具有说服力，且最好安排在传统节日期间，此期间对于孝文化的宣传，往往事半功倍。通过“孝”文化宣传，提醒大家对于父母不仅仅是物质上的供养，更需要精神上的关爱和尊敬。

（三）开展寓教于乐的家庭孝道教育

运用传统“孝”文化来开展家庭孝道教育一是倡导严慈相结合的教育方式。父母是孩子最好的启蒙老师，在家庭教育中对子女要做到该教育时及时教育，且父母应为孩子树立榜样，做出良好的表率。只有这样才能更好地培养子女。二是要注重生活中的教育。儿童最初的行为学习就是从家庭生活开始的，父母从小就要对孩子进行孝道的理论教育，《弟子规》《三字经》等儿童启蒙图书是父母对孩子进行理论教育的最好选择。同时，在子女成长过程中培养子女自己动手的能力，帮助父母做一些力所能及的家务，减轻父母的负担。三是应合理运用多样化的教育方法。早期的儿童教育要以引导为主，例如游戏作为儿童生活的组成部分之一，对其想象力和创造性启发有很重要的作用，父母应积极运用各种智能游戏来培养孩子的思维能力。同样，诗歌、舞蹈等也在教育中起着很重要的作用。

三、重整传统“礼”文化、提升社区文明礼仪建设

中国传统礼仪文化强调对人的伦理道德、生活行为等的规范。重视礼仪

文化，提升社区文明礼仪建设，是保障社区有序发展的重要举措。

（一）推进传统礼仪文化的产业化发展

礼仪文化的传承和发展离不开人这个主体。在社区共同体建设中，以传统礼仪文化为导向，以经济为基础来促进社区共同体的建设是必然之举①。一方面，要整合社区的教育资源，在教学中融入传统礼仪文化。当前，在社区建设中对于教育的发展规划是必不可少的一部分，引进优秀教师促进社区教育的发展是必要之举。因此，要在掌握社区学校整体布局的基础上，均衡发展社区的教育资源。同时，在社区学校具体的教学实践中，要积极融入传统礼仪文化尤其是具有当地特色的礼仪文化元素。让教师好好重温，树立更好的师风师德，起到礼仪的模范带头作用。让学生好好学习，从小就培养其对传统礼仪文化的认同感，懂得礼仪的重要性。在传递礼仪文化本身精髓的同时进一步促进师生友好关系的和谐发展。另一方面，挖掘具有社区特色的礼仪文化资源，实现向礼仪文化产品的转换。将礼仪文化产业与其他产业进行多产业要素的相互融合，开发如启蒙礼、采茶礼等具有创意性的礼仪文化产品。同时，可根据社区自身建筑特色打造独具一格的社区礼仪文化观光、体验线路，推动传统礼仪文化的产业化发展。

（二）重建礼仪文化活动舆论平台

当前社区居民思想复杂，社区公共舆论的缺失不仅使得社区在建设过程中出现混乱现象，也让传统礼仪文化日渐式微。因此，在社区共同体建设进程中应注重对传统礼仪文化的保护，践行社会主义核心价值观，维护好礼仪文化良好的舆论传播氛围。首先，社区基层工作人员作为影响舆论的重要枢纽，应坚持以先进思想完善自己，在规范自身行为的同时引领社区公共舆论向着积极健康的方向发展。在社区以党员干部为中心，对重大节庆活动和红白喜事制定合理制度，将落后、腐朽规则摒弃，让传统礼仪文化走向正确的轨道。其次，在社区内搭建互相交流的公共平台。针对当前社区居民冷淡、薄弱的人际关系现状，建造如居民中心、百姓大舞台等各类公益性设施。让

① 张端端：《论中国传统礼仪文化中的人文情怀》，《河北北方学院学报（社会科学版）》2017年第1期。

不同年龄阶层的居民选择自己感兴趣的活动空间，吸引居民参与社区公共事务的讨论或决策。同时，可不定期地邀请一些文化艺术团来表演，用老艺术作品唤醒居民的礼仪文化记忆，传递传统礼仪观念，满足居民的精神需求。最后，要充分发挥现代自媒体的网络舆论平台作用。要用现代化的交流方式加强社区居民之间的联系，通过微信群、公众号等平台，用图文并茂的方式时不时宣传一些传统礼仪文化小知识、最新的社会舆论动态等，确保社区舆论和社会主流舆论控制在一定程度内。同时，做好对社区舆论的维护工作，开展社区礼仪文化活动，对典型人或事进行表扬，对坏的苗头和事件及时加以遏制和批评。掌握社区舆论导向，营造一个良好的社区传统礼仪文化氛围。

（三）打造富有特色的礼仪文化品牌

党的十九大报告提出，“文化的传承需要坚持共生共融的原则”。要想打造富有特色的社区礼仪文化品牌，一是要坚持以社区特色为中心，保留社区文明的色彩，塑造共同的传统礼仪文化记忆。二是用接地气的方式打造社区礼仪文化的传承基地。在这一层面上，我们首先要坚持融入生活。将传统礼仪文化完美融入社区居民生活的方方面面。其次要融入创意。将传统礼仪文化与现代文化有机融合传承。最后要做到融入时代、推陈出新，打造集创新性与传统性为一体的文化产品。三是要培育更多的礼仪文化新生力量，充实礼仪文化传承的生力军。礼仪文化的传承需要源源不断的新生力量，然而，随着社会的快速发展，年轻一代的居民外出打工者居多，社区逐渐变成老妇幼的聚集地，礼仪文化的传承缺乏年轻一代的新生力量。因此，要培育更多的人才来传承传统礼仪文化，以便更好地促进社区共同体建设的发展①。

四、提倡传统“福”文化、提升社区居民幸福指数

社区共同体的构建不仅要始终坚持党的群众路线，以人民群众的获得感和幸福感为检验标准，更要以增进人民福祉为出发点和落脚点。如果说知福、积福、修福是“福”文化的观念层面，那么为民造福就是“福”文化的实践

---

① 张承安，师晓倩：《社区共同体建设中公共精神的六个维度》，《湘潭大学学报（哲学社会科学版）》2019 年第 2 期。

层面[①]。因而，以传统“福”文化为基点，坚持全心全意为居民服务，从解决居民最迫切的小事开始为居民排忧解难，以期提升社区居民的幸福指数。

（一）制定幸福指数量化表

社区共同体建设应以提升社区居民幸福感为标准。一方面，制定提高社区居民“幸福感”的具体工作计划。从经济生活满意度、人际关系满意度、文化生活满意度、环境生活满意度以及人体健康生活满意度五个维度制定社区幸福指数量化表，提升社区居民的幸福指数。经济生活满意度中社区经济的发展前景和居民个人经济能力是影响居民经济生活满意度的主要影响因素。社区文化生活应以地方特色为基点，通过改善社区环境和调解社区人际关系来提升居民幸福感。健康生活满意度中身体健康和生活压力都与社区居民幸福感相关。身体健康、生活压力小的居民，往往个人的幸福感越强，而身体健康状况差的个体则对自己的生活满意度评价低。另一方面，以“公平公正、协调融合”为根本指南，完善社区利益冲突协调机制，主要做好在生活上解决居民难题、在社区发展上解决发展困境、在思想上解决困惑以及在精神上的解放四方面的工作。基于此，要充分发挥社区综合治理信访维权中心平台的重要作用，畅通渠道，认真倾听居民内心真正的呼声，充分了解居民所需、所想，及时回应居民群众反映的问题，为居民排忧解难，提升社区居民幸福指数，建设幸福社区。

（二）构建多元联动的社区参与模式

党的十八届三中全会提出，坚持系统治理，加强党委领导，发挥政府主导作用，鼓励和支持社会各方面参与，实现政府治理和社会自我调节、居民自治良性互动。提升社区居民幸福感要有完善的社区公共服务组织，其中，政府作为社区管理的组织者，通过制定完善的社区公共服务体系来推动社区工作，培育社区自治组织。社会组织作为主要参与者，要积极引导其参与到社区共同体建设进程中来。居民参与则是社区共同体建设的内在动力。要实现社区、社会组织与社区工作者多元联动的社区公共服务组织建设。一是培

① 李庚香，刘承：《“福”说——中华传统福文化及其新时代价值》，《河南社会科学》2018年第10期。

育居民的社区意识。通过微信、QQ 群、社区电子屏等多元化信息平台，在宣传传统“福”文化的同时充分展示社区建设的最新信息，增加居民对社区公共事务的了解率，提高居民参与社区公共事务的主动性和积极性。二是拓宽社区居民参与渠道。通过开展诸如居民论坛、民主评议会等形式，充分调动居民民主自治。三是整合社会资源。积极引导社区自组织单位、志愿者组织等方面的社会力量参与到社区的公共服务中，且动员社会各种非资本化的资源参与社区建设①。

（三）建立公平正义的社区工作考评制度

坚持以社区居民满意为根本，提高社区居民的满意度和认同感。一方面，建立制度化的满意率测评。要定期向居民进行“社区公共服务满意度”的调查，调查内容涉及社区服务、社区环境、社区治安等内容。社区公共基础服务设施的不断健全，既方便了居民生活，照顾了社区的老、弱、病、残及特困群体，又有效调节了人际关系和社区的工作效率。另一方面，制定“以下评上”社区工作考评方式。将社区工作考评交给社区和居民，用“以下评上”的方式让居民根据自身感受考评社区工作，既尊重了社区居民的主体地位，又能让社区得到真真正正的发展。这种“以下评上”方式，提升了居民对社区的满意度和认同感，有力地促进了政府职能部门工作方式的转变，使得政府职能部门不仅是开展布置工作、检查工作等任务，而且是更多地将重心转移到社区政策、人员等基层服务工作，提升居民幸福指数。

五、弘扬传统“和”文化、构建和谐安定社区环境

中国传统文化中蕴涵着深沉的人文精神，其中，“以和为贵”“天人合一”等人居环境思想对于今天构建和谐社区，优化人类居住环境仍具有重要的借鉴意义。

（一）创造以人为本人性化的聚居环境

在社区共同体建设中，中国传统“以和为贵”的思想在创造以人为本的

① 张永新，张振英，郑立敏：《长春市幸福社区创建中存在的问题及对策研究》，《长春市党委校学报》2014 年第 3 期。

人性化聚居环境方面发挥了重要作用。社区共同体建设不仅需要高水平的物质生活，更需要丰富的精神文化生活。让社区居民感受到社区生活舒适性和安全性，增强居民对社区心理归属。因此，和谐社区建设一方面要注重于对社区医疗卫生、商业、教育基础设施等一系列的配套设施，另一方面也要增加社区在休闲娱乐等方面多层次的社交设施，健全居住社区的功能，使其更具人性化。这样不仅给社区居民提供了更多的就业机会，在减轻家庭负担同时充实居民生活，提升居民的获得感和满足感，而且可以大大增进邻里间的交流，有利于形成和睦的邻里关系，构建和谐稳定的社区环境。

（二）创造良好的社区自然生态环境

良好的社区自然生态环境在缓解现代生活的压力的同时舒缓人的心情，满足居民寄情山水的精神需求。社区共同体建设所追求的“山水田园”般的自然生态意境深刻体现出传统文化中“天人合　”的生活理念。营造和谐的社区自然生态环境，应以传统“和”文化为指导，一方面可以保留社区本身独特的诸如小山丘、瀑布等地形地貌，减少对社区土壤、水文等自然环境的破坏，让社区拥有自身独特的自然风景。另一方面，在不破坏社区自然地形地貌基础上，也可以借鉴园林中高超的造园手法，利用假山、植被、长廊等多样化的元素营造优美的景观，为居民营造舒适的交流空间和宜人的自然生活环境。

（三）实行科学管理加大社区开放性

在过去的传统社区里，社区的宽度相对较小，居民从家走到大街往往只需要花几分钟的时间，居民也可以在自己家门口和邻居下棋，买菜的小贩推着车直接把菜送到家门口，居民间面对面交流的机会多，邻里间的交往也比较频繁。现代社区建设更注重于对社区公共空间的拓展，对比传统社区有了很大的提升，不仅扩宽了社区内的道路，方便了居民的步行交通，也增加了居民在户外停留的时间，但同时也带来一定程度上的安全隐患问题。例如，由于人口流动所带来的社区偷盗事件的增加，社区道路的扩宽在给居民提供交通便利的同时不可避免地增加了居民尤其是小孩出行的危险等，这些安全隐患问题在一定程度上也对社区环境造成一定的威胁。因此在现代社区共同体建设中，我们可以借鉴传统社区的居住模式，将社区细分，在较小范围内实施封闭性管理，而整个大的社区则采取开放性管理，这样既降低了居民出行的危险率，较好地解决了社区开放性问题，实施小规模的社区管理方式也更有利于促进邻里之间的相互交往，潜在地提高居民安全防范意识，有利于形成和谐健康的社区环境。

社区是社会治理的基本单元，社区治理事关社区居民切身利益，事关社区的和谐稳定发展。在社区共同体建设进程中充分挖掘中国传统文化的核心内核，发挥优秀传统文化在社区共同体建设的积极作用不仅有利于国家治理体系的构建，而且也是对社区生活、环境、精神文明建设等全方位的发展。“信”“孝”“礼”“福”“和”等中华优秀传统文化与当前社区共同体建设有着必然的逻辑关系，其在促进社区精神文明建设、整合社区资源、提升社区凝聚力等方面发挥着重要价值，将中华优秀传统文化融入社区共同体建设中这个课题值得我们去研究。

第六章

智慧化社会治理助推社区公共精神建设

社会治理是国家治理的重要方面。继党的十九大报告提出"加强社会治理制度建设，完善党委领导、政府负责、社会协同、公众参与、法治保障的社会治理体制，提高社会治理社会化、法治化、智能化、专业化水平"，"打造共建共治共享的社会治理格局"① 的新时代社会治理的总要求之后，党的十九届四中全会审议并通过了《中共中央关于坚持和完善中国特色社会主义制度 推进国家治理体系和治理能力现代化若干重大问题的决定》（以下简称决定），进一步创新和发展了新时代社会治理的科学内涵和目标要求。《决定》明确提出，"必须加强和创新社会治理，完善党委领导、政府负责、民主协商、社会协同、公众参与、法治保障、科技支撑的社会治理体系"②，在原有社会治理体制的构成中加入了"民主协商"和"科技支撑"两项内容，由此形成了"七位一体"的新时代社会治理体系。同时，《决定》创新性地提出

---

① 习近平：《决胜全面建成小康社会 夺取新时代中国特色社会主义伟大胜利——在中国共产党第十九次全国代表大会上的报告》，《人民日报》2017 年 10 月 28 日。

② 中国共产党第十九届中央委员会第四次全体会议：《中共中央关于坚持和完善中国特色社会主义制度 推进国家治理体系和治理能力现代化若干重大问题的决定》，https：//www. xuexi. cn/lgpage/detail/index. html？ id =6900330653628515973，2019 年 11 月 5 日。

了要建设“人人有责、人人尽责、人人享有的社会治理共同体”，进一步丰富和发展了中国特色社会主义的社会治理理论。比较而言，“七位一体”的新时代社会治理体系更加突出了科技的元素，强调科技在新时代社会治理中的具体地位和作用：科技为新时代社会治理提供基础性的支撑作用，科技支撑也是新时代社会治理体系不可或缺的组成部分。“七位一体”新时代社会治理体系的提出既体现了我们党与时俱进的创新精神，是我们党在新时代社会治理领域的最新发展，也是智慧社会时代人们社会生活领域深刻变革的表征，为社会治理实践提供了理论和行动指南。随着以智能为核心特征的新兴科技的加速融合与聚变创新，人类社会正在日益逼近新一轮变革的临界点①，正在到来的以数字化、网络化、智能化为主要特征的智慧社会是人类社会的5.0时代②，将会极大改变人们的社会生产和生活方式，也对固有的社会治理模式提出了新的要求。可以说，强调科技支撑的社会治理体系是顺应时代发展的必然产物，是我们党站在治国理政的全局高度对社会现实发展的有力回应。《决定》提出的“人人有责、人人尽责、人人共享的社会治理共同体”中，“人”既可以是每一个居民，也可以是政府部门、群团组织、社会组织、企事业单位、行业协会商会等各类社会主体和组织化的个体，每个公民或者组织既是新时代社会治理的对象，也是社会治理的行动主体，都共同拥有参与社会治理的责任和权利。让“有责”的“人人”“尽责”，在平等、尊重、协商、协作、共生中“共享”社会经济发展成果，创设一种与市场经济加速转型相适应的社会秩序平衡系统，是新时代社会治理体系建设的基本指向。

落实到实践层面上，如何在“七位一体”社会治理体系的行动框架内实现“人人有责、人人尽责、人人共享的社会治理共同体”的有效构建，是实现我们党新时代社会治理宏伟蓝图的“元问题”。具体到实际操作中，社区治理和公共精神培育是实践中的重点和关键环节。社区是社会的基本单元，是居民生存和发展的载体，是连接国家与居民的纽带，是党和政府服务群众的“最后一公里”，在促进国家与居民有效互动、加强公共服务供给、化解社会

① 徐晓兰，李颋：《智慧社会来了，你准备好了吗?》，《光明日报》2018年2月1日。

② 陈潭：《智慧社会建设的实践逻辑与发展图景》，《行政论坛》2019年第3期。

矛盾、集聚社会资源等方面具有十分重要的作用。改革开放后，我国由“单位制”到“社区制”的社会治理结构转型①，也从根本上决定了社区在社会治理中的基础地位。所以，“加强社区治理体系建设，推动社会治理重心向基层下移”是推进社会治理体系和治理能力现代化的实践路径中的应有之义。对落实到建设社会治理共同体的宏大系统工程而言，同样需要从小处入手、精心谋划、循序渐进，社区可以、也应该成为社会治理共同体建设的行动单元，社区治理共同体建设是有效构建社会治理共同体的抓手和撬动点。结合20世纪90年代以来全国上下轰轰烈烈开展的社区建设运动的实践经验，我们发现在我国的历史背景和话语实践中，“共同体”的找寻、碎片化社区组织和原子化个人的救赎、社区治理能力的提升都与公共精神的培育紧密相关。公共精神的培育和引导是强化社区建设和构建社会治理共同体的重要保障，为实现社会治理现代化目标提供了可靠的精神动能，没有一个相对稳定的、居民普遍认同和内化的、具有普遍凝聚力和约束力的公共精神，社区建设和社会治理共同体建设就无从谈起。所以，社区治理与公共精神培育是新时代社会治理及实现社会治理现代化的切入口和基本保障，是在“七位一体”社会治理体系的行动框架内实现“人人有责、人人尽责、人人共享的社会治理共同体”有效的抓手和撬动点，为实际行动方案的设计和实施提供了指引。

人类正在快速步入智慧社会时代，新时代社会治理应该也必须对此做出回应。从行动的视角出发，智慧社区是智慧社会在社区层面的表达和实现，是人们生活智慧化的直接体现，为智慧社会时代的社会治理实践及共同体培育提供了新的场域和空间。所以，智慧社会时代的社会治理现代化在很大程度上就可以表述为智慧社区建设中的社会治理现代化过程及实践。结合社区治理和公共精神培育在社会治理现代化中的抓手和基础地位，以及新时代“七位一体”社会治理体系和“社会治理共同体”的总要求，智慧社会时代的社会治理现代化就可以转化为智慧社区建设中的公共精神培育和治理共同体建设这样一个经验性问题。其中，“七位一体”的社会治理体系是基本的行

① 王海宇：《从国家话语到日常实践》，《读书》2018年第4期。

动框架，“社会治理共同体”的有效构建是行动目标，“人人有责、人人尽责、人人共享”是行动主体和现实路径，智慧社区是行动场域和空间，公共精神培育是具体的实现路径和目标要素之一。

综上，要在智慧社会时代切实推进社会治理现代化，就要以智慧社区建设为依托和平台，重点把握公共精神培育相关内容，有效构建基于智慧社区的治理共同体。所以，认识智慧社区的内涵和特点，厘清智慧社会时代的公共精神培育在社会治理共同体建设中的地位和作用，了解智慧社区、公共精神培育与社会治理共同体建设在实践中的互动关系，检视和反思我国目前智慧社区建设实践中公共精神培育和社会治理共同体建设的困境，并在此基础上提出在智慧社区建设中培育公共精神、构建智慧社会时代社会治理共同体的应对策略和可行路径，对于全面提升社会治理的智能化水平，健全党组织领导的自治、法治、德治相结合的基层治理体系，推进社会治理体系和治理能力现代化，实现我们党新时代社会治理宏伟蓝图具有重要的理论和实践内涵。本章将遵循上述逻辑，对智慧社区与智慧社会时代的社会治理共同体建设这一议题展开系统论述。

第一节　智慧社区、公共精神培育与社会治理共同体建设

智慧社区是智慧社会时代的重要组成部分，是社会智慧化水平的集中体现，是智慧社会在社区层面的具体实践，是智慧城市建设的延伸，是实现提高社会治理智能化和现代化水平的基础和执行环节。从建设指南、建设规划、评价体系等多个方面，我国政府对智慧社区建设给予了极大的关注，是近年来各级政府工作的重点内容，引导着智慧社区建设在我国的广泛开展。理清智慧社区不同于传统社区的内涵与特点，了解智慧社区中的公共精神培育和社会治理共同体建设及三者间的互动关系，是新时代社会治理背景下，智慧社区顺利开展、发挥效用的基础，也是智慧社会时代实现社会治理体系和社会治理能力现代化的有效路径。

一、智慧社区的内涵与特点

在当下智慧社区建设的初级阶段，对智慧社区的内涵和本质属性的多维界定具有一定的复杂性，但又存在交叉和重叠。2014 年 5 月，住房和城乡建设部组织编制了《智慧社区建设指南》（试行），为智慧社区的概念统一提供了契机，之后学者们的相关研究大多是在此基础上的进一步精细、完善和修正。根据《智慧社区建设指南》（试行）的相关定义，智慧社区（Smart Community）是指通过综合运用现代科学技术，整合区域人、地、物、情、事、组织和房屋等信息，统筹公共管理、公共服务和商业服务等资源，以智慧社区综合信息服务平台为支撑，依托适度领先的基础设施建设，提升社区治理和小区管理现代化水平，促进公共服务和便民利民服务智能化的一种社区管理和服务的创新模式。2016 年十六部门联合印发的《城乡社区服务体系建设规划（2016—2020 年）》又进一步明确了智慧社区建设的总体目标："推动'互联网 +'与城乡社区服务的深度融合，逐步构建设施智能、服务便捷、管理精细、环境宜居的智慧社区。"通过对已有文献的梳理发现，尽管不同学者的研究强调了智慧社区的不同维度，但以往研究至少在以下两个方面形成了基本共识：一是智慧社区是在数据时代背景下对移动互联网、物联网、云计算、大数据与人工智能等新兴信息技术的集成应用；二是智慧社区是通过对社区现有的各类服务资源的有效整合，为社区居民提供便利、智能的生活、生产环境与服务等的一种新型社区形态和治理模式。在现实发展中，总体来说，智慧社区是将数字化、信息化和智能化等新兴科学技术运用于社区治理的最新成果，是对"社区数字化（电子社区）""社区信息化""智能小区"等概念的更新和替代。与传统社区相比，智慧社区更加突出了对前沿新兴科学技术的应用、对各类社区资源的有效整合、社区公共管理和服务提供的高效便捷、人的主体地位及社区成员的参与因素，是一种智慧化、综合性的基层社会治理新模式。

社区是社会的基本单元，是推进社会治理现代化的抓手和行动单元。自 19 世纪德国社会学家滕尼斯提出"共同体"（Gemeinschaf）与"社会"（Gesellschaf）的社会组织和联结形态二分法之后，社区就一直处于整个社会科学的核心关怀之中，人们对社区的定义也是纷繁复杂、莫衷一是。相对于传统定义对社区“共同体”内涵的坚守，现代社会科学研究的话语实践拓展了基于不同社区组织形态的多个面向，如中国政治话语中作为社会治理单元的社区[①]、国家与社会关系视角下作为市民社会雏形和来源的社区、现代化社会变迁中作为社会网络与社会资本演化和聚集空间的社区、作为社会主体性和抗争政治实践空间的社区等。有学者根据具体的研究将学术界关于社区的文献划分为“本体式”的“社区”研究和“透镜式”的“社区研究”两个大类[②]。前者从本体论意义上，将社区视为一个以社会团结为特征的共同体，作为一个客观对象来研究；后者则从方法论意义上，将社区作为理解其他议题的“透镜”，通过这一多元主体互动博弈的特殊场域，“透视”国家、市场与社会关系、社会网络与社会资本、邻里政治与抗争实践、空间生产与空间正义及社区分化等其他议题。单就“本体式”的“社区”研究而言，尽管多重定义交织错杂，但对社区居民、空间、关系和文化等基本要素的强调一直是相关研究的共识和对话基础。科技改变生活，正在快速到来的人类社会5.0时代，极大地改变了人类的生产和生活方式，甚至是人类社会的组织和联结方式。智慧社区正是逐步到来的智慧社会时代人类社会生产、生活和组织方式变革的现实表达和表征，智慧社区在诸多方面展现出了对于传统的继承和革新。与传统社区相比，智慧社区的特点主要表现在：

（一）智慧社区是一种精致化的社区形态

以人为中心和服务社区居民是智慧社区的本质特征和基本出发点，为社区居民提供便利、智能、精准的服务是智慧社区建设的基本目标之一。作为智慧社区的驱动引擎和技术支撑，移动互联网、物联网、大数据、云计算、人工智能等新兴科学技术为智慧社区建设提供了广阔的生存空间和强大的技术基础，数字化、网络化、智能化是智慧社区的主要特征。以配套的硬件基础设施为依托，通过社区综合信息服务平台的搭建，智慧社区实现了以社区

① 杨敏：《作为国家治理单元的社区——对城市社区建设运动过程中居民社区参与和社区认知的个案研究》，《社会学研究》2007年第4期。

② 肖林：《“‘社区’研究”与“社区研究”——近年来我国城市社区研究述评》，《社会学研究》2011年第4期。

生活空间为基础的信息和服务资源的深度融合与整合，极大地满足了社区居民的发展需求，是一种面向未来构建的全新的精致化社区形态①。

在内容提供上，智慧社区可以实现公共管理和服务的全面供给，能够极大满足居民多样化、差异化的服务需求。智慧社区以社区居民为服务核心，为居民提供安全、高效、便捷的智慧化服务，全面满足居民的生存和发展需要。智慧社区涵盖智能楼宇、智能家居、路网监控、智能医院、城市生命线管理、食品药品管理、票证管理、家庭护理、个人健康与数字生活等社区生活的诸多领域，是居民社区生活的全面智慧化。智慧社区的建设目标是为社区居民提供5A级（5A级是指任何人“Anyone”、在任何时候“Anytime”、任何地点“Anywhere”、通过任何方式“Anyway”、能得到任何服务“Any service”）的全方位服务②。

在服务质量上，智慧社区更加凸显了公共管理和服务的精准化供给。智慧社区所依托的大数据技术能够打破数据壁垒，消除数据之间的“孤岛”，实现高效的数据集成。在此基础上，智慧社区公共服务提供者可以对海量数据进行相关分析，计算出社会生产和生活中的真实供求数，精准绘制公共服务需求表，经济有效地设计公共服务内容和设置网点。同时还可以进行动态的服务需求预测，搭建社区公共服务精准响应平台，实现供给、需求和第三方等主体间合作、协同、沟通等的机制优势互补，提升社区服务精准供给水平和质量，全面实现智慧社区公共管理和服务的精准化供给。

同时，智慧社区还具有强大的便民利民服务资源整合能力。除了基于社区物理空间内的信息无障碍流动，智慧社区建设还可以带动立足社区生活圈的智慧商业服务系统的建立和完善，进而促进居民生活的信息化，提升居民的社区生活体验。通过商业服务资源的有效集成和整合，智慧商业服务系统可以为社区居民提供生活区域周边的生活服务信息，繁荣社区生活圈。通过电商、物流系统的接入，智慧社区商业服务系统可以实现对居民线上和线下服务的同步进行，让居民与服务提供者直接对接，节省找寻成本，真正做到

① 陈潭：《智慧社会建设的实践逻辑与发展图景》，《行政论坛》2019年第3期。

② 北京市社会建设办公室、北京市经济信息化委员会等：《北京市智慧社区指导标准》（试行）节选，《城市开发》2013年第17期。

由“居民跑腿”到“信息和服务跑路”的转变，为社区居民提供便利、便捷和智能的生活和服务。

总之，智慧社区贯彻以人为本、以服务社区居民为核心的基本理念，基于社区生活的实际应用场景，通过对移动互联网、物联网、大数据、云计算、人工智能等新兴科学技术的集成应用，汇聚和融合多种线上、线下资源，搭建基于海量信息和智能处理的、覆盖社区生活诸多领域的智慧社区综合信息服务平台、智慧社区公共管理和服务平台以及智慧商业服务平台等全方位、立体化的智慧服务系统，进而为社区居民提供安全、高效、舒适、便捷的生活环境和居住体验，全面满足居民的生活和发展需求，这是一种面向未来的精致化的社区形态。

（二）智慧社区是一种新型的社区治理模式

如上所述，2014年住建部组织编制的《智慧社区建设指南（试行）》开篇就强调了智慧社区是“一种社区管理和服务的创新模式”。智慧社区的诞生与发展，不仅代表了一种新型的社区形态，也进一步拓展了基层社会治理的概念范畴，引发了社区治理的内涵转换①，代表了一种新型的社区治理模式。可以说，智慧社区既是智慧社会时代基层社会治理创新的技术回应和话语实践，也是智慧社会时代提高社会治理现代化水平、推动社会治理转型的必由之路②。

一方面，智慧社区有助于激发多元治理主体活力，促进多元治理主体的协作共生。智慧社区提供的多元化立体交互服务平台，为社会组织、市场主体及社区居民参与社区治理提供了便利，有助于充分发挥除党组织和政府以外的多元主体在利益表达、决策供给、过程参与、方案评估、绩效监督方面的主体性作用。智能社区公共服务平台的搭建和运用，为社区社会组织的孵化和培育提供了新的可能渠道，居民的自组织空间和能力进一步得到了拓展和提升，其他专业社会组织的进入和培育也有了更多的需求和运作空间。人

① 姜晓萍，张璇：《智慧社区的关键问题：内涵、维度与质量标准》，《上海行政学院学报》2017年第6期。

② 陈跃华：《加快智慧社区建设 破解社区治理难题》，《人民论坛》2019年第2期。

是社区构成的核心和基本要素，对社区居民而言，智慧社区可以通过智能化综合信息服务平台的运作、智能化技术手段的集成供给，赋予他们切实可行的社区公共事务参与能力，进而经由“被服务者”角色和地位的确认，以及充分的社区参与机会和实践，可以大幅提升智慧社区居民的参与感、幸福感和获得感，从而在智慧社区建设中实现更贴近居民需求的人性化治理。对于智慧社区生活圈的商业服务提供者而言，通过智慧商业服务系统的普遍应用，市场主体将以更加多元、便捷的方式为社区居民提供精准化的商业服务，服务质量的提高和服务成本的降低将同步实现。同时，一些现代化的信息技术产品公司也可以通过政府购买服务等方式进入到智慧社区的建设和维护进程中，发挥其专业化的市场主体优势，激发知识、技术、管理和资本等市场要素在社会治理中的活力和能量。

对于党和政府组织而言，智慧社区提供的前沿的、融合化的技术治理手段，将革新以往的传统社区管理和服务模式，提高其基层社会治理的效率和能力。总之，智慧社区依托前沿科学技术将社区治理系统的各个环节整合成一个扁平化的大数据交互平台，打通了传统社区治理模式中的纵向壁垒和横向区隔，弱化了行政管理中的条块分割等结构性弊端，破除了传统社区治理中的一元化管理、多元主体沟通不畅、居民主体参与意愿和能力不足等困境，加强了上级与下级、居民与服务提供者的纵向沟通，强化了社区社会组织、市场机构及社区居民间的横向联系，是一种有助于激发多元治理主体活力，促进多元治理主体协作共生的基层社会治理新模式。

另一方面，智慧社区有助于改进社会治理方式、创新社会治理机制，提升基层社会治理能力。智慧社区推动社区治理手段的信息化和智能化。从智慧社区的技术路径入手，学者们强调云计算、物联网、移动互联网、人工智能等前沿信息技术对社区治理的影响①，认为基于数据和科技的支撑，智慧社区可以实现社区治理手段的信息化和智能化。通过社会矛盾调解机制的运用、公共安全体系中“智慧”元素的加入和发挥效用，智慧社区的治理能力将得

① 姜晓萍，张璇：《智慧社区的关键问题：内涵、维度与质量标准》，《上海行政学院学报》2017 年第 6 期。

到大幅提升。“智慧”的新理念和新技术将对我国社区治理及公共服务模式实现向“共同体”的价值定位、整体性治理和合作治理供给模式的有效转变产生积极的推动作用，充分实现“让智慧融入治理，让治理体现智慧”①。

总之，智慧社区以满足居民多样化的实际需求为导向，以美好生活为目标，以多元社会组织为主体，以智能化服务为手段，以多元资源整合为基础，有助于激发多元治理主体活力，促进多元治理主体的协作共生，有助于改进社会治理方式、创新社会治理机制，提升基层社会治理能力，是一种具备自我完善和自我发展的能力，从而更具可持续发展潜力的新型社区治理模式。

（三）智慧社区是一项社会系统工程

智慧社区不仅是一种新的社区形态和社区治理模式，也是一项复杂的社会系统工程。如上所述，智慧社区囊括服务对象的多样化、服务方式的智能化、服务内容的精准化、服务质量的标准化、治理主体的多元化、治理手段的智能化及治理机制的协同运作等诸多方面。其实质是在利用前沿科学技术对各种信息和服务资源进行集成应用的前提下，通过提供各种流程、系统和产品，满足居民多层次和差异化的服务需求，改善居民的生活、生产环境和服务质量，激发多元治理主体的活力和能量，优化基层社会治理方式和治理机制，推进智慧社会时代社会治理体系和社会治理能力的现代化。

“智慧”是特征，是手段，也是目标，居民的美好生活是其出发点和归宿。智慧社区作为一种新型的社区形态和社区治理模式，涉及基础设施的更新、服务内容的完善、管理的协调有序、保障的切实可靠、评估的科学到位等诸多环节。从其理念提出，到规划实施运营，都需要房地产、物业、家居、安防、互联网、通信等多方面的行业联合作业，需要从国家到社会的全面合作。智慧社区的服务对象包括政府、社区公共服务中心、社区居委会、党组织、社区社会组织、小区业主委员会、物业管理公司、各类驻社区的企事业单位、全体社区居民和外来人口等内部差异极大的多元主体，不同主体的需求千差万别，不同主体表达自身需求的意愿和能力各不相同，对它们的了解也需要一个过程。同时，面对多层次的用户需求，多元信息的快速传播和集

① 宋煜：《社区治理视角下的智慧社区的理论与实践研究》，《电子政务》2015年第6期。

成又使得智慧社区中的社区公共事务具有明显的放大效应，对智慧社区建设和治理提出了更高的要求，我们需要更新的治理理念、更科学的规划设计、更具效能的保障和实施来应对。所以，从实际推进过程和社会后果来说，智慧社区不同于智慧交通、智慧能源等单一行业或者领域的智慧化革新，而是对地域、人、物、信息、资源等多种要素及相互关系的综合考虑和实践，是一项复杂的社会系统工程，需要统筹规划、循序渐进、稳扎稳打。

总之，智慧社区是以数据时代背景下的移动互联网、物联网、云计算、大数据与人工智能等新兴科学技术为驱动引擎和技术支撑，以社区居民多样化、差异化的服务需求为导向，以“设施智能、服务便捷、管理精细、环境宜居”为目标的精致化的新的社区形态、新型社区治理模式和社会系统工程。智慧社区的建设和有效运营是智慧社会时代国家建设和政府工作的重要内容，是提升智慧社会时代社会治理智能化水平、推进社会治理能力现代化的有效路径。

二、社会治理共同体建设与公共精神培育

作为一种新的社区形态、社区治理模式和社会系统工程，智慧社区的出现和大力发展，会极大影响和改变人们的社会生产、生活和组织方式，也会使当前社区建设中普遍强调的公共精神培育面临新的机遇与挑战。党的十九届四中全会提出的“七位一体”社会治理体系和“社会治理共同体”，是智慧社会时代社会治理的总体目标和根本遵循。智慧社区是推进智慧社会时代社会治理现代化的抓手和基础，在智慧社区建设中构建“人人有责、人人尽责、人人享有”的治理共同体是智慧社会时代实现共建共治共享的社会治理格局，推进社会治理现代化的实践目标和基本要求。这就首先需要对社会治理共同体及其建设有一个清醒的认知，并在社会治理共同体建设的具体语境中，系统思考并回应目前社区建设中普遍关注的公共精神的缺失和培育的问题。

（一）社会治理共同体的科学内涵

“社会治理共同体”是继“人类命运共同体”和“中华民族共同体”之后，我们党提出的第三个“共同体”概念，深刻体现了新时代我们党的宏大

愿景和历史使命。“共同体”的概念缘起于滕尼斯，他认为“共同体”特指一种由同质人口组成的、具有共同意识和情感结构的、紧密团结的人类组织形式，决定这种组织形式的本质在于人们的“本体性意志”。随着社会的分化和发展，如今“共同体”的内涵和外延都得到了极大更新和拓展，形式愈发丰富多样，比如“地域共同体”“利益共同体”“文化共同体”“想象共同体”等在日常生活和学术交流中被广泛使用。裹挟于现代性洪流中的个体同时置于多个共同体之中，除了作为地域性生活共同体的社区之外，以工作和劳动为基本内容的职业共同体也是现代人类社会的重要组成部分，精神共同体也在满足现代社会孤独个人的精神想象和需求，在组织集体行动、实现社会整合等方面具有不可或缺的作用。从某种程度上说，社会治理共同体的提出，不仅为社会治理理论和实践的发展注入了新的活力，也为现代人多重共同体身份的聚合、现代社会的组织和运行方式提供了新的可能。

党的十九届四中全会的《决定》明确指出，共建共治共享社会治理格局背景下的社会治理共同体是一个“人人有责、人人尽责、人人享有”的共同体。其中，“人人有责、人人尽责”是“人人享有”的前提和基础，“人人享有”是“人人有责、人人尽责”的自然结果和价值归宿，这是对中国特色社会主义治理实践的科学总结，是新时代党的社会治理理念的创新性发展成果，是在新的历史条件下实现社会治理现代化的必由之路。“人人有责”强调多元治理主体参与社会治理的权利和责任，指向民众更高水平的参与意愿；“人人尽责”强调多元主体参与社会治理的运行机制和方式，指向民众更高水平的参与能力；“人人享有”强调社会治理以人为本的出发点和价值归宿，指向民众更高水平的获得感和幸福感。“人人有责”“人人尽责”和“人人共享”共同构成了社会治理共同体的基本目标和要求，是社会治理共同体建设的行动指南和根本遵循。

从理论上来说，社会治理共同体指向一个更具凝聚力和包容性的治理体系，强调每一个公民和组织、机构都既是社会治理的主体，也是社会治理的对象，是一个主客体共存的辩证统一体，以人为中心和公共利益最大化是其根本逻辑和伦理诉求。这预示着，社会治理共同体不仅是一种作为联结形式和组织方式的工具性的共同体，更是一种以情感、文化、心理的认同和内化为基础的价值性的共同体[①]。从这个意义上讲，社会治理共同体不仅体现为多元治理主体参与社会治理活动中的理性、有序，在现实中也表征为人们的集体意识和共享文化，是一种以公共精神为内核的精神和价值共同体。如果说社会治理共同体的动力机制和实践逻辑是公民自觉自愿的组织化行为，那么以集体意识和共享文化等为核心的公共精神就是社会治理共同体的精神动力和灵魂。这要求我们在社会治理共同体的制度设计和实践中，不仅要在平台的搭建、渠道的拓展、制度的效能、资源的保障等体制机制的完善方面取得突破，还要特别关注情感认同、利益协调和共同行动等以公共精神的培育和话语实践为主要内容的社会治理共同体精神内核的建设，以应对实际生活中“价值体系不均衡、利益诉求多元化、公共权力边界不清及公民参与机制不健全”等可能阻碍社会治理共同体建设的问题和挑战[②]，进而实现共建共治共享的社会治理总体格局。

（二）现代社区建设中公共精神的失落与重建

公共精神（Public Spirit）是人们不断询问、追思的恒常议题，它指向一系列的态度、情感和行为方式。人是社会性的动物，各种社会关系构成了人类的本质属性。公共精神与人的社会性本质具有内在一致性，是人类社会基本和必需的情感和品质诉求，是社会生活和社会得以形成的基本条件。长期以来，不断有学者对公共精神做出自己的理解和定义。总体来说，公共精神是人们在构建公共秩序、参与公共事务、改善公共生活中所表现出来的公共态度与行为方式，公共理性、公共关怀、公共参与是其基本要素。公共精神是一种共有性而非特有性、公有性而非占有性、分享性而非独享性的精神品质，其实质是社会成员在主体意识、公共意识充分觉醒的基础上，对他者利益的尊重和对公共利益重要性的理性认知，以及对社会共同生活准则的主观认同。从量化、可测量的角度，罗伯特·D. 帕特南将公共精神操作化为公民社会地位的平等、相互合作及政治参与热情等具体指标。在现代社会中，公共精神是公民自觉关心与关注社会公共利益、公共价值，积极主动参与公共

① 文军：《迈向市域社会治理共同体的新时代》，《上海城市管理》2020 年第 1 期。
② 徐顽强：《社会治理共同体的系统审视与构建路径》，《求索》2020 年第 1 期。

事务、公共生活的观念和思想基础，是否具备公共精神既关系着公民自身能否全面发展，也关系着社会主体之间能否达成良性的互动关系及社会系统的协调发展。在现实生活中，公民的公共精神具体体现在自觉遵守法律、法规和地方性非正式制度，认同并维护公共价值和公共秩序，主动关心公共安全、公共卫生、公共环境、公共资源等公共利益问题，积极参与社会公共生活和公共事务管理，在公共生活中理解、尊重、包容他人并与他人和睦相处等诸多方面。

公共精神的缺失或者缺位是现代工业社会的普遍病症。以现代化为核心的现代化进程带来社会的分化和分异、利益的多元化与不均衡，人与人、群体与群体之间的交往和关系愈来愈表现为多元利益主体之间的互动和博弈。社会疏离、矛盾和冲突等社会整合难题是现代工业社会的基本问题，陷入孤立的个人在理性计算中愈发觉得失去了本体性安全，没有归属感和认同感，集体行动变得愈发受限和不可能[①]。数字化时代的个体受制于“双重空间”的生活逻辑。发达的电子信息技术侵蚀社会生活的所有角落，人们同时置身于有限的物理空间和无限的电子数字空间之中，并在二者间来回穿梭，使数字化时代的社会生活呈现出虚实同构的特征[②]。进而，数字化时代可能会存在工具理性遮蔽价值理性、责任意识与权利意识断裂、感受性思维取代创新性思维等公共精神失落的危险[③]。社区作为一种地域性的生活共同体，是社会的基本单元，是多元利益主体集聚和互动的重要场域，多元利益主体之间为获得经济、社会、文化资本而发生的互动博弈是社区存在的基本样态，也是社区基本结构得以维持和再生产的机制依托。城市商品房居住小区，特别是高档住宅小区，以电子门禁、保安、身份识别系统等技术手段实现了对空间的隔离使用，造成了城市空间的差异和极化。这进一步局限了城市社区公共空间的发展，使其整合手段更加依赖于小群体范围内的、以情感价值判断为基础的团体利益，这在一定程度上限定了城市社区的公共空间范围，容易发生

① 张洁：《个体化时代公共精神的培育困境及其超越》，《云南行政学院学报》2018 年第 4 期。
② 马长山：《智慧社会治理的五大挑战》，《学习时报》2019 年 7 月 19 日。
③ 张晓，叶先进：《自媒体时代公共精神的失落与重建》，《人民论坛》2019 年第 5 期。

通过形成熟人社会的方式来制约彼此社区行为的现象[①]。在此情境中，个体化目标的凸显与集体利益的弱化似乎不可避免，并引发了现代工业社会在个体化、理性化洪流中"如何社会化"的深层追问。

以对个体权利的确认和自由主义为思想基础的资本主义的社会理论体系逐渐丧失了对社会现实和社会问题的解释力，人们开始从强调集体、团结、合作等概念的社会主义思潮中寻求拯救方案[②]。通过对现代工业社会病症的诊断，学术界普遍认为，以公共理性、公共关怀、公共参与为基本要素，以集体意识、共享文化和共同行动为主要表征方式的公共精神及其培育是解决现代工业社会整合难题，反思现代化的基础药方。这在社区层面表现为，公共精神的失落和重建成为社区研究的重要议题，社区公共精神培育成为诸多社区活动的主题。甚至有学者将公共精神培育作为现代社区建设的本质，认为在现代化、个体化的社会变迁进程中，传统意义上的共同体不断被侵蚀，社区建设就是要在开放、流动的社会中重构社会关系，培育以公共理性、公共关怀、公共参与等为基本要素的"共同体"精神[③]。

（三）社会治理共同体建设与公共精神培育的关系

如上所述，社会治理共同体是中国共产党在科学总结中国特色社会主义社会治理实践经验的基础上，对共建共治共享的社会治理格局的进一步发展和创新，是实现社会治理现代化的必由之路。社会治理共同体是一个更具凝聚力和包容性的治理体系，不仅指向一种作为联结形式和组织方式的工具性的共同体，更是一种以情感、文化、心理的认同和内化为基础的价值性的共同体，一种以公共精神为其内核的价值共同体。公共精神与人的社会性本质具有内在一致性，是人类社会基本和必需的情感和品质诉求，是社会生活和社会得以存续的基本条件。现代工业社会存在公共精神失落的普遍病症，公共精神的培育和重建是现代社会建设的重点。那么从理论推理和实践逻辑上来讲，社会治理共同体建设与公共精神培育到底是一种怎样的关系状态呢？

① 吴子靖，顾爱华：《共同体视域下中国城市社区治理的功能整合》，《行政论坛》2018 年第 4 期。
② 王亚婷，孔繁斌：《用共同体理论重构社会治理话语体系》，《河南社会科学》2019 年第 3 期。
③ 向德平，华汛子：《中国社区建设的历程、演进与展望》，《中共中央党校学报》2019 年第 3 期。

从总体上来讲，社会治理共同体建设与公共精神培育是一体两面的互促关系。一方面，建设社会治理共同体的过程同时也是培育公共精神的过程。集体意识、共享文化、共同行动等公共精神的培育是社会治理共同体的内核和灵魂，只有在强有力的公共精神的保障下，社会治理共同体的有效构建才得以实现。从这个意义上讲，公共精神的培育是社会治理共同体建设的必要非充分条件，公共精神是社会治理共同体的有效构建的必然要求和应有之义。另一方面，社会治理共同体的建设也将极大促进公共精神的重建和繁荣。公共精神的缺失和缺位是现代工业社会的痼疾，公共精神的找寻和重建是当代社会科学研究不懈追求的目标，社会治理共同体的提出和建设为这一目标的实现提供了新的方案。经由“人人有责、人人尽责、人人享有”的社会治理共同体目标的探索和实现，公共理性、公共关怀、公共参与等公共精神的构成要素必然会得到极大强化，从而带来公共精神的有效培育和繁荣。

建设社会治理共同体应该把建设社区治理共同体作为抓手和重点。抓基层打基础是加强和创新社会治理的重要着力点，“社会治理共同体的基础在基层、根本在社区”，建设社会治理共同体，应以城乡社区为重点进行培育实践①。已有研究和社会调查发现，我国城乡社区普遍存在“社区组织碎片化、社区公共性衰落、社区生活个体化”等困境②。社区治理共同体是化解城乡社区问题的有效理念。此共同体包括党委、政府、社区社会组织、居民以及市场机构等多元治理主体，以社会再组织化为手段，以实现社区多元治理主体的共建共治共享为根本目标。社区治理共同体是国家与社会、政府与社会、国家与社会自治组织实现合作治理的具体实践，这不仅有利于激发社会活力，更有利于加强基层社会建设，创新和完善社会治理体制机制，推进社会治理体系和治理能力的现代化。

三、智慧社区中的公共精神培育与治理共同体建设

智慧社区作为智慧社会时代新的社区形态和治理模式，其治理也必然要

① 龚维斌：《以社区为重点建设社会治理共同体》，《光明日报》2019 年 12 月 23 日。

② 杨君，徐永祥，徐选国：《社区治理共同体的建设何以可能？——迈向经验解释的城市社区治理模式》，《福建论坛（人文社会科学版）》2014 年第 10 期。

求在“七位一体”社会治理体系的行动框架内实现“人人有责、人人尽责、人人享有”的社区治理共同体。一方面，人类地域性生活公共体的本质属性，决定了目前智慧社区治理中存在基层社会治理的共性问题，其建设同样面临着公共精神缺失及公共精神培育的难题。另一方面，智慧社区不同于传统社区的特点使得治理面临新的机遇和挑战。将智慧社区建设作为行动背景，分析智慧社区建设中公共精神和治理共同体培育的契机和特殊挑战，对智慧社区的效用发挥和基层社会治理现代化都具有重要的实践和政策意涵。

（一）智慧社区中公共精神培育与治理共同体建设的契机

如上所述，智慧社区依托的是领先的硬件设施和移动互联网、物联网、大数据、人工智能等前沿科学技术，有助于激发多元治理主体活力，促进多元治理主体的协作共生，有助于改进社会治理方式、创新社会治理体制机制，提升基层社会治理能力，是一种具备自我完善和自我发展的能力，具备可持续发展潜力的新型社区治理模式。智慧社区的这些特点为社区公共精神培育和治理共同体建设提供了契机，这主要体现为：

1. 智慧社区为公共精神培育与治理共同体建设搭建了有效平台

以领先的硬件设施和移动互联网、物联网、大数据、人工智能等前沿科学技术为基础和驱动引擎，智慧社区中综合信息服务平台的搭建，不仅可以方便、快捷、精准地发现、采集和回应社区居民的多层次、多样化服务需求，提高社区公共管理和服务的效率，也有利于吸引社区多元主体的共同参与，促进社区成员间的情感联系和互帮互助，从而形成对自身生活社区的认同感、归属感和责任感，增加社区社会资本，推进社区公共精神培育和治理共同体建设。

在我国以往社区治理和社区建设的地方实践中，普遍存在“社区行政化”[①] 管理过程碎片化[②]、合作治理困难[③]等多重困境，智慧社区的提出和大

① 潘小娟：《社区行政化问题探究》，《国家行政学院学报》2007 年第 1 期。

② 蒋俊杰：《从传统到智慧：我国城市社区公共服务模式的困境与重构》，《浙江学刊》2014 年第 4 期。

③ 徐宏宇：《城市社区合作治理的现实困境》，《城市问题》2017 年第 6 期。

力建设为社区治理转型带来了契机。通过前沿科学技术的集成应用，智慧社区将原本分属条块的服务资源有效整合，将分散的、差异化的服务需求精准定位，将薄弱而散乱的社区社会组织和市场服务主体有效纳入，不仅大大提高了基层政府行政管理的效率，还激活和强化了社会调节和社区自治能力。社会功能的分化、空间结构的分异、生活节奏的加快，使得现代人之间的交往成本日益提高，“相遇的成本”成为阻碍人们互助互爱的最大现实障碍①。将贴合实际生活需求的智能服务终端接入无孔不入的综合性智慧信息网络平台，极大方便了社区居民之间的互动与交流，从根本上拓展了社区居民之间的交流途径，加强了彼此之间的横向联系。人性化的定向服务系统借助足够便捷的服务终端，为独居老人、残疾人等特殊群体提供有针对性的信息和服务，使线上和线下的互帮互助更为便捷。智慧社区建设通过使所有社区居民平等、无障碍地接入智能信息交流平台，降低社区居民之间的相遇成本，甚至是“零成本相遇”，拉近社区居民之间的距离，让社区成员之间随心所欲地顺畅交流、交往和沟通，并在不断的沟通交流、互帮互助中增强社区居民之间的情感联系，为社区集体情感、共享文化和共同行动的形成提供可能。也就是说，智慧社区综合化信息服务平台的搭建和技术、设备上的无障碍准入，有效弥合了信息时代以来的数字鸿沟，使多元治理主体的平等社区参与成为可能。通过社区公共空间的形成和有效运作，智慧社区密切了成员之间的情感联系和互帮互助，增加了居民对所生活社区的认同感、归属感和责任感，从而使社区社会资本得以积累和丰富，有助于社区公共精神培育和治理共同体建设。

总之，通过前沿科学技术的集成运用和信息、服务资源的高效整合，依托综合化信息服务系统的智慧社区搭建为基层行政管理效率的提升、社区居民之间的“零成本相遇”和线上线下的互帮互助提供了有效平台。这不仅有利于我国基层社会治理能力的提升，还有助于居民之间的频繁、理性互动，重塑睦邻精神，积累社区社会资本，强化社区居民的归属感、认同感和责任

① 吴锦良：《用“智慧革命”推进我国基层共同体重建——“浙江智慧社区网”对社区建设的价值分析》，《中共浙江省委党校学报》2012 年第 6 期。

感，催生和加强基层社会的公共精神和共同体意识，也成为新时代科技支撑社会治理体系的一个重要方面。

2. 智慧社区为公共精神培育与治理共同体建设拓展了运作机制

作为一种新型的社区治理模式，智慧社区为社区公共精神培育和治理共同体建设带来的机遇不仅体现在智慧化信息交流平台的有效搭建上，还承载于诸多运作机制的创新上。智慧社区建设将“互联网＋”、社区网络等科技支撑元素深度融入社区治理，在服务需求的精准化识别、共同体意识的形成、沟通协商和协作治理、风险预警和矛盾化解等多重治理机制上取得了创新。

个性化的服务传感器和大数据计算的集成应用，让数据驱动的需求识别成为可能，有利于挖掘主观上难以察觉的个体特征和集体偏好。所以，通过对居民需求的有效识别，智慧社区可以在一定程度上回应由需求多样化、复杂化带来的挑战，为居民归属感和认同感形成、有效的社区治理打下良好基础。精准化的需求识别又进一步助推了社区共同意识、社区治理参与和主体凝聚力的形成，为社区公共精神培育和治理共同体建设带来契机。通过个人需求的有效表达，居民可以获得作为被服务者和社区治理主体的切身体验，由此不仅可以提升居民对社区的归属感和认同感，激发其加入社区社会组织、参与社区公共事务的热情，还能锻炼居民理性表达自身需求和形成共同诉求的能力，这是居民社区自治能力的重要组成部分。同时，在智慧社区建设的行动背景下，以满足居民的实际生活需求为起点，社区居委会、业主委员会、物业公司、市场服务企业等多元治理主体之间将突破时间和空间的限制，实现无障碍对接和有效的沟通协商和协作治理。智慧社区还引起了简约化基层治理的深层改革，现代科学技术所具有的分散化、去层级化和去中心化的特点，让智慧社区治理结构的扁平化和治理程序的简约化不可避免①，从而使基层社会的传统治理走向简约治理。最终，智慧社区对居民需求的精准响应提升了居民的政治信任，增强了政府公信力，有利于构建居民的集体归属感并提升与基层政府的纵向沟通能力。风险防范和矛盾化解是平安社区、平安中

① 陈潭：《智慧社会建设的实践逻辑与发展图景》，《行政论坛》2019 年第 3 期。

国的基本保障，智慧社区依赖综合化信息交流平台和协商协作机制，重塑社区公共领域和公共空间；依赖智能治安防控系统，提高社区风险防范和安全保障水平，能够有效防范化解个体化时代主客观风险冲突。

总之，智慧社区在服务需求的精准化识别、共同体意识的形成、沟通协商和协作治理、风险预警和矛盾化解等多重治理机制上取得了创新，为社区公共精神培育和治理共同体建设创造了更多的可能性空间，是科技支撑的基层社会治理转型的一大实践。

3. 智慧社区为公共精神培育与治理共同体建设孕育了潜在动能

智慧社区以领先的硬件设施和新兴科学技术为基础，不仅蕴含着“互联网+”的增量效应和“大数据×”的乘数效应，还为社区治理增添了智慧的“大脑”①，是一种显著的、根本性的而非增量式的改变，覆盖居民生活的方方面面，已经成为驱动基层治理创新的“巧力量”，孕育着基层社会治理创新、公共精神培育与治理共同体建设的巨大能量。

通过居民生活方式、交往机制和思维理念的根本改变，智慧社区能够孕育社区公共精神培育与治理共同体建设的潜在动能。虽然移动通信技术的使用减低了居民之间的“相遇成本”，为社区参与提供了更加便捷的途径，但移动通信技术带来的时空压缩等社会后果，有可能减少人们的面对面现实交往，进而减少人们投身社区公共活动的时间，使有效的社区参与落空。从基本特征来讲，智慧社区是实体社区与虚拟社区合二为一的产物，基于同一物理空间的实体社区是智慧社区的现实基础，虚拟社区通过移动通信技术和设备的使用将实体社区中的居民粘连在一起，为社区“OTO”（Online to Offline/Offline to Online，线上线下融合）的实现带来了充分的可能，也为改善社区参与不足的现状提供了契机。通过基层治理结构的扁平化、一体化转型，以及公共服务的有效供给，智慧社区建设有利于将现有的制度优势转化为基层机制效能，强化基层政权在人民群众之间的权威，培养居民的政治信任。通过提前在网上了解办事指南、提前预约办事等方式的日常实践，智慧社区建设能够培养居民的自主意识和协作意识，有利于社区公共意识和集体行动能力的

① 陈跃华：《加快智慧社区建设 破解社区治理难题》，《人民论坛》2019 年第 2 期。

培养。通过加入社区社会组织、参与公共事务，能够锻炼和增强居民的自主意识和自我管理、服务能力，培育和形成社区内部的利益关联。通过在实践中与基层党组织和政府的对话协商，社区社会组织、企业机构、社区居民与党组织和政府间多了直接的互动交流，易于培育公民的公共治理规则意识和民主协商技巧，形成对国家基层政权的信任，提高自身参与社区治理的效能，并且进一步增加社会组织、居民参与社区治理的认同感和获得感，提升社区的凝聚力和向心力，促进社区公共精神的生成和生长①。智慧社区具有公共管理和服务便捷高效的特点，易于形成社区公共空间，有助于在社区内形成开放、民主、和谐的氛围，是社区文化繁荣、公共意识发育的生成器。而且，智能化综合信息平台的搭建，也为智慧社区开展多样化的公共文化活动提供了便利，在开放、民主、和谐的社区精神文化氛围中，在形式多样的社区公共文化活动参与中，社区的公共精神得以生成和生长。

所以，经由生产、生活方式和思维理念的转变，智慧社区在治理结构转变、治理机制创新、治理能力培养、社区利益关联构建、社区凝聚力和向心力及集体意识的养成等方面蕴含着巨大的潜能，是未来引领社会公共精神培育和社会治理共同体建设的重要领域。综上所述，智慧社区以实体社区的地域空间为行动范围，通过对前沿科学技术的集成应用和社区治理信息、资源的高效整合，深入推进和延伸了‘互联网+社区’行动计划，是科学技术与基层社会治理的深度融合。这既是科学技术发展和社会发展的必然趋势，也是社会治理现代化的必然要求。在虚实交融的智慧社区场域内充分满足人的社会性需求，已经成为重建社区公共精神、构建治理共同体的重大机遇，是实现社区治理转型的有效路径。

（二）智慧社区中公共精神培育与治理共同体建设的挑战

如上所述，智慧社区建设通过有效平台的搭建、运作机制的创新性拓展和潜在动能的发挥，为智慧社会时代的社区公共精神培育和治理共同体建设提供了契机，是未来引领社会公共精神培育和社会治理共同体建设的重要领

① 张承安，邹亚楠：《网格化社区治理中培育公共精神的可能路径》，《湖南科技大学学报（社会科学版）》2016 年第 6 期。

域。但正如所有事物都具有正反两方面的属性一样，智慧社区中的公共精神培育和治理共同体建设同样面临着一些重大挑战。

智慧社区中的公共精神培育和治理共同体建设所面临的挑战首先表现在科学规划、统筹推进的制度设计上。智慧社区中的公共精神和治理共同体建设，需要顶层制度设计的推动，从根本和原则上保障多元治理主体的治理权利和责任，使社区治理信息和资源的整合有章可循、有法可依，使具体建设实践中的资金来源和人员配备有充分的制度保障，使多元治理主体的协作行动有理更有据。这不仅要求基层治理理念的革新，也需要相应体制机制的创新和治理方式的灵活运用。智慧社区中的公共精神培育和治理共同体建设所面临的挑战还表现在“线上线下”融合一体的体制机制变革上。是技术适应社区还是技术引导社区？前者仅仅是将技术作为手段，适应现存的社区结构和治理体系，实现智能化的社区管理；后者提倡以技术引领，推动社区治理结构转型和机制创新。要在智慧社区建设的行动背景下实现公共精神的培育和治理共同体的建设，就要坚持“让智慧融入治理，让治理体现智慧”的发展观，走出“技术主义”与“人本主义”的二元悖论，走向以人为本和技术引领创新的有机结合。具体到社区治理的实践层面上，只有实现社区居民日常生活线上线下的深度融合，才能从根本上塑造居民的交往方式和行为模式，重构居民的信任结构，推进公共精神培育和治理共同体建设。要实现线上和线下的有效结合、良性互动，除了互联网、云计算等技术支持之外，线上线下融合一体的体制机制变革是关键。智慧社区中的公共精神培育和治理共同体建设所面临的挑战最后还表现在对科技伦理和科技创新的进一步要求上。信息化、智能化是智慧社区的基本特征之一，与此相伴的算法决策“失灵”、个人隐私保护、信息伦理问题、各种智能化犯罪等，是智慧社区治理不得不应对的挑战。

综上，智慧社区是智慧社会时代的一种新型的精致化社区形态，一种新型的社区治理模式。智慧社区以数据时代背景下的移动互联网、物联网、云计算、大数据与人工智能等新兴科学技术为驱动引擎和技术支撑，以社区居民多样化、差异化的服务需求为导向，以“设施智能、服务便捷、管理精细、环境宜居”为目标，其建设和有效运营是智慧社会时代国家建设和政府工作的重要内容，是提升智慧社会时代社会治理智能化水平、推进社会治理现代化的有效路径。作为一种新型的社区形态，智慧社区建设同样面临着当下我国社区治理中的普遍困境，社区公共精神培育和治理共同体建设是破解困境的有效抓手和关键。综合化信息服务平台的搭建、治理机制的拓展创新和潜在动能的发挥，智慧社区建设为智慧社会时代的公共精神培育和社会共同体建设带来了机遇。但作为一种新型社区治理形态，智慧社区中的公共精神培育和治理共同体建设同时又面临科学规划、统筹推进的制度设计，“线上线下”融合一体的体制机制变革，以及科技伦理和科技创新的进一步发展等方面的挑战，亟待解决和应对。尽管存在诸多挑战，智慧社区作为智慧社会的社区实践、智慧城市规划的延伸，都是无法回避的趋势，理应而且有能力成为未来引领社会公共精神培育和社会治理共同体建设的重要领域。目前，智慧社区建设已经成为地方政府工作的重要内容在全国各地普遍开展，取得了一些成效，也发现了一些问题、积累了一些经验。智慧社区建设是一项社会系统工程，是对地方实践经验的反思、总结，是培育社区公共精神、建设社区治理共同体，实现社会治理现代化转型的基础。

第二节　智慧化治理助推社区公共精神建设的实践反思

智慧社区作为一种精致化的社区形态、新型的社区治理模式和社会系统工程，既体现了加强公共精神培育的必要性，也蕴含着助推公共精神培育的可行性。反思我国智慧社区的经验实践，是发现问题、寻求对策的前提。

一、智慧社区建设和运营的实践模式

虽然智慧社区的概念由来已久，但由技术设想落地为现实实践还是 21 世纪之后的事情。基于我国社区建设和发展的滞后性和复杂性，我国的智慧社区是作为智慧城市的延伸和实践来提出和规划的，总体上服务于自上而下的智慧城市的整体发展，目前智慧社区建设本身还处于起步之后的模式摸索和

经验积累阶段。

我国目前已经建成的智慧社区运营模式大体上可以分成三类：政府主导型、政企合作型以及企业主导型①。具体的建设路径有以政府公共管理和服务为切入口、以社区商业服务为切入口和以居民小区的物业管理为切入口三种实践类型。政府主导型的智慧社区建设模式，往往由自上而下的政府职能部门及其派出机构负责推动；企业主导型主要是房地产开发商结合电信运营商和高新科技企业，将前沿科技技术及其产品应用于新开发的房地产项目之中，并以此为卖点，提高项目的盈利水平；政企合作型的智慧社区建设模式，虽然在项目设计、推动和运营实施中增添了市场企业的角色，但此时的市场企业一般只是作为决策执行者或者项目承包商的身份出现，难以左右智慧社区的总体规划。所以总体而言，政府主导型和政企合作型的智慧社区建设更加注重基层政府行政管理职能的信息化、智能化，将移动互联网、物联网、大数据、人工智能等前沿科学技术应用于已有的社区治理机构和机制，属于“技术适应社区治理”的类型，难以上升到技术引领社区创新、基层社区治理创新的高度。企业主导型的智慧社区建设则更加注重作为营销品牌的“智慧社区”的推广和盈利，“智慧家居”“智慧交通”“智慧养老”等产品是其智慧建设的主要内容，属于居民社区生活的智能化，还谈不上社区治理的智慧化。但是，在目前的三种智慧社区建设模式中，社区居民或者未来业主都没有能够作为核心主体参与其中，使得“以人为本”的智慧社区建设理念和原则失去了现实支撑。

二、智慧社区建设中建设治理共同体的检视与反思

作为一种新型的精致化的社区形态和新型的社区治理模式，智慧社区将是我国未来城市社区建设和发展的重要方向，是引领社会公共精神培育和治理共同体建设的重点领域，但目前我国智慧社区建设实践中的公共精神培育和治理共同体建设还存在诸多不足，亟待完善。

---

① 申悦，柴彦威，马修军：《人本导向的智慧社区的概念、模式与架构》，《现代城市研究》2014年第10期。

（一）笼统单一的建设规划难以应对复杂的社区治理实践

时至今日，智慧社会仍然被视为一种指向未来的、存在于个体头脑中的模糊抽象物，对其标准和细节不同主体有不同想象。单从智慧社区运营和使用的角度来说，政府、企业和社区居民作为相关产品和服务的三大用户，对智慧社区的功能需求都各不相同。总体来说，政府以智能化的行政管理手段和基层公共管理效率的提升为核心和出发点，更加关注智慧社区在居民信息收集、处理和响应上的产品及其效果，作为智慧城市建设的延伸和实践领域，智慧社区的硬件设施和物理环境建设是政府关注的另一个方面。基于盈利和品牌竞争力提升的考虑，企业以自身的商业战略为基础，更加关注与社区居民生活相关的新产品、新服务的推广运营。作为智慧社区核心和最终用户的居民，则更关注居住环境和所享受服务的安全性、便捷性、舒适性等使用体验。就我国目前的智慧社区建设实践来说，无论是政府推动，还是企业推动，抑或是政企合作的智慧社区建设模式，都没有将社区居民或者未来业主作为核心主体纳入智慧社区的建设规划中，致使目前的智慧社区建设规划显现出不接地气、笼统单一、难以应对复杂的现实的社区治理实践的特点。

笼统单一的智慧社区建设规划首先难以满足我国地域辽阔、区域差异大的社会治理现实。诚如涂尔干学派的主张，分类是社会认知的基本起始点，对现存各种社区进行一种简易明了的类型学划分，是社区研究和智慧社区建设的起点。根据社区基本要素（包括居民、关系、空间和文化四个要素）的特征，沈原将当代中国的城乡社区划分为单位制社区、新建商品房住宅小区、老旧街区、城中村和乡村五种基本类型，每种社区类型都有其独特的社会人口学特征、空间结构、社会关系模式和文化形态。在智慧社区建设的实施方案设计中都要依据不同的社区类型，因地制宜，充分考虑本社区特征，杜绝各种形式的一刀切。在实践过程中需要事前进行深入调查了解，把握不同类型社区的独特运作逻辑，找准抓手，之后才能大力推进，减少无端的重复建设。但我国目前笼统单一的智慧社区规划存在高处着眼、脱离实际的问题，很多智慧社区建设方案难以与实体社区衔接和配套。其次，笼统单一的智慧社区建设规划缺少灵活执行的腾挪空间，由此造成一些地方在智慧社区具体的建设和运营中出现了一定的执行偏差。例如，把智慧社区仅仅当作是网络化社区治理或者家居生活智能化的代名词，并试图运用智能化的技术手段，将智慧社会时代出现的新型要素、新型关系和新型行为重新“拉回”和“锁定”在传统的社区治理框架内，失去了智慧社区作为一种新型社区治理模式的转型意义。最后，笼统单一的智慧社区建设规划缺少对我国社区发展的现实考量，这主要体现在智慧社区建设单元的选择上。为了便于公共管理和公共服务，当前我国智慧社区的建设单元与作为国家治理单元的社区建制一致，属于街道下面每个社区居委会的辖区范围。但以实体社区为单位进行智慧建设却不现实，一是社区本身缺乏足够的资金支持，二是容易造成水平低下和重复建设。

所以，怎样从现实的社区治理实践出发，将现实的社区差异、可能存在的执行偏差及如何选择有效的智慧社区建设单元等因素考虑在内，在多主体的共同参与中制定出接地气、可执行的智慧社区建设规划，将是未来智慧社区规划的重要议题。

（二）对公共精神的忽视难以满足现实的社区治理需求

现代社会普遍存在公共精神缺失的风险，培育公共精神是现代社会的共有议题。在现代社会中，个体的工具理性逻辑在居民的日常生活中日益占据主导地位，导致传统的基于集体意识的动员方式在微观社会治理过程中已经丧失效用，单纯浪漫主义的集体服务意识往往显得苍白无力，因此，亟须改变传统的集体意识与公共精神的培育方式，在利己主义和利他主义之间寻求一个合适的平衡点。智慧社区作为一种新型的社区形态和社区治理方式，为公共精神培育的创新和转型带来了契机。同时，公共精神培育和治理共同体建设是一体两面的互促关系，智慧社区建设中的公共精神培育和治理共同体建设是智慧社会治理时代的必然要求。但目前在我国的智慧社区实践中却存在忽视公共精神的问题。

民主法治、公平正义、社会参与、责任担当、邻里和睦和诚信互惠是公共精神的六个价值维度，社会参与是社区公共精神的力量源泉①。居民对社区

① 张承安，师晓倩：《社区共同体建设中公共精神的六个维度》，《湘潭大学学报（哲学社会科学版）》2019 年第 2 期。

公共事务的参与是社区治理的重要方面，是社区公共精神和共同体意识的表征，也是推动居民自治、建设治理共同体的关键所在。虽然智慧社区在推动居民的社区参与上蕴含着巨大潜能，但目前我国的智慧社区建设实践在居民社区参与上却存在诸多不足。在项目推动上，以往的智慧社区建设过于强调来自政府与互联网企业的推动，尤其是政府部门的主导作用，在一定程度上忽视了其他市场服务主体及社区居民的参与和协作。在项目运营商方面，已有的智慧社区建设实践往往强调信息采集、智慧行政、智慧商务等技术系统之间的衔接和整合，归根结底还是一种技术至上的建设模式，忽视了来自居民的参与和行动。在居民的社区参与程度上，目前智慧社区中的居民参与仅仅处于街坊邻里讨论杂事的阶段，大多数居民无法按照正当的程序参与社区公共事务的讨论议程。为此，智慧社区公共精神不仅表现为对社区公共事务的关心，还需要居民具备一定的参与能力与素养，但这并没有体现在目前的智慧社区规划中，也不是目前智慧社区建设的重点内容。技术是引领，但技术不能解决一切，甚至要付出很高的不必要成本。面对居民日常生活中的诸多问题，智慧社区的技术方案不能完全覆盖。比如，家庭传感设备虽然能够及时捕捉到独居老人摔倒这一信息，并将信息快速传递给老人的赡养人、基层社区干部和配套医院，但这一信息却很难准确包含老人所需的即时服务。这个时候，邻居之间的互帮互助是最有效的解决方案。从这个示例也可以发现，邻里互助等社区公共精神的培育应该成为未来智慧社区建设的重点内容。

所以，目前在技术推动的智慧社区建设实践中，还存在对社会性因素关注不足的固有缺陷。未来的智慧社区建设应该打破以往社区治理中可能存在的技术至上、工具依赖的认知误区，强调社区公共价值和公共精神的复归。关注新治理模式下的价值理性，以公共精神培育为价值引导，以创新社区治理模式为实践路径。始终以满足社区居民的现实需求、建立社区居民的价值认同为智慧社区建设的出发点、立足点，满足社区居民多层次、个性化的需求，并以现实需求的满足驱动社区居民价值理性的形成和社区公共精神的培育。

（三）技术推动的智慧社区建设难以克服技术自身的缺陷

对前沿科学技术的集成应用是智慧社区的重要特点，技术的推动是智慧社会建设中绕不开的要素。但技术只是手段和工具，创新和创造力才是智慧社区建设的核心。在我国目前的智慧社区建设实践中，制度建设滞后、科技伦理缺失和科技监督困难等来自科技发展自身的挑战，使智慧社区建设和发展陷入困境。

1. 齐发容易，整合难

智慧社区作为近年来地方政府的重点工作内容，也是相关企业竞争的重要着力点，近年来形成了“百花齐放、百家争鸣”的发展局面，但也同时导致了齐发容易、整合难的问题。

在新兴科学技术的驱动下，我国各地的“智慧社区”模版层出不穷，大家各显神通，各搞一套，互不沟通，各不对接，出现了五花八门、难于整合的乱象。发展到目前阶段，众多市场企业也积极投身到智慧社区建设和运营方案的探索中，成为除政府之外智慧社区建设的最主要行动主体，由此市场上涌现出了各种层次和类别的关于智慧社区的产品与服务。例如，万科、碧桂园等传统房地产商近年来重点打造了基于自身商品房楼盘的智慧社区规划方案；腾讯、阿里、京东等互联网企业，纷纷推出自己关于智慧社区的解决方案；小米、华为、美的、长虹等通信、家具企业也不断渗透到智能家居的研发中，竞相开发和生产智慧社区产品。但热闹的景象背后却出现了标准难统一、整合难落实的难题。由于不同企业主体在研发中采用的技术标准不同，各自生产出来的产品很难兼容使用，各自的操控系统难以整合统一，直接增加了消费者的使用成本与学习负担。

在实际运营层面，理想状态下的智慧社区应该是作为一条完整的产业链来呈现和实施的，中间涉及设备提供商、系统集成商、电信运营商、房地产开发商、软件和算法供应商、物业运营商等多个主体和角色。其中，设备供应商、系统集成商等位于产业链上游环节；房地产开发商、物业运营商等则分布在产业链中下游环节。但智慧社区产品和服务的百花齐发，企业本身的技术创新和跨界运营，使得彼此之间的界限越来越模糊，对形成各方参与、合作共赢的整合的要求也越来越高。导致智慧社区的产品、服务供应商本身很容易陷入各自为战的尴尬局面，不仅造成了资源的浪费，而且不利于智慧社区本身的健康发展。

所以，智慧社区建设作为一项社会系统工程，本应体现为政府、房地产、物业、家居、安防、互联网、通信等多领域和多行业的共同参与和强强联合。现实的发展情况却是企业各自为战，重复建设，难以实现合作共赢；加之缺乏统一的技术标准和监督体系，不同的企业产品和服务之间难以兼容、无法互联互通；由政府出资主导的智慧社区建设与企业主导的智慧社区建设平行发展，互不相融，难以整合。总之，智慧社区产品和服务的无序开发和泛滥，不仅造成了重复建设、资源浪费等问题，也导致智慧社区发展至今，仍旧处于初步规划与建设阶段，发展缓慢。

2. 规划容易，落地难

通观近年来我国的智慧社区建设实践，可以说，社区建设规划、解决方案理论、产品设计研发层出不穷，但能真正实现智慧社区目标、做到让“智慧融入社区治理”的却又寥寥无几。究其原因，除了智慧社区规划和相关配套制度的缺失之外，智慧社区解决方案和产品呈现技术本身的缺陷也是症结之一。

在智慧社区产品和服务供给上，智慧社区建设面临产品、功能打造、落地、开发周期等各方面的问题。具体来说，目前市场上提供的智慧社区产品和服务的一些功能华而不实，缺乏对社区居民现实生活的前期调研，难以为居民创造真正的价值，进而陷入怎样落地使用的难题。智慧社区作为一种面向未来的、精致化的社区形态，在技术上系统架构复杂，研发和实施难度大，费用高、落地难。如何将移动互联网、物联网、大数据、云计算、人工智能等集成应用，构建用户画像，匹配用户需求，这对于开发周期和资金投入的要求都很高，也面临试点实验和实施推动的难题。同时，现有技术的线上线下融合能力有限，促进居民进行有效社区交往的能力不足。智慧社区只有将社区居民方方面面的日常生活进行线上线下的深度融合，才能从根本上形塑居民的交往方式，重构居民的信任结构，培育公共精神和助推治理共同体建设。在智慧社区产品和服务的使用上，还涉及对居民科学素养的要求。目前的智能社区建设还存在普遍的应用难题。怎样提高居民对于新技术和设备的理解和应用能力，让好的成果落地，不仅是智慧社区技术的应用问题，还是一个必须解决的社会公平问题。

3．推进容易，反思难

技术是一把双刃剑，在推进智慧社区建设的同时，也会使基层社会面临一些潜在风险。一方面，社区居民的个人信息有可能被泄露，难以有效保障居民的信息安全。另一方面，智慧社区虽然给居民创造了一个即时沟通平台，降低了彼此间的互动成本，但也有可能是谣言滋生的温床，给社会稳定带来隐患。为此，必须采取相应措施予以规避。但在目前技术推动的智慧社区建设实践中还存在应对不足，推进容易、反思难的问题。具体到实践运营中，用户的信息安全是否得到了充分保障？智慧社区产品和服务的使用行为是否得到了有效规制？市场上全方位的智慧社区系统和平台是否都能完成整体搭建？智能化的服务设施是否都能被日常使用？信息化的电子产品是否都能保证信息安全？等等，这些都尚未落实到智慧社区建设的评估和考核中，也很少在规划设计和产品研发中得到重视。从这个角度来说，技术难度、贴合实际、安全隐患等都是未来智慧社区规划亟待考虑的问题。

在此背景下，需要坚持“让智慧融入治理，让治理体现智慧”的发展观，引入“社会建构的技术观”理论，以“技术引导社区”取代“技术适应社区”，走出“技术主义”和“人文主义”的二元悖论。在技术与社会互动的研究框架中对现存问题进行剖析，坚持“以人为本”、以社区居民需求为导向的治理理念，将新兴科学技术融入社区治理，以期在市场化和技术导向的洪流中找回智慧社区的根基，正确把握社区智慧化建设的意义，推动智慧社区中的公共精神培育和治理共同体建设。

综上，由于我国特殊的社区建设和发展的历史背景，政府一直在社区建设和社区治理中处于绝对主导地位，社区社会组织没有得到充分发育，市场机构及其他专业性社会组织也一直缺乏合法的参与机会和平台，社区居民难以形成广泛的认同和参与意识，文化共识和集体理性付诸阙如，社区公共精神的缺失一直是社区治理和社区建设的顽疾。现代化信息技术改变了人们的生活、行为和思维方式，也为社区居民的社会交往机制转型以及居民、邻里之间的联结纽带的重建提供了契机，为人本导向的社区交往和社区信任的重构提供了可能。智慧社区是现代化信息技术在传统社区空间内的集中应用，是实体社区和虚拟社区合二为一的现实实践，不仅具有综合化信息平台搭建、运行机制拓展创新的直接效益，还蕴含着社区公共精神培育和治理共同体建设的巨大潜能，是未来引领社会公共精神培育和治理共同体建设的重点领域。作为地方政府工作的重要内容和市场企业竞争的重要着力点，近年来我国各地展开了轰轰烈烈的智慧社区建设实践，取得了一些成果，也积累了一些经验。总体上来说，我国目前的智慧社区建设还处于模式摸索阶段，特别是智慧社区建设中的公共精神培育和治理共同体建设还存在很多亟待解决的难题。

第三节　智慧社区的公共精神培育和治理共同体建设的应对策略

以智慧社区中公共精神培育和治理共同体建设的契机为依据，结合我国智慧社区建设和运营的经验实践，要在智慧社区建设的行动背景中有效培育社区公共精神、建设社区治理共同体，应对困境和挑战，需要一个系统化的策略方案。这一系统化的策略方案，在顶层表现为政策、法规、道德舆论等的正式和非正式制度构建，中间层次表现为包含共享文化、集体共识、公共理性等社区公共精神培育在内的智慧社区内容体系设计，基础层次表现为科技伦理、科技监督和技术整合等的技术性方案供给。

一、智慧社区的公共精神培育和治理共同体建设的制度设计

社区的有效治理建立在集体导向的行动制度安排和社区内部的利益关联上。良好的制度设计不仅是克服集体行动困境、培育公共精神的关键变量，也是推进社区治理能力现代化的有效途径。目前，我国的智慧社区建设本身尚处于起步之后的模式摸索阶段，缺乏必要的经验，对于社区公共精神培育和治理共同体建设也缺少相应的制度保障。因此，需要做好顶层设计，通过一个具有全局性和前瞻性的顶层设计来加强智慧社区的规范化和标准化建设，保障智慧社区的健康、有序发展。

第一，智慧社区建设必须要为社会组织、居民参与社区治理提供制度化保障，促进社区公共精神培育和社区治理共同体建设。长久以来，我国社会

组织和居民参与社区治理的意愿和能力比较薄弱，国家权力和社区建设导向是其决定性因素①，制度供给不足已经成为制约居民社区参与的主要因素②，制度创新是社区治理转型的重要内容。在未来的智慧社区建设中，也应该重视相应的制度设计，以制度化的方式保障“人人有责”和“人人尽责”，促进社区公共精神培育，有效推进社区治理共同体建设。具体而言，应当倡导“以人民为中心”的公共精神，以社会主义核心价值观的传播为抓手，开辟多元化公众参与渠道，传播真实信息，让公众参与到公共事务的建设与治理中来。③

第二，智慧社区建设必须要统筹协调各主体的需求，制定标准规范，实现审查、监督与改进的良性循环。具体而言是指，建立涵盖所有智慧社区产品和服务的一体化智慧社区标准体系，推进这一标准的应用实施，实现横向和纵向的信息资源共享与业务协同。在具体实施上，可以发挥政府、企业和行业协会的积极作用，推进信息技术基础标准、信息资源标准、网络基础设施标准、信息安全标准、应用标准、管理标准等应用规范和技术标准体系建设；并从法律法规、伦理规范、重点政策、知识产权与标准、安全监管与评估、劳动力培训、科学普及等方面提出相关保障措施，对参与智慧社区建设工作的各级政府及各行各业进行评估考核，确保智慧社区建设质量。同时，配套建立以社区居民为核心的智慧社区评价制度，实现使用者评价服务、运营者改进产品的良性循环。

第三，智慧社区建设必须基于产品和服务的基本特征，推进相关制度体系的发展与转型。首先，需要立足于智慧社区虚拟与现实双重空间的生活逻辑和人机交互的新型关系，对现有的制度体系进行改造和升级，建立起法律法规、行业规范和代码规则的多元制度体系，为应对各种伦理挑战提供制度支撑。其次，需要加强规范体系的创新，以智慧社区的技术化特征为出发点，

① 杨敏：《作为国家治理单元的社区——对城市社区建设运动过程中居民社区参与和社区认知的个案研究》，《社会学研究》2007 年第 4 期。

② 陈振华：《利益、认同与制度供给：居民社区参与的影响因素研究》，硕士论文，清华大学 2004 年。

③ 张洁：《个体化时代公共精神的培育困境及其超越》，《云南行政学院学报》2018 年第 4 期。

尝试各种新型的制约方式，把一些必要的代码技术规则上升为法律规则，实现“技术法律化”；同时从反向出发，根据需要把一些法律规则转换成代码，实现“法律技术化”，从而为应对挑战和风险、有效推进公共精神培育提供来自技术方面的制度保证。

第四，智慧社区建设必须注重社会诚信伦理精神文化，建立诚信档案和诚信奖励制度，实现诚信监督。基于发达的技术手段，智慧社区为居民提供了一个具有一定信任基础的分享平台，社区居民可以通过各类分享行为实现线上线下的互动交往，促进相互间的情感联系和相互信任。这就要求建立一定的信任评价机制和诚信监督制度，规避违约风险。对于严重失信人员的失信行为，系统应该明确在案、记录在档，由此促使社区居民养成诚实守信的良好美德，促进智慧社区包括诚信伦理精神文化在内的公共精神的培育和发展。

第五，智慧社区建设必须整合非正式制度与正式制度，在二者的优势互补中保障智慧社区的健康发展。在具体的制度体系设计中，以道德舆论为基本内容的非正式制度，应该在智慧社区的建设和运营过程中发挥价值引导作用，使包括设备提供商、系统集成商、电信运营商、房地产开发商、软件和算法供应商、物业运营商等企业以及社区居民在内的各类行动主体，遵守公共道德、养成公共理性。以法律、政策法规等为主要内容的正式制度，为智慧社区建设和运营提供基本的规则保障，规范各方利益和行为，满足智慧社区建设的基础秩序要求。由此，在正式制度和非正式制度的合力中，明晰各类主体的权利与责任，制约各种非法和非理性公共行为，凸显公共精神和治理共同体的制度基础，促进社区公共精神的培育和治理共同体建设。

总之，面对智慧社会治理的各种挑战，未来的智慧社区建设应该以包括公共精神培育和治理共同体建设在内的居民美好生活为目标，重新思考在智慧社会时代，我们应该保护什么、限制什么，我们的原则是什么，相应的制度体系应该谋求怎样的发展和转型等，从而确立起新的规制理念和制度设计。同时，在智慧社区的实际运营中，也要坚持依法治理，不断革除体制机制弊端，构建新的有效的具体制度，让各项具体社会制度更加成熟、更加定型、更加管用、更加有效。

二、智慧社区的公共精神培育和治理共同体建设的内容体系

以公共精神培育和治理共同体建设为目标，在内容体系的设计上，智慧社区建设需要满足“智慧化规划、信息化管理、个性化服务”①、价值性交往和合作性治理等几个方面的要求。总体而言，智慧社区的内容体系应该包括目标设置、核心建设内容建设、运行模式、人才培养等几个方面，力图为智慧社区建设中的公共精神培育和治理共同体建设寻找一条规划合理、目标明晰、运行顺畅和可持续发展的有效途径②。

在目标设置上，智慧社区建设应该因地制宜，解决居民的现实需求，培育社区公共精神。就现实发展而言，由于各地所处的发展阶段不同，智慧社区建设目标也各有差异，但都缺乏对公共精神培育的认识和关注。这就需要因地制宜，合理地设置智慧社区的建设目标，将公共精神培育纳入未来智慧社区建设的方案和规划。具体来说，这要求智慧社区的内容体系设计要始终坚持以满足社区居民的现实需求、培育社区居民的价值认同为出发点、立足点，内化社区居民多层次、个性化的需求，既要重视服务的“智能化”，又要强调人的“智慧化”，推动智慧社区建设兼具技术含量和人文品质，以现实需求的满足驱动社区居民共享价值的形成和社区公共精神的培育。

在核心内容建设上，未来的智慧社区应该注重构建以社区公共利益为导向的多元主体协同机制，创新智慧社区治理的参与方案。这就要求智慧社区建设在进一步强调技术创新的基础上，更加突出利益关系的协调和公共精神的培育，关注智慧社区内容体系建设的公共性、包容性和发展性，坚持“人人”在社区治理中的主体地位，鼓励多元参与，实现社区共同体的有效构建。未来的智慧社区建设方案，要提出一系列包含共享文化、集体共识、公共理性等社区公共精神培育在内的内容体系设计，开发能够满足不同群体需求的、差异化的智慧社区产品和服务，有效整合服务资源、凝聚共识。未来智慧社

① 申悦，柴彦威，马修军：《人本导向的智慧社区的概念、模式与架构》，《现代城市研究》2014 年第 10 期。

② 吴胜武，朱召法，等：《“智”聚“慧”生——海曙区智慧社区建设与运行模式初探》，《城市发展研究》2013 年第 6 期。

区的内容体系要进一步提高基层政府的包容性，赋权企业和社会组织，强化产品和服务供给商的社会责任，增强社区居民的归属感和认同感，拓宽各类主体特别是社会力量参与智慧社区建设的渠道，有效推进未来智慧社区建设中的公共精神培育和社区共同体生成。同时，未来智慧社区建设也要谋求以社区公共利益为导向的多元主体协同机制创新，以民主协商为途径，切实畅通表达渠道，孵化社会组织，增强居民的自组织能力和群体行动能力，在提供智能化服务的基础上实现智慧化的治理。

在运营模式上，要走出以往智慧社区建设基于企业发展的商品化逻辑，或者基于政府管理的行政化逻辑的二元模式，发展基于社区共同体生成的社会化逻辑。以往智慧社区建设往往是基层政府基于智能化管理的需要，购买相关企业的产品和服务，将之直接应用于现有的、已建成的实体社区，以期实现社区管理的高效、便捷，不利于社区居民本身的主体性发挥。相关企业以营利为目标，会更加追求既有产品和服务的更新和技术迭代，忽视甚至损害居民的实际利益。如果说社区、业委会和物业是传统社区治理的“三驾马车”的话，现阶段的智慧社区治理更加弱化了由业主代表组成的业委会的影响力，强化了饱受诟病的社区治理的行政性特征。在引入阶段，将业委会纳入决策主体；在运行过程中，将普通居民作为监督主体；在评价体系中，将居民的归属感、认同感和幸福感作为重要指标，使社区居民主体性发挥在智慧社区建设的每一环节。同时，强化社区社会组织在智慧社区运营中的参与，提高他们对智慧社区的全需求覆盖、精致化服务提供的智能化特征的适应能力，进而提高居民的参与智慧社区治理的水平和能力。

在人才培养上，未来智慧社区建设要注重综合提高人才的技术水平和管理能力，实现团队的职业化和专业化。因此，首先，要以团队建设为抓手，增强智慧社区的专业人才培养，将智慧社区产品技术人员、专业社工作为智慧社区团队的主要来源，优化团队人员结构；其次，要加强社区工作者和物业的基础技术和管理技能培训，提高物业和社区工作者的智能化管理和服务水平，培育“智慧社工”人才；最后，还要加大智慧社会时代社区工作者的人才储备，通过高校的相关专业设置和招生、市场化的培训机构和项目运作，实现智慧社会时代社区工作者的人才储备和梯度培养，搭建智慧社区团队职业化和专业化的长效机制。

总之，智慧社区治理建设的内容体系要以公共精神培育和治理共同体建设为目标，既要重视服务的“智能化”，又要强调人的“智慧化”，依循整体性治理的分析框架，从突出居民需求导向、加大多元主体的协调整合、共享信息资源、共建信任参与机制、培育“智慧社工”人才等治理思路出发，推动智慧社区建设兼具技术含量和人文品质。在内容体系的设计上，重视增强公民理性自觉，培养公民为社会公益事业服务的优良品质，在开放的公共生活中培养与倡导公共精神。通过界定治理共同体参与维度及渠道、规范共同体的公共价值伦理导向，以及筑牢共同体数字治理的技术支撑等举措，共同推进社会治理共同体的科学构建，从而构建完整的智慧社区“生态圈”，建立共识，实现共治。

三、智慧社区的公共精神培育和治理共同体建设的技术方案

智慧社区是一种新型的社区形态，对前沿科技的集成应用和智能化服务产品的提供是基础支撑；智慧社区还是一种新兴的治理模式，怎样将前沿科技成果的应用延展至服务产品提供以外的治理领域，是未来智慧社区建设的关键。同时，将公共精神培育纳入智慧社区建设的目标和内容体系设计，需要来自科技的支持。也就是说，未来智慧社区建设必须注重科技伦理、科技监督、具体技术同社区治理共同体建设目标的有效整合，丰富智慧社区治理中科技支撑的内涵，将科技创新在社区治理中的应用，从简单的产品和服务供给拓展至公共价值倡导、公共利益协调、理性交流互动等领域，助推社区公共精神培育的智能化，实现智慧化的社区共同体建设。

首先，智慧社区建设必须要遵守科技伦理，坚持惠民原则，使居民享受到先进技术红利。智慧社区建设在项目设计、产品开发过程中，要加持人的福祉、尊重人、公正、负责、透明性、公众参与等科技伦理治理的基本原则①，重视智慧社区产品的公益价值，将人类公共利益、社区居民的未来发展利益作为项目开发、产品设计的目标之一。要随时关注居民的生活诉求，了

① 雷瑞鹏：《科技伦理治理的基本原则》，《北京日报》2020年5月11日。

解居民的生活困难，提升智慧社区的服务水准，以先进科技为基础，解决社区治理中的复杂问题，为居民提供更加优质的服务。将科技伦理贯彻在智慧社区建设的全流程，经由科技伦理的介入，保护智慧社会时代居民的安全和权利，助推社区公共精神培育的智能化。

其次，智慧社区建设应该加强科技监督，在全过程监督中实现居民美好生活目标的追求。一是要加强对科技伦理的讨论，科技伦理不应只是学术殿堂内的“堂前燕”①，坚守科技底线，是智慧社区建设中科技极端的基本内容；二是要强化对智慧社区建设中重点产品和服务的监督和评估，有效做到风险管控和规避，确实保障居民的安全和利益；三是要建立上下共通的、互联互动的监督信息平台，推动监督数据的积累和共享，做到对重大风险的有效预警和防控；四是要强化对科技监督结果的运用，通过合理的问责和责任查找机制，及时正确处理监督中发现的违法违纪问题，杜绝相似行为的再次发生。

最后，智慧社区建设要坚持系统建设的总体框架，做到技术整合。一是要全程重视对居民个体数据的挖掘，从居民的生活空间和生活时间特征出发，分析社区公共设施的时空布局，实现社区资源的优化配置，促进相关产品和服务的落实、落地；二是要对接新兴技术，结合系统工程理论和方法，整合市场上的多元服务和产品，做到同类产品能够有效替代，不同产品能够有效衔接，解决目前存在的智慧社区相关产品不兼容、重复建设等问题；三是要连通技术创新与社区公共精神培育，将新兴的前沿科学技术与人类心理和行为规律有效整合，创新公共精神传播渠道、公共利益协调方法和公共理性培养模式，助推智慧社区治理共同体的有效构建。

总之，公共精神培育和治理共同体建设要求智慧社区的技术性方案更加精细、专业和安全。如今，前沿科学技术逐步成为支撑社会治理创新和社会治理现代化的关键因素②，党的十九大报告指出要“建设数字国家、智慧社会”，党的十九届四中全会也明确将科技支撑纳入新时代的社会治理体系。智

① 疏钟：《“科技伦理”不应只是“堂前燕”》，《光明日报》2015年4月17日。
② 陈端：《数字治理推进国家治理现代化》，《前线》2019年第9期。

慧社区是前沿科学技术应用于基层社会治理的重要实践，也是引领未来社会公共精神培育和治理共同体建设的重点领域。这就要求未来智慧社区建设要坚守科技伦理底线，加强智慧社区治理全过程的科技监督，将智慧社区建设作为一项社会系统性工程，挖掘居民需求、强化技术整合，推动公共精神培育和社区共同体建设的智能化。

第七章

社区公共精神评价体系

构建合理的社区公共精神评价体系，有效评估和衡量当前社区公共精神的发展现状，为促进公共精神和社会治理能力的提升提供支撑。结合当前社区治理的基本特征和我国公共精神文化的现状，笔者通过咨询多方专家、查阅相关文献、综合甄选多项各级具体指标，有机融合构建合理的科学评价体系，为我国社区共同体公共精神的培育和发展提供参考依据。

第一节　社区公共精神评价体系构建的原则

在社会生产实践及具体事物的评价体系构建中必须建立具有统一性、普遍性、适用性的原则做基础。要构建社区公共精神评价体系，需要从影响公众精神的主要因素中筛选、识别和建立起对应的价值取向原则、全员参与原则、主体性原则、科学性原则、实用性原则等，各条原则之间相互关联融合，共同形成评价体系的构建原则。

一、价值导向原则

社区作为我国社会有机体的最基本的内容，只有保障和引领社区的公众精神与社会主义核心价值观相吻合，才能在社会组织的最基本单元中推动社会主义核心价值观导向真正落地。社区公共精神评价体系构建必须以价值导向为准则。

人们的“目的”是由大脑经过数据采集、对比剖析、自我评判、联想融合等所形成的意识和价值观，只有在正确的意识和价值观的指引下才能“正确实践”。在社会生活中，公共精神必须以优秀的价值导向为根本起点，只有在正确的价值导向牵引下才能有效解决公共生活和社会发展中所呈现的各种矛盾和公共问题，有效促进社会和谐的、有序的高质量形态发展。因此，价值导向应该为公共精神评价体系的首要原则，引导人们的思想和观念有机融合，凝聚力量推进社会主义建设和中华民族的伟大复兴。

二、全员参与原则

公众精神强调和提倡公民能积极主动地关注和参与公共性质的具体事务[①]，其本质表现特征是共同体所有内部成员都能主动参与且充分参与具体的建设事务，需要通过以下诸项条件的满足来保障实现。首先，充分参与的必要前提是社会成员的参与权都是平等的，可通过公权力来确保公民权利的独立性及参与的合法性；其次，全员参与要能充分体现公民的个人理性，要敢于打破权威的禁锢，倡导公共精神来激发公民参与公共事务的主动性和自愿性，在具体的参与和实践过程中实现自我价值；最后，全员参与需要强有力的制度保障做支撑，只有制度的规范、指引和推动，才能提升公民的共同参与效率和覆盖面。“社区全员参与制度是目前相对稳定的社区性规范制度，是保障和激发公民能够平等参与的有效方式。”[②]

公共精神全员参与的本质特征，对公共精神评价体系构建提出了具体要

① 刘鑫淼：《当代中国公共精神的培育研究》，人民出版社2010年版，第36页。

② 温淑春：《关于城市居民社区参与的制度建设的思考》，《理论与现代化》2008年第3期。

求：公共精神文明的建设要能够推动和保障社会整体成为民主的、公平的、公正的命运共同体，内部所有成员享有独立、平等、自由的基本公民权利；评价体系中的价值取向能够推动和满足现代化理性发展的基本诉求，使公民的合理意见能够及时表达，使公民的合法权益得到有效保障。

三、主体性原则

主体性原则是指在公共精神评价体系的构建中要注重主体性因素。主体性原则中包含着对社会历史方位的基本判断、对现实生活本质的批判和审视，在此基础上明确现实生活和社会发展的价值标尺及规范要求的基础①。纵观人类社会的整个发展历程，以西方社会为代表的宗教信仰和古代东方社会为代表的的皇权独统专制中，权威利益至上的封建观念长期奴役和束缚公民的思想，长久思想桎梏约束着思想形态的解放，使公民忽视或者怯于个人正当利益和权利的争取，沦落成为权威榨取利益和维系稳定的载体。随着封建权专制力量的瓦解和思想意识形态的解放与革新，公民思想觉醒开始关注自我存在、自我价值和自我权益等层面，与时俱进不断探索新的价值标准，主体性原则体现出其合理性、合法性及时代性的特征，是对传统社会价值观的实质性颠覆、革新和突破。

在社区共同体的构建中需要重点关注精神导向的重要作用，需要引导人们积极参与社区的公共事务，形成广泛的认同感和归属感；通过精神层面的引导把公共利益放在首位，构建出具有凝聚力的结合体，这个是以自我主体性为基础的。反对主体性的学者认为，主体性等同于主观性且易使结合体解体，会对共同体的秩序维护和正向发展产生负面阻碍影响；涂尔干提出的“机械团结”共同体则比较看重共同体内秩序的维护，反对个人主体性的发展，辩证地看是对主体性进行异化。

在现代社会发展中，必须辩证地思考个人利益与集体利益的关系，要有策略、有规划、有目标地营造出宽松和谐的社会环境，激发人的主体性才能

① 贺来：《“主体性”观念的价值内涵与社会发展的“价值排序”》，《吉林大学社会科学学报》2011 年第 3 期。

实现社会的可持续和谐发展，获得社会成员的认同。因此，在公共精神评价体系的构建中要充分尊重主体性原则，使个人的主体性得到充分的释放和发展，更合理、更高效、更优质地培育与时俱进的先进公共精神。

四、科学性原则

公共精神评价体系的构建必须与社会的基本发展逻辑和向上发展趋势相匹配，需要运用科学的方法和流程付诸实施。首先，要通过有规划性的观察、测试和评估流程，从保证评价结果的真实性和客观性角度考虑，甄选出有明确结论的指标；其次，全面选取各项指标的设定，相应的指标要按照轻重缓急原则进行分类分级，要求各项指标能够紧密联系且有机融合；最后，为了明确各项指标体系的内在逻辑结构，以表格形式呈现所构建的完整评价指标体系，在实践运用中实现可视化操作。

在人类社会发展史上，正是因为逐步掌握了世界物质的发展规律，才有了各项科学研究学科的产生，在不断的探索和实践中逐步探明科学真理，社会科学的发展也是如此，必须以科学性原则来指导公共精神评价体系的构建。

五、实用性原则

公共精神评价体系构建的目的和宗旨是收集、评价、调控和反馈公共精神的现状，引导公共精神朝向正确有利方向持续发展，才能确保为公众提供优秀的公共精神。在构建公共精神评价体系时，整个过程务必要坚守实用性原则，将理论研究与实践过程真正有效地进行有机融合、相互验证和优化提升。

实用性原则有利于公共精神评价体系的构建。首先，实用主义强调从“有效实践”的基本点为依据，以公共精神的真实现状为源点，将理论知识与实际操作相联系起来，从可行性、可操作性、可落地性的角度着手甄选出符合我国实际情况的评价指标；其次，社区共同体的发展具有广泛性、差异性、复杂性和不一致性，评价体系的核心目的是能对精神培育、引导及实践运用后的进展进行评价、反馈及纠偏。要严格坚持切实可行的实用性原则，把实用性原则贯穿评价体系的构建、运用、纠偏及升华的全过程，确保指标的筛选与制定切实符合社会发展的实况。

基于社会现状和目标打造出一个有机联合的公共精神评价体系，依托价值导向原则来把控公共精神的发展方向，依托全员参与原则来体现公共精神的本质内涵，依托主体性和实用性原则来体现公共精神构建的基本哲学基础，依托科学性原则有效保障整体进程的科学性和可实践性。

第二节　社区公共精神评价体系结构

在上述所有基本构建原则的指引下，笔者通过深入剖析“社区公共精神评价体系”的内在逻辑关系及评价结构体系的构建，为我国社区公共精神的培育与评价提供部分参考依据，推动社区公共精神的发展。

目前社区公共精神是一个缺乏理论范式和体系的研究领域，不同的研究者有不同的看法和意见，所能参考到的研究成果极其有限，本书更多的是对社区公共评价体系构建的定性层面的研究；主要通过对已有研究理论的汇总梳理和研究通用的分析、观察、咨询等，结合本人已有的研究成果共同融合而成。本书从构建社区公共精神评价体系的终极目标完成为源点，对社区公共精神的功能定位、典型特征、存在问题、制约因素等维度进行了深入的观察、识别、剖析和挖掘提炼，多方咨询和评估后制定和构建具体的评价指标体系及相关指标，并对评价体系涉及内容（指标）进行多次实践验证和纠偏优化完善等，探索出社区公共精神评价体系的架构以供参考。

社区公共精神是社区所有居民应该具备的基本精神素养，通过对社区公共精神的内涵和外延的阐述需求，对比甄选出民主法治、公平正义、社会参与、责任担当、邻里和睦、诚信互惠等六个层面指标作为一级评估的参考标准。首先，社区建设要有民主法治和公平正义两项基本准则，缺一不可；其次，社会参与、责任担当、邻里和睦、诚信互惠是体现社区公共精神的典型特征，是社区建设质量的基本评判标准。结合当前社区治理和发展的现状，针对每个一级指标进行更加细致化和科学化的分类分级探索，进一步拓宽和深化更具体详细的发展需求和评判依据，最终形成确定二级指标；在二级指标梳理清晰的基础上，通过社区工作的详细日常生活、社区公共精神、日常管理动作落地及其他评判维度的再次深化梳理出三级指标，保障二级指标能够具体化、明确化、可量化的高效率实现，同时进一步融合研究理论和实操验证来确保评价体系具有切实的实操性和实效性。所构建的社区共同体公共精神评价体系共由6个一级指标、19个二级指标和77个三级指标组成，每个指标都是经过多方咨询、理论研究与实践验证的基础上融合甄选而来，采用等权重法量化各个指标的权重。权重计算公式为：$I_i=\frac{100}{n}$，I_i 表示第 i 个指标的权重，n 表示指标个数，共77个三级指标，各三级权重指标分别是 $I_i=1.3\%$。

评价体系的有效构建需要定性与定量相结合而成，由于目前资料少且知识量有限，本书所阐述和构建的评估体系更多的是针对定性层面的研究，对定量层面研究的匮乏是本书薄弱之处，希望更多学者能将此项研究持续深入研究，对已有成果进行不断的完善、优化和升华，共同为我国的社区公共精神建设做出应有贡献。

基于以上社区公共精神评价体系构建原则，笔者试图构建了社区公共精神评价体系结构，见表1。

表1　社区公共精神评价指标体系

一级指标	二级指标	三级指标	指标代码	权重	指标类型
①民主法治	社区民主化决策	居民代表参与决策	I1	1.30%	正向指标
		决策过程公开	I2	1.30%	
		决策结果公示	I3	1.30%	
		决策者人员配比合理	I4	1.30%	
	社区系统化监督	社区党委监督	I5	1.30%	
		政府部门监督	I6	1.30%	
		社区居民监督	I7	1.30%	
		物业公司监管	I8	1.30%	
		监督渠道畅通	I9	1.30%	
		监督形式创新	I10	1.30%	
		配置民生监督员	I11	1.30%	

续表

一级指标	二级指标	三级指标	指标代码	权重	指标类型
①民主法治	社区法治化治理	立法机关完善社区治理法规	I12	1.30%	正向指标
		社区管理部门依法执政	I13	1.30%	
		社区自治组织工作制度化	I14	1.30%	
		志愿性社会法治组织	I15	1.30%	
		专业性法律顾问	I16	1.30%	
		居民遵守法律规范与社区规约	I17	1.30%	
②公平正义	社区居民权利公平	公平的社区政治参与权利	I18	1.30%	正向指标
		平等的社区福利权利	I19	1.30%	
		一致的社区安全权利	I20	1.30%	
		公平的居民发展机会	I21	1.30%	
	社区生活规则公平	社区公共事务处理程序正当	I22	1.30%	
		社区生活的制度理性	I23	1.30%	
		社区生活无特权	I24	1.30%	
	社区发展成果分配公平	社区居民劳有所得	I25	1.30%	
		社区公共利益分配公平	I26	1.30%	
		社区居民共享社区资源	I27	1.30%	
		社区居民共享社区环境	I28	1.30%	
		社区居民共享社区文化	I29	1.30%	
③社会参与	社区居民参与常态化	居民的主人翁意识	I30	1.30%	正向指标
		居民的参与资本	I31	1.30%	
		居民参与社区事务的效能感	I32	1.30%	
		居民参与社区活动制度规范	I33	1.30%	
		多样化的社区自治平台	I34	1.30%	
	社会组织参与专业化	社会组织人才队伍专业化	I35	1.30%	
		社区专业化人才引进	I36	1.30%	
		社会组织活动资金充足	I37	1.30%	
		社会组织章程规范	I38	1.30%	
		社会组织目标明确	I39	1.30%	
		社会组织职责、权力分工明确	I40	1.30%	

续表

一级指标	二级指标	三级指标	指标代码	权重	指标类型
③社会参与	社区参与内容均衡化	参与社区政治文明建设	I41	1.30%	正向指标
		参与社区经济发展建设	I42	1.30%	
		参与社区文化活动建设	I43	1.30%	
		参与社区环境建设	I44	1.30%	
		参与社区公益建设	I45	1.30%	
④责任担当	集体意识	维护社区公共利益	I46	1.30%	正向指标
		认同社区核心价值	I47	1.30%	
		尊重居民合法利益	I48	1.30%	
	忧民意识	社区管理机构问题意识	I49	1.30%	
		居民爱国、爱社区意识	I50	1.30%	
		居民保护社区环境意识	I51	1.30%	
	担当意识	居民的创新意识	I52	1.30%	
		居民的志愿精神	I53	1.30%	
		居民的公共责任心	I54	1.30%	
	积极作为	认真对待社区事务	I55	1.30%	
		脚踏实地践行社区责任	I56	1.30%	
		尽职尽责履行居民义务	I57	1.30%	
⑤邻里和睦	友善相处	尊重社区邻里差异	I58	1.30%	正向指标
		文明礼貌的社区居民	I59	1.30%	
		风气优良的社区氛围	I60	1.30%	
	守望相助	社区居民的命运共同体意识	I61	1.30%	
		社区居民助人为乐	I62	1.30%	
		社区居民共同情感纽带	I63	1.30%	
	唇齿相依	社区认同感	I64	1.30%	
		社区归属感	I65	1.30%	
		社区凝聚力	I66	1.30%	

续表

一级指标	二级指标	三级指标	指标代码	权重	指标类型
⑥诚信互惠	社区公共合作	社区居民共生共存共享意识	I67	1.30%	正向指标
		社区居民合作行为	I68	1.30%	
		社区居民合作媒介	I69	1.30%	
		社区居民合作机制	I70	1.30%	
	居民诚信交往	社区居民间的优质交往	I71	1.30%	
		以建立联系为目的互动	I72	1.30%	
		社区居民诚实守信	I73	1.30%	
		社区建立诚信档案	I74	1.30%	
	居民互惠共赢	社区居民地位平等	I75	1.30%	
		社区居民具备互利意识	I76	1.30%	
		社区居民实现共赢	I77	1.30%	

第三节　社区公共精神评价体系分析①

随着城镇化节奏的加快，加强社区的有效治理，构建社区命运共同体逐渐凸显其重要作用和价值。社区发展不应局限于城市管理和为人民服务的事务性工作层面，而应更多地关注人民群众最基本的精神文化需求，有效加快构建区域共同体、利益共同体和价值共同体，在社区快速发展的新时代背景下，加强对社区公共精神的理论和现实关注，培育和激活社区居民新的公共精神。

为给社区公共精神的培育、考核和评价提供参照，笔者对社区公共精神的六个维度进行深入剖析和分级挖掘，以提高公共精神考核评价的科学性和可信性。社区公共精神的六个维度是根据价值导向、全员参与、主体性、科

① 张承安，师晓倩：《社区共同体建设中公共精神的六个维度》，《湘潭大学学报（哲学社会科学版）》2019 年第 2 期。

学性和实用性的基本原则确定，即六个一级指标，指的是民主法治、公平正义、社会参与、责任担当、邻里和睦和诚信互惠，分级下设 19 个二级指标和 77 个三级指标；各项指标的内涵根据一级指标的内涵和外延进行细化，采用等权重法分解确保每个指标的权重相等，分解设定的三级指标共计有 77 个，各项指标等权重约为 1.3%。

一、民主与法治是社区公共精神的基本制度保障

社区作为我国最基层的居民自治组织，是内部居民共同生活的命运共同体。只有公民在社区公共生活中具备了最基本的公共精神品质，才能满足和实现现代社会政治文明发展，公共精神的评价体系中必须包括民主因素。社会能够持续良性运转的最基本条件是法治，党的十八届五中全会在社会治理格局中增加了“法治保障”方面相关的内容，全面依法治国的总目标表明了法治的重要性和基础原则性。在社区基层组织中，民主是正向稳定发展的基石，法治则是实现民主的保障措施，民主与法治是社会公共精神体系评价的首要指标。

在社区的研究视域，社区民主与法治应包括社区民主化决策、社区系统化监督及社区法治化治理三个二级指标。

社区民主化决策。现阶段社区基本工作要聚焦在居民的自我治理意识提升层面，需要地方公共事务的决策权敢于下放到基层进行民主决策，而这个过程必须要有一定的程序和流程来确保基层的决策切实合理有效，需要做到以下几点：① 参与社区推进决策的居民代表数量及比例要合理，居民代表要有切实的决策权且能真实有效地行使决策权；② 决策的过程和结果都要透明公开，体现社会公共权力合法性和公正性；③ 为保障社区决策具有真实性、有效性和广泛民主代表性，社区居民参与决策时不能仅局限于对具体特定事项行使决策权，在决策团队人员组成中要有合理占比，才能够确保社区公民进行民主化决策。

社区系统化监督。有效监督是民主化推进过程中不可或缺的重要因素，社区内部所涉及的利益个人或组织较多，诸如居民自治组织、政府机构、社会组织等。如果社区内部的监督机制出现缺失，难免会出现社区个人、群体

或组织各谋私利的现象。因此，必须建立系统化、流程化的监督制度或机制，才能有效协调好社区内所有利益相关者，有效解决利益引发的冲突。在一个复杂的社会体制当中，只有通过赋予各权利主体之间行使相互监督权，才能确保监督的有效性和实效性，才能真正实现社区监督的系统化。这个需要考虑两方面内容：一是对主体权利者进行全方位的监督覆盖，二是确保监督的权力能够有效落地执行。在做好社区内部监督内容因地制宜的基础上，只有确保上述两方面内容能长久持续地有机融合和落地执行后，才能真正有效地促进社区监督系统化。全方位覆盖监督权利主体会涉及四个方面内容：政府部门的监督、社区党委的监督、社区居民的监督、物业公司的监督。上述四个层面的监督相互融合且各有侧重点：① 政府部门的监督是体现政府的宏观监督和指导，如管理实体机构负责对社区的自治组织、社会形式组织等；② 社区党委要覆盖到整个社区的全方位监督，把握整体性，确保社区朝着正确方向良性发展；③ 社区居民监督要求居民能对社区的日常工作进行时效监督及反馈，因为居民生活在小区能时时刻刻感受各个组织的工作推进情况，要保证社区居民监督的有效实施；④ 物业公司主要为社区提供服务工作和安全保障管理，社区组织会将部分管理工作委托给物业公司去落地执行，诸如为保障社区的安全而行使必要的监督权等。此外，要确保监督权力的真正长久实现还需考虑下面三个问题：首先，在社区内，所有的主体想要发挥作用且敢于主动发挥作用，信访渠道和监督信箱在社区是非常有效的反馈途径之一。其次，监督形式的创新是指在新时代的社区中，借助诸如新媒体、短视频、微信等方式的创新，这样简单便捷的监督方式将大大提高监督的效果。最后，设置民生监督员岗位深入社区基层、有效收集意见建议并及时快速向居民宣传社区政策，避免出现信息传播滞后而出现信息不对称的情况，是对社区监督的有效补位措施。

社会治理的法治化有科学立法、公正司法、严格执法、全民守法四个维度。首先，当前社区在治理法治化方面未有系统性的成文规定，也没有具体参照方案去有效实现法治化，因此立法主体首先要考虑完善社区治理相关的法制法规，切实做到“有法可依”；其次，社区管理部门作为政府的代言人，是依据政府管治要求依法执政，切实做到“执法合规”；再次，要将社区自治组织工作制度化，社区自治要按照制度流程化运作；最后，还要引入和建立志愿性质的法治组织，依托其专业性快速整合社区内多方面的法治资源，快速有效地识别和解决社区内普遍存在的法律风险问题，加快法治意识的提升与传播。

保障民主与法治是我国实现社会政治现代化的必经之路，要求现代公民必须具备与时俱进的优秀政治品质，需要现代公民具有普遍的关注和热爱祖国的情怀。具体表现为：思想上要深刻认同民族与国家，行为上要在合法合规前提下具有积极参与政治生活的热情。为有效评估和提升社区共同体人员的政治品质水准，我们以“社区共同体”这一微观的社会缩影组织为样本剖析，通过17个三级指标来评估和衡量，构成了社区公共精神评价体系的第一个维度（指标参数见表1）。

二、公平正义是社会公共精神的精神内核

公平正义是所有人类和社会进步所共同追求的价值目标，不分民族、国家、历史条件等客观差异存在的情况下，无论通过何种方式使公平正义所能达到的程度，恰恰是不同民族、国家和社会发展水平的差异化体现[①]。党的十九大报告强调，人民美好生活需要日益广泛，不仅对物质文化生活提出了更高要求，而且在民主、法治、公平、正义、安全、环境等方面的需求日益增长。

作为人类社会文明进步与发展的重要标志，公平正义是衡量一个国家或社会文明是否健康发展的重要价值尺度。其基本内容一般有权利公平、机会公平、规则公平和结果公平。以社区视角，思考分析社区公平正义，将其二级指标进行分解，分为社区居民权利公平、社区生活规则公平和社区发展成果分配公平。本书认为机会公平是指一个人能够有正当权利自由参与某件事情而不被外界拘束的行为，尤其是在社区共同体中，参与行为本身就是一种权利的公平体现，所以不再单列。只有在上述三个维度的公平同时实现时才

① 张二芳：《十八大以来我国公平正义的价值引领与实践进路》，《马克思主义研究》2016第12期。

可能会有正义的出现，公平与正义存在一定吻合性和差异性。

公平权利首先是指居民能平等自主地参与社区相关的政治活动，在合理合规的前提下充分享有选举权、被选举权及言论自由表达权；其次，要构建一种机会公平、权利公平、规则公平的社会保障制度，社区居民可以享受到平等的社区公共福利，社区居民生活及其权利实现是我国社会保障制度的应然关切；最后，安全稳定是维护社区和谐的基本前提，居民在社区享有最基本的生活安全保障权利。居民的公平发展需要有匹配相应能力的岗位设定，并且有能提供发展机会的有效保障措施，异质化居民在社区中享有不同的发展机会，确保做到以人为本，人人都能够发展。

社区居民的公共生活，是大家共同融合为命运共同体的空间与区域，只有通过强化制度意识上的培育和提高，才能有效减少公共生活中不必要的摩擦和不稳定因素的出现。需要做好以下两方面：① 在落地和推进社区公共事务具体管理工作中，必须优先设定一整套符合社区事实的程序制度做基准依据，并以严格恪守程序制度的合规合法为基本行事价值准则，切实维护和体现出社区生活的公平性；② 在社区生活中要推崇制度至上的精神，通过引导和强化居民和工作人员都能具备这种内在精神品质并且自愿恪守规范约束自我行为，最终实现制度理性。程序正当和制度理性两者相互结合和支撑，一个从流程上确保有机会实现公平正义，一个从本质上确保有能力实现公平正义，只有两者在流程和本质双层面上做好真正融合后才能消除特权现象，确保人人能够获得公平和正义。

社会公平正义的关键就是结果要公平，核心就是保障社区居民劳有所得且能公平合理。主要体现在：社区利益公平分配、社区资源公平共享、社区环境公平共享、社区文化公平共享等，通过对公共利益、社区资源、公共环境和社区文化四个维度再深入剖析细化从而支撑社区最终结果能公平体现，切实确保社区公平正义的最后一道防线稳固。

三、社会参与是社区公共精神的力量之源

公众参与是公民为了公共事务贡献自我智慧或力量的行为。社区参与内容主要涉及参与主体与参与方式两个指标。按参与主体划分，将社区居民和

所在社会组织两者共同纳入社区共同体；按参与方式划分，分为社区居民参与的规范化和社会组织参与的专业化两个层面。相对于参与内容而言，社区居民更多关注社会参与的形式。

当地居民是参与社区规范化建设的主体，主要包括以下内容：①居民参与的归属感，这个决定了居民参与的主观能动性；②居民的参与成本，即社区居民参与社区活动所必须付出的各种成本，比如人力、物力、时间、财力成本等；③居民参与社区事务的效能感，只有当参与行为实现预期成果时，才能给居民个人带来较高的效能感，才能逐步激发更多的主动参与行为并成为常态；④从制度上规范社区居民参与活动的具体范围尺度和行为标准，明确正确的行为规范和参与流程来保障社区居民合理合规地行使权利；⑤拓宽地方自治平台，如居民委员会、居民代表大会等，夯实地方自治平台建设有助于激活社区居民的参与能动性。

党的十九大报告强调，加强社区治理体系建设，推动社会治理重心向基层下移，发挥社会组织作用，实现政府治理和社会调节、居民自治良性互动。引入专业化社会组织对社区治理的质量和效率两方面的提升会卓有成效。改良引进的主要内容包括：章程规范化、目标明确化、职责分工明确化、人才队伍专业化、经费充足保障。目前社会公益性组织数量不断萎缩，非营利性社区组织的发展呈现疲态等，都不同程度上制约着长久高效率的发展，要引进专业人才进驻社区来有效整合资源和凝心聚力，多管齐下才能促进社区的高效发展。

社区参与内容均衡化是对社区活动内容质量、社区居民和内部组织是否有效参与社区活动内容进行深入、理性、全面、平衡、客观等维度的剖析。主要包括：一是积极参与社区的政治文明建设活动，这个是居民生活不可或缺的组成部分，诸如居民代表和人大代表的选举等；二是积极参与社区经济发展建设，社区居民必须参与社区的发展建设，只有通过共建共享工作才能得到社区公共利益的公平分配；三是积极参与社区文化活动建设，当前社区文化活动的主要参与者以老年人为主，大多数中青年由于工作和生活的压力基本未参与，需要重点关注文化建设传播的创新来激活参与度、文化纽带作用的升华和引导等，才能有效夯实和稳固社区内部的感情基础；四是主动参与社区环境建设，拥有一个高品质的生活环境是所有社区公民的共同诉求，需要社区内部所有公民群策群力；五是社区公益是社区服务功能的延伸，要想从社区公益中受益，就必须积极主动参与到社区公益的建设工作中。

四、责任担当是社会公共精神价值的灵魂所在

“担当”属于责任意识概念范畴，广义来看更多涵盖和要求的是个人的社会责任意识。在社区中，居民的文明精神也是对自身责任的认识和践行。虽然居民在社区中的地位是平等的，所拥有的权利是平等的，所承担的责任有所不同，但每个居民都应认清自己的角色、自己的定位、自己的责任，积极、主动、自觉地担当责任且有效付诸行动，共同促进社区共同体的和谐长久持续性发展①。

责任意识在社区生活中的具体表现形式为：集体意识、忧民意识、担当意识和积极作为。集体意识囊括个人对群体的态度，是责任担当的直观体现，集体主义内涵与公共精神本质上相吻合；忧民意识更多的是反映出一种对未来具有的超前责任意识，是对未来潜在的问题或风险有一定的预判并能提前采取应对措施；担当意识要求要进行自我责任的经常反省和时刻担当，能以自身为起点与现实进行综合评估并主动付诸行动；积极作为是对责任担当的自觉践行的表现。

社区的集体意识能很好促进梳理和权衡个人与整体两者间的利益均衡问题，诸如维护社区公共利益、认同社区核心价值、尊重居民合法权益等。在由个人组成的社会群体关系网中，每个人都是群体的一员，应当遵循个人利益服从群体利益的基本原则，只有在群体利益得到保障的前提下才能获得个人利益，只有对群体价值产生高度认同感后才能得到好的个人发展。

忧民意识是在大局观意识的基础上从集体利益的角度出发，以超前的意识和责任心去洞察社区各方面潜在的问题。主要从三个维度分析：社区管理机构问题意识，居民爱国、爱社区意识，居民保护社区环境意识。社区管理

① 孙业礼：《担当·定力·规矩——学习习近平系列讲话中的新概念、新韬略》，《党的文献》2014年第2期。

机构要从社区的组织与发展角度综合考虑和审视社区潜在的问题，能提前预判和及时设置解决方案，避免问题升级后加重解决难度和利益冲突；能够主动重视、发现和评估社区内部当前未意识到的或未关注到的潜在问题，能通过提前诊断、分析和识别后进行必要的风险防控措施或设置应急预备方案来规避问题的发生；环境问题是制约持续发展和生存舒适度的重要因素，现代社会的环境问题日益突出，居民应该对自己生活的社区有归属感。

担当意识是衡量评估公共领域责任感的重要指标，在当前市场经济为主导的大环境下极易诱发利益至上、金钱至上为代表的不良社会风气。因此，我们必须把有责任担当的人联合起来，为社区的发展尽心尽力，不计利害，不计得失。

积极作为的具体要求是居民能自发通过积极行动来履行该承担的责任，其评判标准主要有三个指标：认真对待社区事务、脚踏实地践行社区责任和尽职尽责履行居民义务。

五、邻里和睦是社区公共精神的德行修养

德行是人类在公共领域的道德素养水平，基本要求是当公共福利和个人利益出现冲突时，公民能自愿将公共福利优先层级定位；以正确认知理解个人利益，使公共利益成为个人利益的延伸，使公共利益与个人利益能够协调一致①。当前随着社会公共领域范围的不断扩大，当走出家门就会进入公共领域，要具备能力处理好与他人、与社会集体等不同主体的关系，这种能力的培养要求我们必须是一个有公德的人。要想构建一个好的和睦社区，共同维护公民美德最重要的是形成良好的邻里友好关系氛围，邻里和睦体现在社区生活三个二级指标上：友善相处、守望相助、唇齿相依。

友善相处是社区保持和睦氛围的前提条件。社区构成人员存在的较大个体差异性是影响社区发展和维持和睦的重要影响因素。来自不同地区、有着不同习惯和不同信仰的社区居民生活在同一地域内，尊重和接纳对方的差异

① 〔美〕郝大维，安乐哲：《先贤的民主——杜威、孔子与中国民主之希望》，何刚强译，江苏人民出版社2004年版，第147页。

才是和睦相处的关键点；在充分理解和尊重个体间存在的多元差异之后，社区居民也要共同遵守和融入社区制定的道德规范，进而形成良好的社区道德氛围，在潜移默化中打造相互融洽的良好氛围和环境。

守望相助是邻里和睦的情感基础。由于社会多元价值观的负面影响，人情冷漠的现象屡见不鲜。公共精神是人对共同体的情感的普遍诉求，通过培养公共精神，我们可以恢复彼此守望相助的和睦关系，增进居民之间的温暖感情，形成一个具有共同情感纽带的社区群体。

唇齿相依是邻里和睦的关系保障。唇齿关系主要是指当地居民能够形成一种隐性的唇齿关系，包括对社区的归属感以及由社区归属感而产生的社区凝聚力。现代化的扩张导致了人的内在精神世界迷离和日常生活的繁杂，并伴随产生了一系列的问题。在对社区共同情感的认同、接纳和归属过程中，通过情感纽带的衔接和凝聚，社区所有居民能够最终融合一致。

六、诚信互惠是社区公共精神的伦理原则

诚信是个人在社会共同体中长久生存和良性发展的基本名片，在我国的市场经济快速发展壮大的各个过程中，最先由人际关系和道德约束所建立的传统诚信观开始逐步转向由市场关系和法律原则所构建的现代诚信观[①]。在市场化的、不健康的、不成熟的社会阶段，“诚信道德”就像空气、阳光、水这些人类生活、生产所必需的自然资源一样重要，诚信品质一旦缺失的话会对正常的社会生活、道德信仰、和谐关系造成极大的破坏且会引发更大的信任危机。互惠是指社会成员通过有效的互动合作，最终实现互利共赢。一个健康状态的社区共同体会创造出好的诚信氛围，会积极主动地推动内部成员之间产生相互信任的感情基础，在相互信任的基础上会更加积极主动地开展合作，更好地实现公共利益和自身利益的双赢。

社区居民的诚信交往，就是要革新居民对诚信的认知水平且能有效坚守、约束和践行自我的诚信行为，在社区内部推动和打造出良好诚信氛围。居民之间的诚信交往包括以下四个三级指标：① 社区居民间的优质交往；② 以建

① 曾秀兰：《从传统诚信观向现代诚信观的转变》，《青年探索杂志》2004 年第 2 期。

立联系为目的的互动，鼓励回归温情社会①；③ 社区居民的诚实守信，时刻恪守诚实守信原则和自我行为的检点与约束；④ 社区建立居民诚信档案，建立诚信档案来提醒、约束和激励所有居民共同养成诚实守信的优秀品德。

居民互惠共赢是指社区居民通过一系列的诚信交往、协同合作和平等互利的方式后最终实现多方共赢。居民互惠共赢设以下三个指标：① 社区居民地位平等，每个社区居民以平等的地位进行交往，平等交往才能互惠共赢；② 社区居民具备互利意识，不仅关注自己的合理利益，也要尊重他人的利益；③ 社区居民实现共赢，注重居民在相互交往中都能实现个人预期目标，从共同发展中获益。

综上所述，社区公共精神评价体系的基本结构包括民主法治、公平正义、社会参与、责任担当、邻里和睦、诚信互惠等六个维度的一级指标，分解为二级指标 19 个，三级指标 77 个。从多层次、多维度评估社区共同体环境中的公共精神现状，对推进社区命运共同体的有序高品质建设，准确评估和衡量社区公共精神，多方面弘扬优秀公共精神文化建设，推动和完善社区治理体系建设及基层治理都具有重要价值和意义。

① 李重明：《论习近平共享发展理念的伦理指向》，《长沙理工大学学报（社会科学版）》2016 年第 5 期。

参考文献

一、著作

[1] 习近平:《习近平谈治国理政 第1卷》,外文出版社2018年版。

[2] 习近平:《习近平谈治国理政 第2卷》,外文出版社2017年版。

[3] 张承安:《共享发展:理念先导与实践路径》,新华出版社2016年版。

[4] 费孝通:《乡土中国》,人民出版社2008年版。

[5] 柯红波:《走向和谐“生活共同体”城市化进程中的社区分类管理研究》,浙江工商大学出版社2013年版。

[6] 刘鑫淼:《当代中国公共精神的培育研究》,人民出版社2010年版。

[7] 田毅鹏:《“单位共同体”的变迁与城市社区重建》,中央编译出版社2014年版。

[8] 吴文藻:《吴文藻人类学社会学研究文集》,民族出版社1990年版。

[9] 俞可平:《论国家治理现代化》,社会科学文献出版社2014年版。

[10] 郑杭生:《包容共享:社会管理的精神内核》,中国人民大学出版社2014年版。

[11] 王佃利等:《邻避困境》,北京大学出版社2017年版。

[12] 张乐:《邻避冲突解析与源头治理》,社会科学文献出版社2017年版。

[13]〔德〕斐迪南·滕尼斯:《共同体与社会——纯粹社会学的基本概念》,

林荣远译，商务印书馆 1999 版。
[14]〔波〕齐格蒙特·鲍曼：《共同体》，欧阳景根译，江苏人民出版 2003 年版。

二、期刊

[1] 曹玲，胡凯：《当代大学生公共精神培育刍议》，《中南大学学报（社会科学版）》2013 年第 6 期。
[2] 陈宗章：《城市社区“共同体意识”的现代性解构及其重建》，《理论学刊》2010 年第 3 期。
[3] 陈晓勤：《邻避问题中的利益失衡及其治理》，《法学杂志》2016 年第 12 期。
[4] 程琥：《公众参与与社会管理机制研究》，《行政法学研究》2012 年第 1 期。
[5] 杜怡梅：《和谐社会视域下的精神共同体与社区的关系》，《文化与精神文明建设》2013 年第 5 期。
[6] 冯建军：《公民社会认同教育：重建公民社会共同体》，《教育研究与实验》2014 年第 2 期。
[7] 何植民：《公共精神——提升地方政府政策执行力的关键因素》，《云南行政学院学报》2009 年第 6 期。
[8] 郝书翠：《中国文化主体性的迷失及其学理背景》，《东北师大学报（ 哲学社会科学版）》2015 年第 1 期。
[9] 姜方炳：《共同体化：城市社区治理的功能性转换》，《中共天津市委党校学报》2015 年第 2 期。
[10] 季中扬，胡燕：《当代乡村建设中乡贤文化自觉与践行路径》，《江苏社会科学》2016 年第 4 期。
[11] 康培培，韩冰曦：《网格化党建统领社区治理创新——来自常德市武陵区基层治理创新的调研报告》，《人民论坛》2015 年第 1 期。
[12] 郎友兴：《从小区到新故乡：社区文化与中国城市社区建设》，《浙江社会科学》2013 年第 5 期。

[13] 李萍：《论公共精神的培养》，《北京行政学院学报》2004 年第 2 期。

[14] 李来和：《中国城市和谐社区制度建设的前提性思考》，《河北师范大学学报》2007 年第 3 期。

[15] 刘庆龙，冯杰：《论社区文化及其在社区建设中的作用》，《清华大学学报》2002 年第 5 期。

[16] 雷霆：《共同体的重构：社区建设的目标模式》，《理论月刊》2015 年第 1 期。

[17] 王亮：《社区意识——社区共同体的灵魂》，《广西社会科学》2006 年第 4 期。

[18] 王思斌：《社会治理结构的进化与社会工作的服务型治理》，《北京大学学报（哲学社会科学版）》2014 年第 6 期。

[19] 王冬梅：《从小区到社区——社区“精神共同体”的意义重塑》，《学术月刊》2013 年第 7 期。

[20] 吴德慧：《国家治理体系和治理能力现代化的路径探析》，《科学社会主义》2014 年第 2 期。

[21] 熊易寒：《社区共同体何以可能：人格化社会交往的消失与重建》，《南京社会科学》2019 年第 8 期。

[22] 徐勇：《论城市社区建设中的社区居民自治》，《华中师范大学学报（人文社会科学版）》2001 年第 3 期。

[23] 袁祖社：《公共精神：培育当代民族精神的核心理论维度》，《北京师范大学学报（人文社科版）》2006 年第 1 期。

[24] 尹广文，林秀梅：《后单位制时代的中国城市社区治理》，《陕西师大学报（社会科学版）》2015 年第 3 期。

[25] 杨贵华：《社区共同体的资源整合及其能力建设》，《社会科学》2010 年第 1 期。

[26] 杨贵华：《重塑社区文化，提升社区共同体的文化维系力》，《上海大学学报（社会会科学版）》2008 年第 5 期。

[27] 张文龙：《中国式邻避困局的解决之道：基于法律供给侧视角》，《法律科学》2016 年第 12 期。

[28] 张康之:《论主体多元化条件下的社会治理》,《中国人民大学学报》2014年第2期。

[29] 张曙光:《全球化:现代性的扩张及其界限》,《哲学动态》2006年第4期。

[30] 张健:《中国国家治理体系和治理能力现代化:历史逻辑和实践框架》,《长沙理工大学学报》2014年第3期。

[31] 张承安,邹亚楠:《网格化社区治理中培育公共精神的可能路径》,《湖南科技大学学报(社会科学版)》2016年第6期。

[32] 张承安,师晓倩:《社区共同体建设中公共精神的六个维度》,《湘潭大学学报(哲学社会科学版)》2019年第2期。

[33] 张承安,师晓倩:《现代性扩张对公共精神的背离与复归》,《湖南社会科学》2017年第2期。

[34] 张承安:《论基于人性的道德关怀与道德和谐》,《求索》2008年第9期。

[35] 张承安:《论道德教育的人性关怀》,《黑龙江高教研究》2008年第3期。

[36] 郑咏梅,张承安:《道德教育中人性关怀的缺失与回归》,《求索》2004年第9期。

[37] 张承安:《复归人性:道德教育实施基本理路》,《贵州社会科学》2008年第5期。

[38] 张承安,邹亚楠:《反思与路径:社区共同体建设中的公众参与》,《扬州大学学报(人文社会科学版)》2017年第1期。

[39] 张承安,刘璐,师晓倩:《调整和优化我国社会结构的机制与路径选择》,《长沙理工大学学报(社会科学版)》2015年第5期。

[40] 张承安:《中国传统行政文化对依法行政的影响及解决路径》,《重庆邮电大学学报(社会科学版)》2010年第3期。

[41] 张鸿雁:《中国新型城镇化理论与实践创新》,《社会学研究》2013年第3期。